Pachinger | Beham (Hrsg.)

Datenschutz-Audit

Recht – Organisation – Prozess – IT

Datenschutz-Audit

Recht–Organisation–Prozess–IT

Der Praxisleitfaden zur Datenschutz-Grundverordnung

herausgegeben von
Dr. Michael M. Pachinger
Georg Beham, MSc

LexisNexis®

Bibliografische Information der Deutschen Bibliothek

Die Deutsche Bibliothek verzeichnet diese Publikation in der Deutschen Nationalbibliografie; detaillierte bibliografische Daten sind im Internet über http://dnb.ddb.de abrufbar.

ISBN 978-3-7007-6322-2

LexisNexis Verlag ARD Orac GmbH & Co KG, Wien
http://www.lexisnexis.at
Wien 2017
Best.-Nr. 97107001

Foto Pachinger: christian huber fotografie
Foto Beham: Grant Thornton
Foto Jost: TINEFOTO
Foto Kleebauer: Grant Thornton

Druckerei: MDH-Media GmbH, Wien

Vorwort

Die neue Datenschutz-Grundverordnung (DSGVO), die 2016 beschlossen wurde und ab 25. Mai 2018 als einheitliches Regelwerk für die gesamte Europäische Union gilt, bringt gravierende Änderungen für Unternehmen mit sich. Diese lassen sich schlagwortartig in drei Hauptbereiche zusammenfassen: **erhöhte Selbstverantwortung** („Accountability") der Unternehmen beim Datenschutz, **Stärkung der Rechte der betroffenen Personen** und strengere Vorgaben für **Datensicherheit**.

Gleichzeitig erleben wir, dass Datenschutz heutzutage stets umfassend zu sehen ist und Unternehmen/Organisationen nicht nur in den zentralen Bereichen **Recht, Organisation, Prozess** und **IT** betrifft, sondern alle Bereiche durchdringt. Dies verlangt eine „ganzheitliche Datenschutzkultur" und eine strategische Integration in alle Geschäftsprozesse unter Berücksichtigung klarer Strukturierung, Priorisierung und Risikoorientierung.

Dieser ganzheitliche und interdisziplinäre Ansatz war Ausgangspunkt und Anstoß für das vorliegende Werk. Als Herausgeber und Autoren möchten wir aus unserer langjährigen Erfahrung und Praxis in den jeweiligen Fachbereichen eines spezialisierten Rechtsanwaltes sowie von Informationssicherheitsberatern und Auditoren zeigen, wie man die **Vorgaben** der **Datenschutz-Grundverordnung (DSGVO)** anhand **klar definierter „Kontrollen"** und „Maßnahmen" **effizient umsetzt** und dabei die Verarbeitung personenbezogener Daten im Unternehmen strukturiert, transparent gestaltet, koordiniert und zweckmäßig aufbereitet, um für die Wahrung der Rechte von betroffenen Personen oder auch einen Datenvorfall vorbereitet zu sein, somit wie man **Datenschutz-Audits durchführt**.

Unser brandaktuelles Buch „Datenschutz-Audit" deckt – ganz im Sinne dieser ganzheitlichen Betrachtung des Themas Datenschutz – die Bereiche Recht, Organisation, Prozess und IT ab und bietet **neuartig** eine **praktisch anwendbare Methodik**, um **Compliance im Datenschutz nachzuweisen** und **Audits durchzuführen**. Wesentlicher Bestandteil ist, die Vorgaben der DSGVO anhand umsetzbarer Kontrollen bzw Maßnahmen einzuhalten. Der komplexe Gesetzestext der **DSGVO** wird in **klar prüfbaren Kontrollen** dargestellt. Ein Unternehmen kann so seiner Selbstverantwortung zur Einhaltung der datenschutzrechtlichen Pflichten und zum Nachweis darüber nachkommen und somit im worst case Strafen bzw Sanktionen vermeiden. Auch von Auditoren können die Kontrollen unmittelbar zur Prüfung herangezogen werden. Das entwickelte Audit-Konzept basiert auf der Prüfung der Bereiche Recht, Prozess, Organisation und IT anhand der abgeleiteten Kontrollen und ist angelehnt an Audits von Managementsystemen bzw bietet vergleichbare sowie reproduzierbare Audit-Ergebnisse. Wir führen seit vielen Jahren Datenschutz-Audits in der Praxis durch und legen unsere Erfahrungen jetzt auf die DSGVO um.

Mit dem vorliegenden Werk wenden wir uns einerseits an all jene, die im Unternehmen bzw in Organisationen mit Datenverarbeitungen zu tun haben oder beim Aufbau eines Datenschutzmanagementsystems (DSMS) mitwirken bzw für die Einhaltung der DSGVO zuständig sind, andererseits aber auch an Auditoren. Das Konzept zum Datenschutz-Audit eignet sich erfahrungsgemäß vor allem auch als **Anleitung** zum **Aufbau** eines **DSMS** und möchte einen aktuellen **Praxisleitfaden** zur Einhaltung/Umsetzung der neuen Pflichten und Vorgaben der **DSGVO** bieten, ganz im Sinne eines **„Code of practice"**.

Ein herzlicher Dank sei an dieser Stelle all jenen ausgesprochen, die zur Erstellung dieses Werkes beigetragen haben. Besonders danken wir Frau Mag. *Renate Grabinger*, Juristin im Generalsekretariat, Stabstelle Vereins- und Wirtschaftsrecht, des Österreichischen Automobil-, Motorrad- und Touring Clubs (ÖAMTC), für die kritische Durchsicht des Manuskripts und die wertvollen Inputs.

Dem Verlag LexisNexis und unserer Lektorin, Frau Mag. *Katharina Bacher*, danken wir für die umsichtige Betreuung und das entgegengebrachte Verständnis.

Ergänzende Informationen zum Thema Datenschutz-Audit finden Sie unter http://www.datenschutz-audit.at.

Dezember 2016

Die Herausgeber und Autoren
http://www.datenschutz-audit.at/

HINWEIS/DISCLAIMER:

Die Aufbereitung der einzelnen Kontrollbereiche, Kontrollgruppen und Kontrollen basiert auf den bisherigen Erfahrungen der Herausgeber und Autoren bei der Durchführung von Datenschutz-Audits nach der bisherigen Rechtslage. Die Methodik wurde in Anlehnung an Audits von Managementsystemen entwickelt. Die aus den Verpflichtungen der DSGVO „abgeleiteten" Kontrollen/Maßnahmen sind Möglichkeiten, die Erfüllung der Anforderungen der DSGVO nachzuweisen („Good Practice"). Keinesfalls wird damit gesagt, dass diese Kontrollen/Maßnahmen die ausschließlich relevanten bzw notwendigen sind, um die Erfüllung der Vorgaben der DSGVO vollständig nachzuweisen; das vorliegende Werk stellt auch keine Rechts- oder Security-Beratung dar und ersetzt nicht die rechtliche Beratung im Einzelfall. Zu beachten ist daher, dass Datenschutz- und Aufsichtsbehörden oder auch Gerichte im Einzelfall andere oder weitere Nachweise verlangen können. Die Herausgeber und Autoren übernehmen daher keine Haftung für die korrekte Erfüllung von Vorgaben der DSGVO.

Inhaltsverzeichnis

Vorwort V

Glossar XI

Literaturverzeichnis XIII

Autorenverzeichnis XV

1. Einführung 1
- 1.1 Die Datenschutz-Grundverordnung (DSGVO) 3
- 1.2 Accountability als Grundlage verpflichtender Datenschutz-Audits 3
- 1.3 Das österreichische Datenschutzgesetz (DSG 2000) 4

2. Grundlagen eines Audits
- 2.1 Einleitung 7
- 2.2 Begriffsdefinition 8
  - 2.2.1 Handelnde Parteien eines Audits 8
  - 2.2.2 Auditkriterien und -ergebnisse 9
  - 2.2.3 Auditvarianten 10
- 2.3 Grundsätze eines Audits 11
- 2.4 Planung eines Audits 11
  - 2.4.1 Auditprogramm 12
  - 2.4.2 Zeitmanagement beim Audit 15
- 2.5 Auditablauf 17
  - 2.5.1 Durchführen des Eröffnungsgespräches 17
  - 2.5.2 Durchführen des Audits 18
  - 2.5.3 Audittools 20
  - 2.5.4 Kommunikation während des Audits 22
  - 2.5.5 Abschlussgespräch 23
- 2.6 Auditbericht 24
- 2.7 Nachbearbeitung von Audits 25

3. Kontrollbereiche als Basis für das Datenschutz-Audit
- 3.1 Gliederung 27
  - 3.1.1 Kontrollbereiche 27
  - 3.1.2 Verpflichtungen 27
  - 3.1.3 Kontrollen 27
  - 3.1.4 Kontrollgruppen 28
  - 3.1.5 Kontrolluntergruppen 28
- 3.2 Beschreibung der Kontrollgruppen 28
  - 3.2.1 Kontrollgruppe: Anwendungsbereich DSGVO 28
  - 3.2.2 Kontrollgruppe: Betroffenenrechte 29
  - 3.2.3 Kontrollgruppe: Aufbewahrung von Daten 29

3.2.4 Kontrollgruppe: Datenschutz-Folgenabschätzung ... 30
3.2.5 Kontrollgruppe: Datenschutzkonzept und -management ... 30
3.2.6 Kontrollgruppe: Datensicherheitsmaßnahmen ... 30
3.2.7 Kontrollgruppe: Datensparsamkeit ... 31
3.2.8 Kontrollgruppe: Datenübermittlung ... 31
3.2.9 Kontrollgruppe: Datenvorfall ... 31
3.2.10 Kontrollgruppe: Informationspflichten ... 31
3.2.11 Kontrollgruppe: Rechtmäßigkeit ... 32
3.2.12 Kontrollgruppe: Verantwortlichkeiten ... 32

4. Kontrollbereich Recht

4.1 Kontrollgruppe: Anwendungsbereich DSGVO ... 33
4.1.1 Kontrolluntergruppe: Datenklassifikation ... 34
4.2 Kontrollgruppe: Betroffenenrechte ... 35
4.3 Kontrollgruppe: Aufbewahrung von Daten ... 36
4.4 Kontrollgruppe: Datenschutz-Folgenabschätzung ... 37
4.4.1 Kontrolluntergruppe: Maßnahmen ... 39
4.5 Kontrollgruppe: Datenschutzkonzept und -management ... 43
4.6 Kontrollgruppe: Datenübermittlung ... 44
4.6.1 Genehmigung der Datenübermittlung ... 46
4.6.2 Kontrolluntergruppe: Zulässigkeit ... 48
4.7 Kontrollgruppe: Informationspflichten ... 52
4.7.1 Kontrolluntergruppe: Datenverarbeitung ... 53
4.7.2 Kontrolluntergruppe: Verfahren ... 53
4.8 Kontrollgruppe: Rechtmäßigkeit ... 54
4.8.1 Kontrolluntergruppe: Datenklassifikation ... 60
4.8.2 Kontrolluntergruppe: Einwilligung ... 63
4.8.3 Kontrolluntergruppe: Prüfpflicht ... 66
4.8.4 Kontrolluntergruppe: Zweckbindung ... 68
4.9 Kontrollgruppe: Verantwortlichkeiten ... 69
4.9.1 Kontrolluntergruppe: Gemeinsame Datenverarbeitung ... 69

5. Kontrollbereich Prozess

5.1 Kontrollgruppe: Anwendungsbereich DSGVO ... 73
5.1.1 Kontrolluntergruppe: Datenklassifikation ... 74
5.2 Kontrollgruppe: Betroffenenrechte ... 75
5.2.1 Kontrolluntergruppe: Datensparsamkeit ... 79
5.2.2 Kontrolluntergruppe: Informationspflicht ... 80
5.2.3 Kontrolluntergruppe: Löschung ... 86
5.2.4 Kontrolluntergruppe: Richtigstellung ... 90
5.2.5 Kontrolluntergruppe: Widerspruch ... 93
5.3 Kontrollgruppe: Aufbewahrung von Daten ... 93
5.4 Kontrollgruppe: Datenschutzkonzept und -management ... 94

5.4.1 Kontrolluntergruppe: Dokumentation und Nachweise 95
5.5 Kontrollgruppe: Datensparsamkeit 97
5.6 Kontrollgruppe: Datenübermittlung 98
5.7 Kontrollgruppe: Datenvorfall 99
5.7.1 Kontrolluntergruppe: Dokumentation 102
5.7.2 Kontrolluntergruppe: Mitteilungspflicht 103
5.8 Kontrollgruppe: Informationspflichten 108
5.8.1 Kontrolluntergruppe: Widerspruchsrecht 110
5.8.2 Kontrolluntergruppe: Datenverarbeitung 114
5.9 Kontrollgruppe: Rechtmäßigkeit 118
5.9.1 Kontrolluntergruppe: Einwilligung 118
5.9.2 Kontrolluntergruppe: Prüfpflicht 119
5.10 Kontrollgruppe: Verantwortlichkeiten 120
5.10.1 Kontrolluntergruppe: Datenverarbeitung 120

6. Kontrollbereich Organisation
6.1 Kontrollgruppe: Datenschutzkonzept und -management 123
6.1.1 Kontrolluntergruppe: Datenschutzbeauftragter 125
6.1.2 Kontrolluntergruppe: Leitende Organe 131
6.1.3 Kontrolluntergruppe: Risikobewertung 136
6.1.4 Kontrolluntergruppe: Verschwiegenheit 139
6.2 Kontrollgruppe: Verantwortlichkeiten 140
6.2.1 Kontrolluntergruppe: Auftragsverarbeitung 142
6.2.2 Kontrolluntergruppe: Datenverarbeitung 145

7. Kontrollbereich IT
7.1 Kontrollgruppe: Aufbewahrung von Daten 149
7.1.1 Kontrolluntergruppe: Aufbewahrungszeiten 151
7.1.2 Kontrolluntergruppe: Sperr- und Löschkonzept 152
7.1.3 Kontrolluntergruppe: Protokollierung (Logdaten) 154
7.2 Kontrollgruppe: Datenschutzkonzept und -management 157
7.2.1 Kontrolluntergruppe: Richtlinien und Nachweise 157
7.3 Kontrollgruppe: Datensicherheitsmaßnahmen 159
7.3.1 Kontrolluntergruppe: Aufgabenzuordnung und Belehrung 160
7.3.2 Kontrolluntergruppe: Risikobewertung 161
7.3.3 Kontrolluntergruppe: Datenklassifikation 163
7.3.4 Kontrolluntergruppe: Zugriffskonzept 164
7.3.5 Kontrolluntergruppe: Netzwerksicherheit 171
7.3.6 Kontrolluntergruppe: Zutrittskonzept 172
7.3.7 Kontrolluntergruppe: Verfügbarkeit 175
7.3.8 Kontrolluntergruppe: Integrität 178
7.3.9 Kontrolluntergruppe: Belastbarkeit (Performance) 179
7.3.10 Kontrolluntergruppe: Kommunikationssicherheit 180

7.3.11 Kontrolluntergruppe: Protokollierung (Logging) ... 181
7.4 Kontrollgruppe: Datensparsamkeit ... 183
7.5 Kontrollgruppe: Datenübermittlung ... 185

8. Verhaltensregeln und Zertifizierungen
8.1 ISAE 3000 ... 190
8.2 Das Europäische Datenschutz-Gütesiegel „EuroPriSe" ... 192
8.3 ISO 27001 mit Schwerpunkt Datenschutz ... 193

Abbildungsverzeichnis ... 195

Stichwortverzeichnis ... 197

Glossar

Abs	Absatz
ACL	Access Control List
AEUV	Vertrag über die Arbeitsweise der Europäischen Union
Art	Artikel (Artikelnennungen ohne nähere Angaben beziehen sich auf die DSGVO)
BDSG	Bundesdatenschutzgesetz
BSI	Bundesamt für Sicherheit in der Informationstechnik
CMDB	Configuration Management Database
CNIL	Commission Nationale de l'Informatique et des Libertés
COBIT	Control Objectives for Information and Related Technology
DPIA	Data Protection Impact Assessment
DS	Datenschutz
DSB	Datenschutzbeauftragter
DSFA	Datenschutz-Folgenabschätzung
DSG	Datenschutzgesetz
DSGVO	Datenschutz-Grundverordnung
DSMS	Datenschutzmanagementsystem
DSRL	Datenschutzrichtlinie (RL 95/46/EG)
ErwGr	Erwägungsgrund (Erwägungsgründe ohne nähere Angaben beziehen sich auf die DSGVO)
EU	Europäische Union
GAPP	Generally Accepted Privacy Principles
GDPR	General Data Protection Regulation
ggf	gegebenenfalls
GL	Geschäftsleitung
IAPP	International Association of Privacy Professionals
IKS	Internes Kontrollsystem
ISAE	Institut Supérieur de l'Aéronautique et de l'Espace
ISO	International Organization for Standardization
ITIL	IT Infrastructure Library
KPI	Key Performance Indikatoren
KVP	Kontinuierlicher Verbesserungsprozess
LAN	Local Area Network
MAC	Media-Access-Control
MS	Mitgliedstaat

NDA	Vertraulichkeitsvereinbarung, Geheimhaltungsvereinbarung
OLA	Operational Level Agreement
PIA	Privacy Impact Assessment
PMO	Project Management Office
RPO	Recovery Point Objective
RTO	Recovery Time Objective
SAS	Statement on Auditing Standards
SLA	Service Level Agreements
TLS	Transport Layer Security
ToM	Technisch organisatorische Maßnahme
VLAN	Virtual Local Area Network
WLAN	Wireless Local Area Network

Literaturverzeichnis

Das vorliegende Buch „Datenschutz-Audit" verfolgt einen interdisziplinären Ansatz, nämlich die Kombination der „Kontroll-Bereiche" Recht, Organisation, Prozess und IT, und beinhaltet Kontrollen/Maßnahmen, die aus den Vorgaben und Verpflichtungen der DSGVO abgeleitet wurden, wobei die Erfahrungen und das Wissen der Herausgeber und Autoren wesentlich mit eingeflossen sind. Aufgrund dieses Ansatzes wird auf ein ausführliches Literaturverzeichnis verzichtet. Einige den Herausgebern und Autoren wichtig erscheinende Werke werden im Folgenden dennoch angeführt.

CNIL (Commission Nationale de l'Informatique et des Libertés) (2015). Privacy Impact Assessment: Methodology (how to carry out a PIA). Paris. http://www.cnil.fr/fileadmin/documents/en/CNIL-PIA-1-Methodology.pdf (12. 11. 2016).

CNIL (Commission Nationale de l'Informatique et des Libertés) (2015). Privacy Impact Assessment: Tools (templates and knowledge bases). Paris. http://www.cnil.fr/fileadmin/documents/en/CNIL-PIA-2-Tools.pdf (12. 11. 2016).

CNIL (Commission Nationale de l'Informatique et des Libertés) (2012). Measures for the Privacy Risk Treatment. Paris. http://www.cnil.fr/fileadmin/documents/en/CNIL-PIA-3-GoodPractices.pdf (12. 11. 2016).

Gietl, & Lobinger, Qualitätsaudits (2014).

Hinsch, Die neue ISO 9001: 2015 – Ein Praxis-Ratgeber für die Normenumstellung (2015).

ISO 19011: Leitfaden zur Auditierung von Managementsystemen (2011).

Pachinger, Auf dem schwierigen Weg zum „EU-Datenschutz", jusIT 2013/87, 181.

Karper, Datenschutzsiegel und Zertifizierungen nach der DSGVO, PinG Privacy in Germany 05.16, 201, http://www.pingdigital.de/PinG.05.2016.201.

White Paper Datenschutz-Folgenabschätzung des Forum Privatheit, https://www.forum-privatheit.de/forum-privatheit-de/texte/veroeffentlichungen-des-forums/themenpapiere-white-paper/Forum_Privatheit_White_Paper_Datenschutz-Folgenabschaetzung_2016.pdf.

Autorenverzeichnis

RA Dr. *Michael M. Pachinger*

Dr. *Michael M. Pachinger* ist Rechtsanwalt und Partner bei Saxinger Chalupsky & Partner Rechtsanwälte GmbH (SCWP Schindhelm, Österreich) und neben dem allgemeinen Wirtschafts- und Unternehmensrecht seit mehr als 10 Jahren spezialisiert auf **Datenschutzrecht** (*Data Protection Lawyer of the Year in Austria 2012, 2013)* sowie **IP- & IT-Recht**. Er ist auch zugelassener **European Trademark & Design Attorney**. Als akkreditierter **EuroPriSe Legal Expert** begutachtet er IT-Produkte und webbasierte Dienstleistungen im Rahmen von Zertifizierungsverfahren zum Europäischen Datenschutz-Gütesiegel „EuroPriSe". Er berät Unternehmen in IT- und datenschutzrechtlichen Belangen, insbesondere beim Aufbau von Datenschutzmanagementsystemen. *Michael M. Pachinger* bringt seine Erfahrungen im Rahmen des Aufbaus eines Datenschutzmanagementsystems zur Umsetzung der DSGVO ua im ÖAMTC, dem größten Publikumsverein Österreichs, unter der Projektleitung von Frau *Mag. Renate Grabinger* ein.

Zudem beschäftigt sich *Michael M. Pachinger* mit **Vertragsgestaltung**, insbesondere auch im **internationalen Kontext**. Wesentliches Asset liegt dabei auch in der Beratung von in- und ausländischen Mandanten in *englischer, französischer* und *spanischer* Sprache. Nach dem Studium an den Universitäten Linz, Straßburg und Barcelona hat er mehrmonatige Internships im Ausland absolviert und ist seit 2012 auch bei der **Pariser Anwaltskammer** (Barreau de Paris) eingetragen und Mitglied des **Ilustre Colegio de Abogados** de **Valencia**.

Neben seiner anwaltlichen Tätigkeit war er Lektor an der Johannes Kepler Universität Linz | JKU für Datenschutzrecht und ist aktuell **Lektor** an der **Donau-Universität Krems** im Lehrgang „*Geprüfter Datenschutzbeauftragter mit Universitätszertifikat*", an der FH OÖ, IMC FH Krems und Vortragender beim Institute for International Research (I.I.R.) sowie auf nationalen und internationalen Konferenzen (ua Österr IT-Rechtstag und seit Jahren beim Internationalen Rechtsinformatik Symposion IRIS an der Universität Salzburg).

Er publiziert laufend Beiträge zu aktuellen IT- und datenschutzrechtlichen Themen in nationalen und internationalen Zeitschriften (jusIT, ZIR, ecolex, jusletter-it.eu, informaciones) und ist ua Autor des Registers Datenschutzrecht in „Rechtsberatung Internet. Handbuch zum Multimediarecht für Juristen und Rechtsprofis" sowie der Kommentierung datenschutzrechtlicher Bestimmungen des Telekommunikationsgesetzes (TKG), Kommentar 2016.

Er ist ua auch Mitglied der International Association of Privacy Professionals (IAPP).

Georg Beham, MSc, CISA, CISM, CRISC, ISO 27001[1] Lead Auditor

Georg Beham arbeitet seit 1989 in der IT-Branche. Er ist **allgemein beeideter und gerichtlich zertifizierter Sachverständiger** für Datenschutz, IT-Sicherheit und Forensik. *Georg Beham* ist **Lektor** an mehreren Hochschulen und arbeitet seit 11 Jahren in der Unternehmensberatung.

Er ist geschäftsführender Partner bei der internationalen Wirtschaftsprüfungs- und Beratungsgesellschaft Grant Thornton und leitet den Bereich IT-Advisory. *Georg Beham* unterstützt gemeinsam mit seinem Team Kunden im Risikomanagement, bei Cyber Security und beim Datenschutz bzw hilft bei der Prävention und Abwehr von Hackerangriffen.

Georg Beham implementiert seit 10 Jahren Managementsysteme nach ISO 27001. Die dort verwendete kontrollbasierende Methode wurde im Zuge vieler Kundenprojekte, unter anderem auch auf Datenschutzmanagement, übertragen. Außerdem führt er ISAE 3402- sowie PS880-Attestierungen durch.

Georg Beham ist Autor mehrerer Werke im Bereich Compliance, Informationssicherheit und Cloud Computing. Des Weiteren ist er ISO 27001 Lead Auditor der Österreichischen Computer Gesellschaft (OCG) und verantwortlich für das gesamte Auditoren-Team und leitet den Lehrgang *„Zertifizierter Informationssicherheitsauditor nach ISO/IEC 27001:2013"* an der Donau-Universität Krems.

Georg Beham hat einen Abschluss im Master-Lehrgang *„Sichere Informationssysteme"* der Fachhochschule Hagenberg.

1 In diesem Werk werden die Standards ISO 27001 und ISO 27002 mehrfach erwähnt. Die korrekten Bezeichnungen lauten ISO/IEC 27001:2013 bzw ISO/IEC 27002. Zur einfacheren Lesbarkeit werden jedoch meist die Abkürzungen verwendet.

Thorsten Jost, CISM, ISO 27001 Lead Auditor

Thorsten Jost ist seit 1998 im IT- und Organisationsmanagement tätig und hat nach mehrjähriger Funktion als Konzernbeauftragter für Informationssicherheit (Group CISO) in einem internationalen Konzern das Beratungsunternehmen secriso Consulting (www.secriso.com) gegründet. Mit diesem berät er seit mehreren Jahren renommierte Unternehmen in Österreich und dem angrenzenden Ausland zu den Themen **Informations- und Cybersicherheit**, **Datenschutz** sowie **Risikomanagement**. Der Fokus liegt beim Aufbau von integrierten Managementsystemen für Informationssicherheit und Datenschutz sowie bei der Abwehr von Wirtschafts- und Industriespionage. Von seinem praxisbezogenen Wissen und seiner Erfahrung im Zusammenhang mit dem Aufbau von Datenschutzmanagementsystemen auf Basis der DSGVO profitieren bereits mehrere Unternehmen.

Er führt des Weiteren IT-, Informationssicherheits- und Datenschutz-Audits und als Zertifizierungsauditor im Auftrag der Österreichischen Computergesellschaft (OCG) Zertifizierungen nach ISO/IEC 27001 durch. *Thorsten Jost* ist unter anderem **Lektor** an der **Donau-Universität Krems** für die Lehrgänge *„Zertifizierter Informationssicherheitsmanager nach ISO/IEC 27001:2013"* und *„Geprüfter Datenschutzbeauftragter mit Universitätszertifikat"* sowie Vortragender beim Institute of International Research (I.I.R.) und auf Fachkongressen. Als Landessprecher der IT-Security ExpertsGroup der Wirtschaftskammer Kärnten engagiert er sich für Informationssicherheit im Unternehmensumfeld.

Peter Kleebauer, MSc, ISO 27001 LA, CISA, CISM, CRISC, CISSP

Peter Kleebauer ist als Manager bei der internationalen Wirtschaftsprüfungs- und Beratungsgesellschaft Grant Thornton im Bereich IT-Advisory tätig. Nach seiner akademischen Ausbildung an der Fachhochschule Hagenberg in den Studien „Sichere Informationssysteme" und „Computer- und Mediensicherheit" ist er seit mehr als 10 Jahren in den Themenbereichen **Informationssicherheit, Datenschutz** und **Penetration Testing** beratend tätig. Er führt IT-Prüfungen und Benchmarking von IT-Abteilungen im Rahmen des COBIT und ISO 27001 Frameworks durch und unterstützt beim Aufbau von Managementsystemen für Informationssicherheit und Datenschutz, Business Continuity, Notfallmanagement und IT-Risikomanagement.

Als Nachweis für die Einhaltung von Informationssicherheits- und Datenschutzvorgaben erstellt *Peter Kleebauer* gemeinsam mit seinen Kunden nachweisbare, **ISAE 3402**- und **ISAE 3000**-konforme Datenschutzkontrollen und führt die Attestierung anhand dieser Vorgaben durch.

Darüber hinaus ist *Peter Kleebauer* für die Österreichische Computer Gesellschaft (OCG) als **ISO 27001 Lead Auditor** tätig und führt im Auftrag der OCG Zertifizierungen nach ISO 27001 durch.

Peter Kleebauer ist Mitglied des Österreichischen Normen **Komitees** für Informationssicherheit (SC27), der Österreichischen Arbeitsgruppe für die ISO 27000-Serie, ist Co-Autor für „Compliance in der Unternehmenspraxis" und **Lektor** an der **Donau-Universität Krems** für den Lehrgang *„Zertifizierter Informationssicherheitsauditor nach ISO/IEC 27001:2013"*.

Fotonachweise:

Foto Pachinger: christian huber fotografie
Foto Beham: Grant Thornton
Foto Jost: TINEFOTO
Foto Kleebauer: Grant Thornton

1. Einführung

Datenschutz 2018 = Recht, Organisation, Prozess und IT[1]

Datenschutz ist heutzutage umfassend zu sehen und durchdringt Unternehmen[2] in den Bereichen Recht, Organisation, Prozess und IT. Dies hat Auswirkungen auf die gesamte Unternehmenskultur.

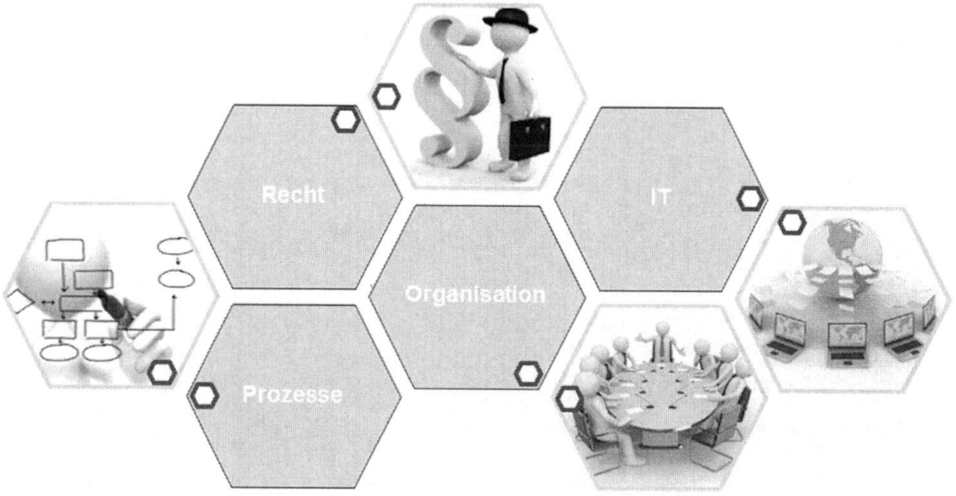

Abbildung 1: Tangierte Unternehmensbereiche[3]

Es ist notwendig, die Verarbeitung personenbezogener Daten im Unternehmen strukturiert und transparent zu gestalten sowie koordiniert und zweckmäßig aufzubereiten, um für die Wahrung der Rechte von Betroffenen vorbereitet zu sein und Datensicherheit zu gewährleisten. Darüber hinaus ist Datenschutz in unserer Zeit vor allem auch unter dem Blickwinkel der Compliance zu betrachten.

Der Aufbau von Datenschutzmanagementsystemen (DSMS) und die Durchführung von regelmäßigen Datenschutz-Audits zur Überwachung der Erfüllung der gesetzlichen Vorgaben anhand klar definierter „Kontrollen" und „Maßnahmen" sind in Anbetracht der Datenschutz-Grundverordnung (DSGVO) unumgänglich. Die zahlreichen und oft komplexen neuen Pflichten bieten aber gerade jetzt auch die Möglichkeit, Prozesse, Organisationsabläufe und IT-Anwendungen im Unternehmen proaktiv zu gestalten und damit Transparenz und (auch) Mehrwert zu schaffen. **Nutzen wir diese Chance und gestalten wir!**[4]

---

1 Auf diese Schlussfolgerung lassen sich die Vorbereitungen auf die ab 25. 5. 2018 geltende Datenschutz-Grundverordnung zusammenfassend und schlagwortartig bringen.
2 Wie auch Organisationen, Behörden und öffentliche Stellen.
3 Bildnachweis: secriso Consulting – Thorsten Jost, Nutzungsrecht für Teilgrafiken.
4 In Anlehnung an *Jyn Schultze-Melling*, LLM, Director for Privacy Policy Europe, Facebook Ireland, im Rahmen der Tagung der IAPP zur GDPR im Februar 2016.

Compliance mit der DSGVO ist im ureigenen Unternehmensinteresse. Eine „Daten-Strategie" bzw ein sorgsamer Umgang mit personenbezogenen Daten verlangt einen permanenten Prozess, der in Zukunft notwendig und Kernelement jeder Unternehmensführung sein soll. Ziel eines DSMS ist, die Vorgaben der DSGVO fristgerecht und effizient umzusetzen. In weiterer Folge sollen datenschutzgerechte Services das Vertrauen in Dienstleistungen stärken, vorhandene Risiken absichern, Transparenz für betroffene Personen bieten und die Marktposition stärken.

Der Aufbau eines DSMS verlangt zunächst eine Evaluierung des IST-Standes („Daten-Due-Diligence"). Zweck dieser Bestandsaufnahme ist es, den notwendigen Gesamtüberblick und das essentielle Detailwissen über die einzelnen Datenverarbeitungen zu erlangen, das für ein entsprechendes Datenschutzrechts-Compliance-Projekt bzw ein Datenschutz-Audit erforderlich ist.

Der erste Schritt der Kontakaufnahme und Involvierung der einzelnen Unternehmensbereiche wurde im Rahmen des IAPP Europe Data Protection Congress im November 2016 plakativ anhand des Beispiels Booking.com dargestellt:[5]

Involve the business:

1. Start with an easy department
2. Contact the manager of the department
3. Set up a meeting
4. Bring coffee
5. Walk your colleague through the questionnaire
6. Make your colleague the point of contact for the department
7. Set up a follow-up meeting
8. Be thankful, you will need them again

Das vorliegende Werk basiert auf dem aus unseren Erfahrungen in der täglichen Praxis erarbeiteten und bereits in zahlreichen Workshops erfolgreich umgesetzten Konzept der ganzheitlichen Beleuchtung des Themas Datenschutz und soll ein Praxisleitfaden für die Gestaltung im Unternehmen sein.

Die einzelnen Kapitel wurden unter den Autoren nach ihren jeweils ausgewiesenen Spezialbereichen aufgeteilt. Die beiden Herausgeber fungieren auch als Autoren für die Einführung und den Kontrollbereich Recht (*Michael M. Pachinger*) sowie Grundlagen eines Audits (*Georg Beham*). Die Kontrollbereiche Organisation und Prozess stammen von *Thorsten Jost*, der Kontrollbereich IT von *Peter Kleebauer*. Die Ausführungen zu den Kontrollbereichen als Basis für das Datenschutz-Audit wurden von Herausgebern und Autoren gemeinsam formuliert.

---

5 *Caroline Hooper*, Legal & Privacy Counsel, Booking.com am 9. 11. 2016 im Rahmen des IAPP Europe Data Protection Congress 2016 in Brüssel.

1.1 Die Datenschutz-Grundverordnung (DSGVO)

Seitdem der Vorschlag für die Datenschutz-Grundverordnung (DSGVO) auf dem Tisch lag, wurde über das Thema Privatsphäre und Schutz der persönlichen Daten heftig diskutiert. In den letzten Jahren reichte die Bandbreite von kritischen Äußerungen zum Vorschlag über „demonstrative Schwarzmalerei" bis zum Datenschutz als „mögliches Opfer im Lobbykrieg". Aktuelle Ereignisse trugen weiters dazu bei, dass Datenschutz seit geraumer Zeit beinahe in aller Munde ist.[6]

Die Verordnung (EU) 2016/679 des Europäischen Parlaments und des Rates vom 27. 4. 2016 zum Schutz natürlicher Personen bei der Verarbeitung personenbezogener Daten, zum freien Datenverkehr und zur Aufhebung der Richtlinie 95/46/EG (**Datenschutz-Grundverordnung**) wurde schließlich am 4. 5. 2016 im Amtsblatt der Europäischen Union veröffentlicht (L 119/1). Gemäß Art 99 tritt diese Verordnung am 20. Tag nach ihrer Veröffentlichung im Amtsblatt der Europäischen Union in Kraft und gilt ab dem 25. 5. 2018.

Die Zeit bis Mai 2018 ist kurz, um entsprechende Projekte zur Umsetzung der DSGVO im Unternehmen bzw Datenschutz-Audits umzusetzen. Es empfiehlt sich daher, rasch entsprechende Schritte zu setzen.

Hingewiesen sei darauf, dass die DSGVO in zahlreichen Artikeln darauf verweist, dass Rechtsvorschriften der Mitgliedstaaten unberührt bleiben bzw die Mitgliedstaaten zusätzliche Bedingungen vorsehen könnten (sog Öffnungsklauseln). Dazu sowie zur Frage, welche konkreten Geldbußen bei welchen Verstößen anfallen, siehe weiterführend und aktuell: http://www.datenschutz-audit.at/.

1.2 Accountability als Grundlage verpflichtender Datenschutz-Audits

Mit der DSGVO steigt die Selbstverantwortung der Unternehmen im Datenschutz erheblich. Wir sprechen von „Accountability" oder „Rechenschaftspflicht". Die Erfüllung der Pflichten ist durch den Verantwortlichen nachzuweisen, insbesondere durch genehmigte Verhaltensregeln oder Zertifizierungsverfahren (siehe Art 24 Abs 3 DSGVO). Ein eigener Artikel über Zertifizierung erwähnt datenschutzspezifische **Zertifizierungsverfahren** und **Datenschutzsiegel** bzw -prüfzeichen (Art 42 DSGVO).

Nachweispflichten finden sich in der DSGVO häufig und an verschiedensten Stellen:[7]

- Einhaltung der Datenschutzgrundsätze (Art 5 DSGVO)
- Wirksamkeit von Einwilligungen (Art 7 und 8 DSGVO)
- Datensicherheitsmaßnahmen (Art 24 und 32 DSGVO)
- Datenschutz durch Technik (Art 25 DSGVO)
- Auftragsverarbeitung (Art 28 DSGVO)

---

6 Vgl dazu *Pachinger*, Auf dem schwierigen Weg zum „EU-Datenschutz", jusIT 2013/87, 181.

7 Vgl *Karper*, Datenschutzsiegel und Zertifizierungen nach der DSGVO, PinG Privacy in Germany 05.16, 201, http://www.pingdigital.de/PinG.05.2016.201.

Können diese Nachweise nicht erbracht werden, droht das hohe Haftungs- und Sanktionsregime der DSGVO; demgegenüber kann die Einhaltung genehmigter Verhaltensregeln oder von Zertifizierungsverfahren bei der Verhängung von Geldbußen und deren Höhe gebührend berücksichtigt werden (Art 83 Abs 2j DSGVO), sodass **Datenschutz-Audits** gem Art 40 und 42 DSGVO durchaus **Haftungsrisiken minimieren** können.[8]

Der (interne oder externe) **Datenschutzbeauftragte** wird vor diesem Hintergrund in Zukunft eine ganz zentrale Rolle einnehmen. Ihm kommt Schnittstellenfunktion im Unternehmen zu und er sorgt für eine regelmäßige Überwachung, ob das Unternehmen und insb die genannten Bereiche (Recht, Organisation, Prozess und IT) die geforderten Standards erfüllen („**Auditierung**"). Die Geschäftsleitung wird auf seine profunde Unterstützung angewiesen sein, denn erfolgreiche Unternehmensführung verlangt einen sorgsamen und transparenten Umgang mit Daten.

Haben Datenschutz und Datensicherheit schon in den letzten Jahren laufend an Bedeutung gewonnen, kommen jetzt neue Verpflichtungen hinzu. Datenschutz sollte dabei – wie erwähnt – nicht als „lästige Pflicht" gesehen, sondern auch als Möglichkeit zur Gestaltung und als Mehrwert für Unternehmen selbst wahrgenommen und genutzt werden. Mit der korrekten Erfüllung der neuen Pflicht zur Führung eines Verzeichnisses über Verarbeitungstätigkeiten kann etwa auch ein tiefer Einblick in das eigene Unternehmen gewonnen werden. Dies wiederum sollte auch zum eigenen Vorteil genutzt werden. Datenschutzgerechte Services und deren Nachweis durch entsprechende Audits können wiederum das Vertrauen in die Dienstleistungen des Unternehmens stärken, vorhandene Risiken absichern, Transparenz bieten und die Marktposition verbessern.

Das vorliegende Werk verfolgt das Ziel, die Arbeit im Rahmen von Datenschutz-Audits und Zertifizierungsverfahren entscheidend zu unterstützen.

1.3 Das österreichische Datenschutzgesetz (DSG 2000)

Die in diesem Buch dargestellten Verpflichtungen und Kontrollen wurden von der Datenschutz-Grundverordnung abgeleitet. Demgemäß verwenden wir über weite Strecken auch bereits die Begriffe und Formulierungen der DSGVO (zB Verantwortlicher, Auftragsverarbeiter etc).

Bis zur Geltung der Datenschutz-Grundverordnung am **25. 5. 2018** kommt jedoch wie bisher das **österreichische Datenschutzgesetz (DSG 2000)** zur Anwendung. Wir haben daher überall dort, wo derzeit aufgrund der österreichischen Rechtslage (noch) Verpflichtungen bzw Kontrollen in Abweichung von den (neuen) Vorgaben der DSGVO bestehen, jeweils entsprechende Hinweise auf das DSG 2000 aufgenommen. Bei diesen Aspekten werden auch (noch) die Begrifflichkeiten des DSG 2000 verwendet, jedoch zusätzlich (in Klammer) bereits auf die jeweilige Diktion der DSGVO hingewiesen.

[8] Vgl *Karper*, Datenschutzsiegel und Zertifizierungen nach der DSGVO, PinG Privacy in Germany 05.16, 201, http://www.pingdigital.de/PinG.05.2016.201.

Einige zentrale Wesenselemente des DSG 2000 sollen in diesem Kapitel kurz umrissen werden:[9]

Rechtsgrundlage des allgemeinen Datenschutzrechts bildet in Österreich das Bundesgesetz über den Schutz personenbezogener Daten (Datenschutzgesetz 2000 – DSG 2000), BGBl I 1999/165 idF der DSG-Novelle 2010, BGBl I 2009/133 und BGBl I 2009/135 sowie BGBl I 2011/112 und BGBl I 2012/51, welches auf der Richtlinie 95/46/EG des Europäischen Parlaments und des Rates vom 24. 10. 1995 zum Schutz natürlicher Personen bei der Verarbeitung personenbezogener Daten und zum freien Datenverkehr beruht.

Nach der Verfassungsbestimmung des § 1 Abs 1 DSG 2000 hat jedermann, insbesondere auch im Hinblick auf die Achtung seines Privat- und Familienlebens, Anspruch auf Geheimhaltung der ihn betreffenden personenbezogenen Daten, soweit ein schutzwürdiges Interesse daran besteht. Nach Satz 2 leg cit ist das Bestehen eines solchen Interesses ausgeschlossen, wenn Daten infolge ihrer allgemeinen Verfügbarkeit oder wegen ihrer mangelnden Rückführbarkeit auf den Betroffenen einem Geheimhaltungsanspruch nicht zugänglich sind.

Allgemein verfügbare (öffentliche) sowie anonyme Daten sind daher vom Schutzbereich des DSG 2000 nicht erfasst. Eine Besonderheit des Grundrechts auf Datenschutz besteht darin, dass es nicht nur gegenüber dem Staat, sondern auch zwischen Privaten gilt (sog unmittelbare Drittwirkung).[10]

In der Terminologie des § 4 Z 8 DSG 2000 wird jede Art der Handhabung von Daten als Verwendung bezeichnet, worunter sowohl die Verarbeitung als auch die Übermittlung von Daten fällt. Der Datenschutz hat die Durchsetzung des (Grund-)Rechts auf Geheimhaltung personenbezogener Daten zum Inhalt, wobei darunter nicht nur der Schutz vor der Weitergabe solcher Daten, sondern auch der Schutz vor ihrer Ermittlung zu verstehen ist.

Das DSG 2000 schützt „personenbezogene Daten" von jedermann, dh von natürlichen und juristischen Person oder Personengemeinschaften. Gem § 4 Z 1 DSG 2000 sind darunter alle Angaben über Betroffene, deren Identität bestimmt oder bestimmbar ist, zu verstehen.

Für ein rechtmäßiges Verwenden von Daten muss eine Zulässigkeitsprüfung gem §§ 6, 7 ff DSG 2000 vorgenommen werden.

Personenbezogene Daten dürfen demnach nur nach Treu und Glauben, auf rechtmäßige Weise sowie für festgelegte, eindeutige und rechtmäßige Zwecke ermittelt und nicht in einer mit diesen Zwecken unvereinbaren Weise weiterverwendet werden (§ 6 Abs 1 Z 1 und 2 DSG 2000: Grundsatz von Treu und Glauben, Rechtmäßigkeit und Zweckbindung). Das Gesetz sieht darüber hinaus vor, dass die Daten nur verwendet werden dürfen, soweit sie für den Zweck der Datenanwendung wesentlich sind und über diesen Zweck nicht hinausgehen (§ 6 Abs 1 Z 3: Wesentlichkeitsgrundsatz); zudem dürfen sie nur so verwendet werden, dass sie im Hinblick auf den Verwendungszweck im Ergebnis

---

[9] Siehe näher *Pachinger* in *Dörfler/Jung/Koukal/Streit/Pachinger/Pusch/Schloßbauer/Seidelberger* (Hrsg), Rechtsberatung Internet. Handbuch zum Multimediarecht für Juristen und Rechtsprofis (Loseblattausgabe).

[10] Siehe *Jahnel*, Datenschutzrecht Rz 2/70.

sachlich richtig und, wenn nötig, auf den neuesten Stand gebracht sind (§ 6 Abs 1 Z 4: Grundsatz der sachlichen Richtigkeit und Aktualität). Daten dürfen weiters nur so lange in personenbezogener Form aufbewahrt werden, als dies für die Erreichung der Zwecke, für die sie ermittelt wurden, erforderlich ist (§ 6 Abs 1 Z 5: Grundsatz der Datenlöschung).

Für die Zulässigkeit der Datenverwendung ist zentrales Kriterium, dass durch die Datenverwendung keine schutzwürdigen Geheimhaltungsinteressen des Betroffenen verletzt werden. Die schutzwürdigen Geheimhaltungsinteressen sind die Interessen des Betroffenen an der Geheimhaltung seiner oder der über ihn verarbeiteten Daten. Sie sind unmittelbarer Ausfluss des grundrechtlich abgesicherten Anspruchs jedes Betroffenen auf Geheimhaltung.

Neben dem Recht auf Geheimhaltung ergibt sich aus dem Grundrecht auf Datenschutz gem § 1 DSG 2000 auch ein Recht auf Auskunft, Richtigstellung, Löschung und Widerspruch (§§ 1, 26, 27, 28 DSG 2000).

2. Grundlagen eines Audits

2.1 Einleitung

Der Begriff „Audit" hat seinen Ursprung im Lateinischen:

„audito" – das Hörensagen, Gerede, Gerücht; aber auch die Anhörung

„audire" – anhören, hören, vernehmen

Ein Audit hat heutzutage jedoch nichts mit den obenstehenden Begriffen zu tun. Ein modernes Audit sollte partnerschaftlich zwischen Auditor und den befragten Personen erfolgen und sicherlich kein „Verhör" darstellen. Eine passendere Definition findet sich in „ISO 19011:2011 Leitfaden zur Auditierung von Managementsystemen".[11] Demnach ist ein Audit ein:

„... systematischer, unabhängiger und dokumentierter Prozess zur Erlangung von Auditnachweisen und zu deren objektiven Auswertung, um zu ermitteln, inwieweit die Auditkriterien erfüllt sind."

Vereinfacht formuliert ist ein Audit daher die Prüfung einer Entität hinsichtlich deren Einhaltung von normierten Anforderungen. Der ISO-Standard wurde ursprünglich für Managementsystem-Prüfungen wie Qualitätsmanagement (ISO 9001) oder Umweltmanagement (ISO 14001) entwickelt und beschreibt Anforderungen und Abläufe eines Audits. Zusätzlich definiert der ISO-Standard die Ansprüche an Auditoren. Er eignet sich jedoch auch für andere (Management-)Systeme, in unserem Fall für **Datenschutz**.

Ziel eines Datenschutz-Audits ist es, die Einhaltung der gesetzlichen Bestimmungen im Bereich des Datenschutzes zu überprüfen, Schwächen zu identifizieren und Maßnahmen zu planen und einzuführen, um diese zu beseitigen.

Ein weiterer ISO-Standard mit Auditrelevanz ist „ISO/IEC 17021-1:2015 Konformitätsbewertung – Anforderungen an Stellen, die Managementsysteme auditieren und zertifizieren".[12] Dieser stellt die Voraussetzungen für Organisationen, die Managementzertifizierungen nach ISO durchführen dürfen, dar.

Die beiden genannten Standards (ISO 19011, ISO 17021) werden von der ISO bewusst allgemein gehalten und gelten nicht für ein bestimmtes Managementsystem. Diese Standards können vielmehr auch für andere Standards gelten oder aber als Anforderungskataloge – wie bspw ein **Control Framework** – als Auditbasis dienen.

Audits sind ein wesentlicher Bestandteil von Managementsystemen, da durch sie regelmäßig die Anforderungen an und die Wirksamkeit (Effektivität) von Prozessen und Verfahren überprüft werden. Folgende Standards verpflichten Organisationen zu regelmäßigen Audits:

- Qualitätsmanagement

---

[11] ISO 19011:2011 Leitfaden zur Auditierung von Managementsystemen – kurz ISO 19011 (2011) 7.

[12] ISO/IEC 17021-1:2015 Konformitätsbewertung – Anforderungen an Stellen, die Managementsysteme auditieren und zertifizieren, kurz ISO 17021.

- Umweltmanagement
- Informationssicherheitsmanagement

Ebenso können Audits, die die Konformität anderer Anforderungskataloge erfüllen, nach der in ISO 17021 und ISO 19011 beschriebenen Methodik vollzogen werden. In unserem Werk wird ein **Control Framework** für **Datenschutz** beschrieben, das einen solchen Anforderungskatalog darstellt.

Dieses Kapitel zeigt die **Voraussetzungen** für ein **Datenschutz-Audit** auf und beschreibt die Planung, die Durchführung und das Reporting eines Audits nach der ISO-Management Auditmethodik.

2.2 Begriffsdefinition

2.2.1 Handelnde Parteien eines Audits

Audits werden durch einen *Auditauftraggeber* veranlasst. Typische Auditauftraggeber für Datenschutz-Audits sind die Unternehmensleitung, die Compliance Abteilung, die Rechtsabteilung, der Datenschutzbeauftragte des Unternehmens oder auch Geschäftskunden. Die „auditierte Organisation" – **Auditee**[13] – ist die Entität (Unternehmen, Bereich, Standort), die im Scope des Audits steht. Die Personen (Management und Mitarbeiter des Auditee, Kunden oder Lieferanten), die vom Auditor befragt oder deren Handlungen beobachtet werden, bezeichnen wir in diesem Werk als *Auskunftspersonen*.

Der **Auditor** ist jene Person, die das Audit durchführt. Größere Audits werden von einem **Auditteam** vollzogen. Dieses besteht aus mehreren Auditoren, die oft durch **Fachexperten** unterstützt werden. Der Fachexperte muss kein ausgebildeter Auditor sein, vielmehr benötigt er spezifisches Wissen über die Organisation, Branche, Kultur, Technik oder Sprache und ergänzt dadurch die Auditoren. Das Auditteam wird durch einen **Auditteamleiter** (Lead Auditor) geführt. Dieser hat die Gesamtverantwortung für das Audit.

Checkliste: Aufgaben und Verantwortungen im Auditteam

Der **Auditteamleiter** nimmt die folgenden Aufgaben und Verantwortungen wahr:

- Leitung und hauptverantwortliche Durchführung des Audits
- Auditvorbereitung, Erstellung des Auditplans in Abstimmung mit dem Auditee
- Aufzeichnung und Bewertung der Auditfeststellungen in Zusammenarbeit mit dem Auditteam
- Durchführung von Nachaudits bei Abweichungen zum Standard
- Erstellung des Auditberichts
- Präsentation der Auditergebnisse

[13] Der englische Begriff für die „auditierte Organisation" – „Auditee" – hat im Bereich Audit eine hohe Verbreitung und Akzeptanz. In diesem Werk wird somit der Begriff „Auditee" verwendet.

Der **Auditor** hat folgende Aufgaben und Verantwortungen:

- Vorbereitung auf das Audit: Studium der relevanten Unterlagen
- Mitwirkung bei der Vorbegutachtung
- Allein- oder mitwirkungsverantwortliche Durchführung von Teilaudits
- Aufzeichnung seiner Auditfeststellungen
- Mitwirkung bei der Bewertung von Auditfeststellungen (Auditteam Abstimmung)
- Mitwirkung bei der Berichterstattung und Präsentation

Dem **Experten** sind die folgenden Aufgaben und Verantwortungen zugewiesen:

- Vorbereitung auf das Audit
- Studium der relevanten Unterlagen
- Fachlich unterstützende Mitwirkung beim Audit
- Aufzeichnung seiner Auditfeststellungen
- Mitwirkung bei der Abstimmung im Auditteam

Abbildung 2: Aufgaben und Verantwortung im Auditteam

Ein **Betreuer** – Guide – ist meist ein Mitarbeiter des Auditee, der sich um die organisatorischen Themen des Audits kümmert. Er kümmert sich um die Logistik sowie die zeitliche und räumliche Planung. Während des Audits führt er die Auditoren durch die Organisation (Werksgelände, Bürogebäude, Standorte) und reagiert auf Änderungen (meist Verspätungen) im Ablauf. Er sollte nicht zugleich Auskunftsperson im Zuge des Audits sein, also nicht für inhaltliche Themen des Audits als Gesprächspartner dienen.

2.2.2 Auditkriterien und -ergebnisse

Auditkriterien

Ein Audit sollte immer reproduzierbare Ergebnisse liefern. Das heißt, Auditor A sollte idealerweise zum selben Ergebnis kommen wie Auditor B. Voraussetzung dafür ist natürlich dasselbe fachliche Wissen beider Auditoren. Wesentlich ist hier, dass Audits auf einer einheitlichen Basis erfolgen müssen. *Auditkriterien* stellen Verfahren, Vorgehensweisen und Anforderungen dar, die als Referenz zur Prüfung der Auditnachweise verwendet werden. Standards wie ISO 9001 (Qualitätsmanagement), ISO 27001 (Informationssicherheitsmanagement) oder auch das COBIT Framework (Governance und Management-Framework für IT) stellen Auditkriterien dar. Für den Bereich Datenschutz stellen die Kontrollen[14] aus diesem Buch eine mögliche Auditbasis dar. Die beschriebenen Kontrollbereiche, Kontrollgruppen und Kontrollen können in Summe als Datenschutz-Auditkriterien herangezogen werden.

[14] Vgl Kapitel Kontrollen 3.1.5.

Auditnachweise

Der Auditor sollte sich während des Audits ein objektives Bild über die Wirksamkeit von Verfahren, Vorgehensweisen und Maßnahmen machen. Dazu sind Auditnachweise erforderlich. Auditnachweise sind Dokumente, Aufzeichnungen oder auch Beobachtungen, die die Einhaltung der oben genannten Kriterien aufzeigen können.

Auditfeststellungen

Werden die Kriterien hingegen nicht eingehalten, so wird die Nichteinhaltung in einer Auditfeststellung dokumentiert. ISO 19011 definiert Auditfeststellungen als

„... Ergebnis aus der Bewertung der gesammelten Auditnachweise ... in Hinblick auf Auditkriterien". (ISO 19011: Leitfaden zur Auditierung von Managementsystemen [2011] 8).

Nach dieser Definition kann auch das Einhalten der oben genannten Kriterien in Auditfeststellungen dokumentiert werden. Meist wird jedoch nur die Nichtkonformität, also ein Verstoß gegen ein vorgegebenes Verfahren, in einer Auditfeststellung dokumentiert.

Auditschlussfolgerung

Nach Abschluss des Audits wird der Auditor die *Auditschlussfolgerungen* dokumentieren. Dieses Ergebnis des Audits berücksichtigt die Auditziele (zB Einhaltung von Anforderungen der DSGVO) und schließt alle Auditfeststellungen mit ein. In der Praxis werden bei Erstaudits nicht alle Auditziele erreicht. Die Abweichungen sind in Form von Auditfeststellungen dokumentiert.

2.2.3 Auditvarianten

Audits können in verschiedenen Varianten eingeteilt werden.[15] *Interne Audits,* bei denen meist das Management des Unternehmens der Auditauftraggeber ist, stellen *Erstpartei-Audits* (First Party Audits) dar. Der Auditor ist ein Mitarbeiter des Unternehmens. Er sollte jedoch aus Unabhängigkeitsgründen nicht Teil des auditierten Bereiches sein. In manchen Fällen, bei denen diese Unabhängigkeit nicht gewährleistet ist, keine Ressourcen für Audits verfügbar sind oder schlicht einfach das Wissen für Audits innerhalb der Organisation fehlt, können interne Audits auch durch externe Auditoren erfolgen. Hier ist aber die klare Abgrenzung zu einem tatsächlichen externen Audit zu treffen.

Externe Audits werden meist von externen Interessierten, also Geschäftskunden, durchgeführt. Diese *Zweitpartei-Audits (Second Party Audits)* werden beispielsweise regelmäßig von Automobilherstellern bei deren Zulieferern in den Themenbereichen Qualitätsmanagement oder Informationssicherheitsmanagement durchgeführt. Ein Dilemma stellt dies für Unternehmen dar, bei denen verschiedene Geschäftskunden dasselbe Themengebiet durch Zweitparteien-Audit begutachten lassen. Jedes der Audits blockiert die Mitarbeiter bei deren täglichen Aufgaben. Man spricht hier von „Audit-Tourismus".

15 Vgl ISO 19011: Leitfaden zur Auditierung von Managementsystemen (2011) 7 und EN ISO/IEC 17021-1: Konformitätsbewertung – Anforderungen an Stellen, die Managementsysteme auditieren und zertifizieren (2015).

Abhilfe dagegen schaffen *Drittpartei-Audits* (Third Party Audit), bei denen eine unabhängige Organisation das Audit durchführt. Das Auditergebnis wird daraufhin vom Auditee an die jeweiligen Geschäftskunden übermittelt.

Eine erweiterte Art von Drittpartei-Audits sind *Zertifizierungs-Audits*. Diese werden durch eine bevollmächtigte (akkreditierte) Stelle durchgeführt. Bei positivem Auditergebnis wird ein Zertifikat ausgestellt. Dieses Zertifikat dient dem Auditee als Nachweis der Konformität. Auch Datenschutz-Audits können in Form von Zertifizierungsaudits erfolgen. Das Ergebnis ist ein „Datenschutzzertifikat" (siehe Kapitel 8).

2.3 Grundsätze eines Audits

Um das Vertrauen in das Audit, die Auditoren und somit auch in die Auditergebnisse sicherzustellen, sollte ein Audit gewissen Grundsätzen folgen.[16]

- Unabhängigkeit: der Auditor ist vom Auditee in keiner Weise abhängig; auch bei internen Audits sollte dies durch entsprechende Befugnisse und Rechte sichergestellt sein
- Objektivität: der Auditor lässt sich **nicht** durch Faktoren wie Sympathie, Hörensagen, unbestätigte Informationen beeinflussen
- Sachlichkeit: die Ergebnisse des Audits werden vom Auditor richtig, genau und verständlich dokumentiert
- Kompetenz: der Auditor verfügt über das entsprechende Fachwissen, arbeitet sorgfältig und hat ein gutes Urteilsvermögen
- Integrität: der Auditor erbringt seine Arbeit ehrlich und hält die rechtlichen Anforderungen beim Audit ein
- Vertraulichkeit/Verschwiegenheit: der Auditor schützt die erhaltenen Informationen in angemessener Weise und gibt diese nicht an Unberechtigte weiter
- Methodischer Ansatz: der Auditor führt Audits nach einem vordefinierten Schema durch und dokumentiert nachvollziehbar den Auditverlauf

2.4 Planung eines Audits

Zuerst sollte das Ziel des Audits definiert werden. Das übliche Ziel eines Datenschutz-Audits ist es, die gesetzliche Konformität in Hinblick auf die rechtlichen Vorgaben nachzuweisen. Aber auch weitere Ziele sind denkbar, wie eine Attestierung des Datenschutzmanagements nach ISAE 3000 (siehe Kapitel 8.1). Der Auditor muss die erforderlichen Ressourcen, die für das Audit benötigt werden, definieren. Des Weiteren sammelt der Auditor Informationen über den Auditee, um dessen Geschäftsfeld und die damit verbundenen Datenrisiken grob abschätzen zu können. Mit diesen Informationen kann der Auditor den Scope des Audits einschätzen. Bereits bei der Planung sollte der Auditteamleiter sein Team entsprechend benötigter Qualifikationen zusammensetzen. Das Ergebnis der Planung ist ein Auditprogramm, das zeigt, wer wann und wo während

[16] Vgl ISO 17021, ISO 19011, ISACA IT-Prüfungsstandards.

des Audits involviert sein muss, welche Anforderungen betrachtet werden und wie lange das Audit dauert.

Checkliste: Auditplanung

Folgende Informationen sollten bei der Auditplanung erhoben werden:

- Namen der Kontaktpersonen
- Guides
- Dolmetscher (falls notwendig)
- Zahl der Mitarbeiter/Schichten
- Zahl der Standorte
- Größe des Betriebes
- Komplexität des Unternehmens
- Zu berücksichtigende Gesetzgebung
- Größe des Auditteams
- Qualifikation der Teammitglieder
- Verfügbarkeit von Einrichtungen
- Gesundheits- und Sicherheitsvoraussetzungen
- Benötigte Ausrüstung für spezielle Bereiche
- Zugang zu Hochsicherheitsbereichen
- Sicherheitsüberprüfung (Vertraulichkeitsüberprüfung der Auditoren durch den Auditee)
- Benötigte Vertraulichkeitsvereinbarungen

Abbildung 3: Checkliste zur Auditplanung

2.4.1 Auditprogramm

Ein Auditprogramm legt über einen bestimmten Zeitraum die Audittätigkeiten der Organisation fest.

„Ein Aspekt des Auditprogramms ist die Festlegung, welche Zielsetzung mit den Audits generell verfolgt werden soll." (*Gietl/Lobinger* [2014] 18).

Ein Auditprogramm kann verschiedene Themengebiete umfassen. Beispielsweise Qualitätsmanagement, Informationssicherheit und auch Datenschutz. Das Auditprogramm gibt somit eine Übersicht über Auditthemen, Unternehmensbereiche und Standorte.

„Das Auditprogramm sollte Informationen und Ressourcen erfassen, die erforderlich sind, um die Audits innerhalb des festgelegten Zeitrahmens wirksam und effizient zu organisieren und durchzuführen." (ISO 19011: Leitfaden zur Auditierung von Managementsystemen [2011] 14).

Folgende Themen sollte ein Auditprogramm jedenfalls beinhalten:[17]

- Ziele für das Auditprogramm/Audit
- Antworten zu wann/wo/wie lange das Audit stattfindet und was die Zielsetzung ist
- Auditkriterien
- Auditmethode
- Auditteam
- Ressourcen

Beispiele für Ziele eines Auditprogramms

- Koordinierung und Vereinheitlichung von Audits für mehrere Managementsysteme
- Aufdeckung/Nutzung von Synergieeffekten zur Reduzierung des Auditaufwands
- Evaluierung der Erfüllung von gesetzlichen Anforderungen
- Identifizierung von Verbesserungsmöglichkeiten des Auditprogramm-Managementsystems

Beispiele für Ziele einzelner Audits

- Bewertung der Effizienz des Managementsystems
- Identifizierung von Verbesserungsmöglichkeiten
- Evaluierung der Erfüllung von gesetzlichen Anforderungen
- Evaluierung der Zielerfüllung

Abbildung 4: Ziele von Auditprogrammen und Audits

Ein Auditprogramm kann auch über mehrere Jahre hinweg geplant und abgewickelt werden. Gerade bei umfangreicheren Auditprogrammen und wenig Ressourcen kann dies eine praktikable Vorgangsweise sein. Im Sinne eines risikobasierten Ansatzes wird hier zuerst identifiziert, welche Punkte im Auditprogramm für den Auditee besonders wesentlich sind bzw wo auch die Risiken am höchsten sind. Diese Punkte sollten bereits initial auditiert werden. Ein Auditprogramm kann auch Audits verschiedener Bereiche und Auditkriterien beinhalten.

Aus dem Auditprogramm werden für einzelne zusammenhängende Audits Auditpläne abgeleitet. Diese beinhalten das Programm einzelner oder weniger aufeinander folgender Audittage. Sie dienen dem Auditee zur Vorbereitung, so dass Auskunftspersonen anwesend sind und Bereiche besichtigt werden können. Dem Auditor dienen die Auditpläne zur Ressourcenplanung und zur Identifikation der benötigen Auditexpertise und während des Audits vor allem für das Zeitmanagement.

[17] Vgl ISO 19011: Leitfaden zur Auditierung von Managementsystemen (2011) 14.

Beispiel eines Auditprogramms							
Audit	**Auditkriterien**	**Dauer (PT)**	**Bereich**	**Termin**	**Methode**	**Ressourcen**	**Auditteam**
Qualitätsmanagement	ISO 9001: 2015	2	Niederlassung xy	Jan 2017	Dokumentenaudit	Lead Auditor	Fr Mayr
Informationssicherheitsmanagement	ISO 27001: 2013	3	Zentrale	Mai 2017	Dokumentenaudit	Lead Auditor, Auditor	Hr Muster, Fr Mayr
Informationssicherheitsmanagement	ISO 27001: 2013	2	Niederlassung xy	Mai 2017	Interviews Begehungen	Lead Auditor, Auditor	Hr Muster, Hr Mayr
Datenschutzmanagement	Kontrollframework, Kontrollgruppe IT	3	Zentrale	Mai 2017	Dokumentenaudit Interviews Begehungen	Lead Auditor, Auditor	Hr Max, Hr Smith
Datenschutzmanagement	Kontrollframework, Kontrollgruppe IT	1	Niederlassung xy	Mai 2017	Dokumentenaudit Interviews Begehungen	Lead Auditor, Auditor	Hr Max, Hr Smith
Datenschutzmanagement	Kontrollframework, Kontrollgruppe Recht	3	Zentrale	Sept 2017	Dokumentenaudit Interviews Begehungen	Lead Auditor, Auditor	Hr Max, Hr Smith
...							
...							

Abbildung 5: Beispiel eines Auditprogramms

Regelmäßigkeit von Audits

Um das gewünschte Niveau zu erreichen und dann auch halten zu können, sind regelmäßige Audits erforderlich. Beispiele für regelmäßige Audits sind die Wirtschaftsprüfung, die üblicherweise jährlich erfolgt, wie auch Managementsystem-Zertifizierungsaudits. Der Nachteil bei jährlichen Audits ist, dass über das Jahr das Bewusstsein für das Thema sinkt und knapp vor dem Audit erst Maßnahmen von den Auskunftspersonen vervollständigt (zB Nachtragen von Formularen) werden. Die Effektivität der Verfahren (und damit das Qualitätsniveau) ist somit nicht dauerhaft sichergestellt (siehe Abbildung 6 unten).

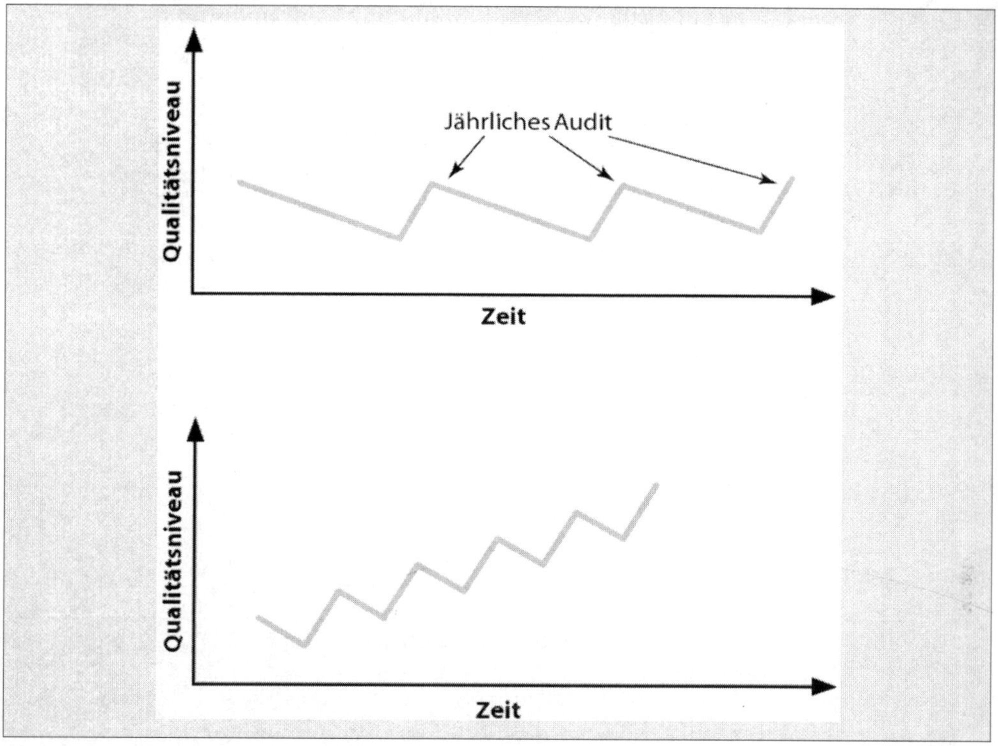

Abbildung 6: Sägezahneffekt[18]

Ein auditierter Bereich muss auch ohne Vorbereitung die Auditkriterien erfüllen. Interne Audits könnten beispielsweise in einer häufigeren Frequenz durchgeführt werden. Es können die Auditthemen über das Jahr hinweg verteilt werden. Die einzelnen Audits können kürzer sein. Durch das ständige Vorhandensein von Audits werden die Ansprechpartner des Auditee stärker sensibilisiert. Dadurch wird ein stetiger Verbesserungsprozess erreicht (siehe Abbildung 6, oben).

2.4.2 Zeitmanagement beim Audit

Wichtig ist, ausreichend Pausen zwischen Interviews und Besichtigungen einzuplanen. Es sollte genügend Zeit vorhanden sein, um Auditfeststellungen zu dokumentieren. Eine sofortige Dokumentation ist weniger Aufwand, als wenn sie erst am Abend zusammengefasst werden muss. Arbeiten Sie hier möglichst schon mit ausformulierten Feststellungen. Pausen dienen auch der Abstimmung zwischen den Auditoren (Auditteam Abstimmung).

[18] Nach *Gietl/Lobinger* (2014) 22.

Beispielhafter Auszug aus einem Auditplan			
Auditee:	Firma Mustermann		
Auditkriterien:	Datenschutz-Grundverordnung	Auditor	Max Muster
Start des Audits:	xx.xx.xxxx 09:00 Uhr	Bereich/Ort:	Musterstraße 1 1111 Musterhausen
Ende des Audits:	xx.xx.xxxx 18:00 Uhr		

Datum	Uhrzeit	Aktivität/Kontrollbereich und -gruppe	Kontrolluntergruppe	Kontrolle	Ansprechpartner
xx.xx.xxxx	09:00	Eröffnungsgespräch			
	09:30	Organisation – Datenschutzkonzept und -management	Datenschutzbeauftragter	ORG.01-ORG.11	
			Leitende Organe	ORG.12-ORG.23	
			Risikobewertung	ORG.24-ORG.27	
			Verschwiegenheit	ORG.28-ORG.29	
	10:30	Organisation – Verantwortlichkeiten	Auftragsverarbeitung	ORG.30-ORG.36	
			Datenverarbeitung	ORG.37-ORG.39	
	11:30	Auditteam-Abstimmung und Dokumentation			
	12:00	Mittagspause			
	13:00	IT – Aufbewahrung von Daten	Aufbewahrungszeiten	IT.01- IT.02	
			Sperr- und Löschkonzept	IT.03- IT.07	
			Protokollierung	IT.08- IT.12	
	14:30	IT – Datenschutzkonzept und -management	Richtlinien und Nachweise	IT.13- IT.15	
	15:00	IT – Datensicherheitsmaßnahmen	Aufgabenzuordnung und Belehrung	IT.16- IT.18	
			Risikobewertung	IT.19- IT.22	
	16:30	Auditteam-Abstimmung und Dokumentation inkl Vorbereitung des Abschlussmeetings			
	17:30	Abschlussmeeting			

Abbildung 7: Beispiel – Auszug aus einem Auditplan

2.5 Auditablauf

Nach dem Audit sollte festgestellt sein, ob und wieweit die definierten Auditkriterien eingehalten werden. Diese Bewertung erfolgt während der Auditdurchführung. Der nachstehend vorgestellte Auditablauf hilft dieses Ziel zu erreichen.[19]

2.5.1 Durchführen des Eröffnungsgespräches

Das Eröffnungsgespräch findet am ersten Audittag zu Beginn des Audits statt. Es dient zuerst einem Kennenlernen zwischen Auditteam und den Auskunftspersonen (meist Mitarbeiter) des Auditee. Auch sollte hier die Leitung des auditierten Bereiches anwesend sein. Dies dient dem Auditor als Nachweis für dessen Bewusstsein für das Audit und den Mitarbeitern des Auditee zeigt es die Wichtigkeit des Themas. Das Eröffnungsgespräch dient auch einer nochmaligen Überprüfung des Auditplans und möglichen kurzfristigen Änderungen (zB aufgrund einer Erkrankung). Bereits bei der Eröffnung sollte eine gute Kommunikationsbasis (freundlich, wertschätzend, vertrauensvoll) geschaffen werden.

Erklären sie den Auskunftspersonen, dass ihre tägliche Arbeit (ihr Business) vorgeht. Sollte es dringende, vorab nicht vorhersehbare Aufgaben geben (zB Problem bei einem wichtigen Kunden, Ausfall eines kritischen Systems), dann sollte der Auditor den Auditplan entsprechend anpassen. Diese Vorgehensweise verschafft einen Vertrauensvorschuss. Führen sie eine Anwesenheitsliste. Diese dient später als Nachweis für eine qualitative Auditdurchführung.

[19] Vgl ISO 19011: Leitfaden zur Auditierung von Managementsystemen (2011) 37, Kap 6.4 Durchführen von Audittätigkeiten.

Checkliste: Eröffnungsgespräch Datenschutz-Audit

- Vorstellung der Parteien
  - Auditteamleiter
  - Auditoren
  - Leitung (Geschäftsführer oder Bereichsleiter)
  - Datenschutzverantwortliche
  - Rechts-/Complianceleiter
  - Mitarbeiter/Auskunftspersonen
  - Betreuer (Guide)
  - Auditauftraggeber
- Kurze Vorstellung des Unternehmens
- Ziel des Audits
- Besprechung Auditumfang (Scope); Bestätigung, dass die vom Auditteam benötigten Ressourcen und Einrichtungen zur Verfügung stehen
- Feinabstimmung des Auditplans
- Auditmethodik (Dokumente lesen, Interviews, Beobachtungen)
- Methoden der Berichterstattung einschließlich der Einstufung der Auditfeststellungen
- Abstimmen des offiziellen Kommunikationsweges
- Hinweis auf Zwischenabstimmungen und das Abschlussgespräch
- Informationen zu den Bedingungen, die zum vorzeitigen Abbruch eines Audits führen können
- Beantwortung offener Fragen

Abbildung 8: Beispielhafte Inhalte für ein Eröffnungsgespräch

2.5.2 Durchführen des Audits

Mithilfe des Audits sammelt der Auditor objektive Auditnachweise, die eine Einhaltung oder eine Nichteinhaltung der Auditkriterien aufzeigen. „Objektiv" steht für unvoreingenommen, nicht von Gefühlen geleitet.[20] Die Objektivität eines Auditnachweises kann zwar nicht gemessen oder klassifiziert werden, folgende Beispiele geben jedoch einen Anhaltspunkt dafür.

---

20 Vgl wikipedia.de (2016).

Art des Nachweises	Objektivität
Fehlendes Dokument oder Dokument mit inhaltlichen Fehlern	Einfach nachzuweisen
Beobachtung einer (Fehl-)Handlung eines Mitarbeiters	Nachzuweisen durch Beschreibung der Handlung (Zeit/Datum/Handlung/Ort/Beteiligte); danach Übereinstimmung über den Sachverhalt mit dem Mitarbeiter bzw dem Auditee erlangen
Sichtung eines Verstoßes, zB offene Türe zu einem Sicherheitsbereich	Dokumentation des Verstoßes (Zeit/Datum/Handlung/Ort/Zeugen), wenn erlaubt Fotodokumentation
Leere Checkliste (nicht ausgefüllt, obwohl dies erforderlich wäre)	Einfach nachzuweisen
Mitarbeitern sind Regelungen zum Datenschutz nicht bekannt	Nachzuweisen durch Interviews

Abbildung 9: Mögliche objektive Nachweise

Dem Auditor stehen verschiedene Techniken für das Audit zur Verfügung. Im Vorfeld zum Vorortaudit sollte die Prüfung der Dokumentation stehen. Diese *Dokumentenaudits* stellen bei Managementsystemzertifizierungen eine eigene Auditphase dar. Dies ist auch bei anderen Audits (zB internes Datenschutz-Audit) zu empfehlen. Durch die Prüfung der Dokumentation bekommt der Auditor ein erstes Bild über den auditierten Bereich, ohne viele Ressourcen des Auditee zu beanspruchen. Sollte die Dokumentation mangelhaft sein, ist dies ein guter Zeitpunkt, nicht in weitere Auditphasen zu wechseln, sondern dem Auditee eine Überarbeitung der Dokumentation zu empfehlen. Die Feststellungen aus dem Dokumentenaudit dienen dem Auditee als Input für Verbesserungen.

In Dokumenten sind Vorgaben, Verfahren, Arbeitsabläufe beschrieben. Im Zuge des Dokumentenaudits kann der Auditor begutachten, ob diese den Anforderungen der Auditkriterien entsprechen. Die tatsächliche Einhaltung der Vorgaben durch den Auditee kann durch ein Dokumentenaudit **nicht** objektiv nachgewiesen werden. Diese Auditnachweise sind in weiterer Folge durch andere Audittechniken wie Interviews oder Workshops mit den Auskunftspersonen, Standortbesichtigungen und Beobachtungen von Arbeitsabläufen zu erbringen.

Aus diesem Grund sind Interviews oder Workshops mit Auskunftspersonen ebenso wesentlich wie Dokumentenaudits, wobei das Interview zu bevorzugen ist. Bei Interviews (einzelner Auskunftspersonen) kann sich der Auditor auf sein Gegenüber konzentrieren. Mehrere Interviews zum selben Thema mit unterschiedlichen Auskunftspersonen ergeben ein objektiveres Bild über die tatsächlichen Abläufe. Sie sind jedoch im Vergleich zu Workshops für den Auditor zeitaufwändiger. Interviews sollten idealerweise durch zwei Auditoren geführt werden. Einer führt das Gespräch, der zweite Auditor dokumentiert und kontrolliert laufend den Zeitplan und die Themen. Workshops sollten ebenfalls durch zwei Auditoren durchgeführt werden.

Checkliste: Interview/Workshop

- Begrüßung
- Vorstellung (falls beim Eröffnungsgespräch nicht bereits erfolgt ist)
- Checkliste der behandelnden Auditkriterien abarbeiten
- Die Auditergebnisse zusammenfassen und der Auskunftsperson mitteilen
- Missverständnisse sofort klären
- Möglichst eine Einigung über die Auditergebnisse erzielen
- Bei der Auskunftsperson für die Zeit bedanken
- Den Interview-/Workshop-Bereich verlassen oder im Falle, dass der Auditor den Raum länger nutzt, die Gesprächspartner verabschieden
- Auditoren stimmen sich ab

Während des Audits sollte ständig auf die Einhaltung des Zeitplanes geachtet werden:

- Fortschritt prüfen
- Verzögerungen effektiv managen
- Auditaufzeichnungen führen

Abbildung 10: Beispielhafte Gliederung eines Interviews

2.5.3 Audittools

Neben dem **Auditplan**, der bei der Vollständigkeit und beim Zeitmanagement des Audits unterstützt, gibt es weitere Werkzeuge, die hier kurz vorgestellt werden.

Fachliche **Checklisten**, die den Auditkriterien folgen, stellen sicher, dass der Auditor die richtigen Dokumente liest, er alle Aufzeichnungen einfordert und die richtigen Fragen stellt. Die Checklisten können in umfangreichen Fragenkatalogen organisiert sein. Formulare, die vom Auditor befüllt werden müssen, ermöglichen später Qualitätskontrollen über die durchgeführten Audits. Es ist auch üblich bei erstmaligen Audits, Checklisten vor dem Audit schon an den Auditee zu übermitteln, damit die Auskunftspersonen sich ein besseres Bild über die Tiefe des Audits machen können. Diese vertrauensbildende Maßnahme sollte jedoch nur gezielt eingesetzt werden. Bei Folgeaudits sollte darauf besser verzichtet werden.

Beispielcheckliste für Kontrolle IT.47 Datensicherung			
Fragenkatalog			
Frage	**Antwort**	**Kommentar des Auditors**	**Status**
Existiert eine Datensicherungsleitlinie?			
Wurden Verfügbarkeitsanforderungen und Wiederherstellungszeiten definiert?			
Werden die Verfügbarkeitsanforderungen und Wiederherstellungszeiten in der Richtlinie/bei der Datensicherung berücksichtigt?			
Werden Sicherungen gemäß der Richtlinie durchgeführt?			
Werden die Sicherungen getestet?			
Dokumente und Nachweise			
Dokument/Nachweis	**Vorhanden**	**Kommentar**	
Sicherungsleitlinie/Datensicherungskonzept	<ja/nein>	<in ausreichender Qualität und ausreichendem Umfang?>	
Verfahrensbeschreibung Sicherung			
Protokolle durchgeführter Sicherungen			
Nachweise über Tests von Datensicherungen			

Abbildung 11: Beispiel Checkliste für eine Kontrolle

Des Weiteren sind die **Auditaufzeichnungen** des Auditors, in denen während des gesamten Audits mitprotokolliert wird, ein wichtiges Werkzeug. Eine gemeinsam zugängliche elektronische Dokumentation hat den Vorteil, dass auch später in den Mitschriften gesucht werden kann. Es sollte aber auch auf die individuelle Arbeitsweise der einzelnen Auditoren geachtet werden. Handschriftliche Mitschriften sind durchaus üblich. Die Auditaufzeichnungen dienen später als Informationsquelle für den offiziellen *Auditbericht*. Die Auditauzeichnungen werden üblicherweise nicht an den Auditee weitergegeben.

Durch die Beurteilung der gesammelten Auditnachweise hinsichtlich der Konformität zu den festgelegten Auditkriterien treffen die Auditoren **Auditfeststellungen**. *Diese* sollten im Gegensatz zu den Auditaufzeichnungen formell dokumentiert werden. Ein solches Dokument wird bei Managementsystemaudits als **Abweichungsbericht** bezeichnet.

„Beanstandungen werden in einem Abweichungsbericht (engl. Non-Conformity-Report – NCR) festgehalten." (*Hinsch* [2015] 150)

Im Gegensatz zu einem eigenen NCR-Dokument (vgl Abbildung 12) je Auditfeststellung (bei *Hinsch* als Beanstandung bezeichnet) ist der Einsatz einer Vorlage, die eine tabellarische Auflistung aller Feststellungen ermöglicht, übersichtlicher. Jede Feststellung wird in einer neuen Zeile dokumentiert und bekommt eine eindeutige Nummer.

Dieses Formular wird oft als Abweichungsbericht oder Verbesserungsregister bezeichnet. Der Abweichungsbericht kann als „working document" für Auditor und Auditee verwendet werden. Es dient auch zur Kommunikation zwischen diesen Parteien. Für jede Auditfeststellung identifiziert der Auditee eine Verbesserungsmaßnahme und einen Zeitpunkt, bis die Maßnahme auch umgesetzt wird. Bei einem Wiederholungsaudit bleibt diese Information erhalten und der Auditor kann die Umsetzung und Effektivität beurteilen und bei positiver Bewertung diese als geschlossene Feststellung kennzeichnen.

Beispiel für Abweichungsbericht		
Nummer:		Datum:
Auditor:		
Auditee:		
Abweichung: <Beschreibung der Abweichung>		Kontrollbezug: <Kontrolle>
Referenzen: <Dokumente, Interviews, Nachweise>		
Klassifikation:	<Klassifizierung der Abweichung>	
Ursachenanalyse: <vom Auditee zu befüllen>		
Geplante Korrekturmaßnahme: <vom Auditee zu befüllen, inkl Zieldatum und Verantwortlichkeiten>		

Abbildung 12: Beispielhaftes NCR-Dokument (Non-Conformity-Report)

2.5.4 Kommunikation während des Audits

Während des Audits sollten die Auditoren regelmäßig im Zuge von Auditteam-Abstimmungen den Fortschritt des Audits beurteilen und sich gegenseitig über die Auditfeststellungen austauschen. Bei Bedarf wird der Auditteamleiter die Aufgaben unter den Auditoren neu verteilen. Üblicherweise finden Tagesabschlussbesprechungen statt, bei denen der Auditee über den Fortschritt des Audits und auch über die Auditfeststellungen informiert wird. Idealerweise wird hier schon eine Übereinstimmung der Auditfeststellungen mit dem Auditee getroffen (Auditee teilt die Ansicht des Auditors). Falls die

Auditnachweise ergeben, dass die Auditziele eventuell nicht erreichbar sind, sollte der Auditteamleiter dies dem Auditee entsprechend mitteilen und Maßnahmen wie beispielsweise die Abänderung des Auditplans oder das Anpassen der Auditziele oder des Auditumfangs treffen. Wenn der Auditor keine Übereinstimmung mit dem Auditee findet, sollte das Audit unterbrochen oder ganz abgebrochen werden.

Das Auditteam sollte vor dem Abschlussgespräch eine Auditteam-Abstimmung durchführen, um den Abweichungsbericht noch einmal gemeinsam zu analysieren. Es besteht auch die Möglichkeit hier schon einen ersten Entwurf des Auditberichts zu erstellen. Hierfür sollte aber ausreichend Zeit eingeplant werden.

2.5.5 Abschlussgespräch

Das Abschlussgespräch[21] bildet den offiziellen Abschluss eines Audits, also das Ende des geplanten Audits nach Auditplan. Es dient der unmittelbaren Kommunikation der Auditergebnisse an die Leitung des auditierten Bereiches, die Verantwortlichen für Prozesse und Verfahren und die Auskunftspersonen. Der Auditteamleiter präsentiert zuerst seinen Gesamteindruck. Wenn möglich sollte versucht werden, auch positive Punkte hervorzuheben, selbst dann, wenn das gesamte Audit negativ war.

Mit den Auditfeststellungen werden aber auch zusätzliche im Zuge des Audits erlangte Informationen hinsichtlich der Auditziele und Auditkriterien mithilfe des Abweichungsberichts präsentiert. Auch hier sollte eine Einigung mit dem Auditee erzielt werden. Sollte diese nicht möglich sein, dann ist dies genau zu dokumentieren. Es empfiehlt sich für den Auditteamleiter ohnedies, ein Protokoll über das Abschlussgespräch zu führen.

Für die Behebung von Nichtkonformitäten sollten sich die Parteien über Maßnahmen zu deren Behebung bzw einen Zeitplan dafür einigen. Das Ergebnis aus dem Abschlussgespräch ist ein Abweichungsbericht, der mit Maßnahmen zur Behebung von Nichtkonformitäten inklusive eines Zeitplanes zur Behebung ergänzt ist.

Des Weiteren informiert der Auditteamleiter den Auditee über die weiteren Schritte, mögliche folgende Überprüfungshandlungen und stimmt die Übermittlung (Zeit, Empfängerkreis) des Auditberichtes ab.

Der Abweichungsbericht kann nach dem Audit vom Auditee zu einem Maßnahmenumsetzungsplan erweitert werden. Dazu müssen noch die personellen Ressourcen ergänzt werden.

Checkliste: Abschlussgespräch Datenschutz-Audit

- Anwesenheit der Teilnehmer
  - Auditteamleiter
  - Auditoren

[21] Vgl ISO 19011: Leitfaden zur Auditierung von Managementsystemen (2011) 44 und *Hinsch* (2015) 148.

  - Leitung (Geschäftsführer oder Bereichsleiter)
  - Datenschutzverantwortliche
  - Rechts-/Complianceleiter
  - Mitarbeiter/Auskunftspersonen
  - Betreuer (Guide)
  - Auditauftraggeber
- Protokoll führen (Auditteamleiter bestimmt ein Teammitglied dazu)
- Wiederholen des Auditziels
- Auditumfang (Scope) wiederholen, Änderungen davon darlegen
- Aussage über den Gesamteindruck durch den Auditteamleiter (Positives hervorstreichen)
- Präsentation des Abweichungsberichts (oder, wenn schon erstellt, des Auditberichts)
- Einigung über die Auditfeststellungen zwischen den Parteien erzielen
- Maßnahmen zur Behebung der Auditfeststellungen besprechen
- Zeitplanung zur Maßnahmenumsetzung definieren
- Auditberichterstattung abstimmen (Empfängerkreis, Zeitpunkt)
- Offene Fragen beantworten
- Offizieller Auditabschluss

Abbildung 13: Inhalte eines Abschlussgespräches

2.6 Auditbericht

Der Auditbericht …

„… sollte eine vollständige, genaue, kurzgefasste und klare Aufzeichnung des Audits liefern" (ISO 19011: Leitfaden zur Auditierung von Managementsystemen [2011] 45) …

… und rasch dem Auditauftraggeber zur Verfügung gestellt werden. Auch bei internen Audits sollte der Auditbericht so aufbereitet sein, dass er gegebenenfalls an interessierte Externe (wie Geschäftskunden) weitergegeben werden kann. Im Bereich des Datenschutzes interessieren sich beispielsweise die Verantwortlichen iSd DSGVO für den Reifegrad des Datenschutzes bei deren Auftragsverarbeitern. Der Auditbericht beinhaltet alle relevanten Informationen über das Audit. Er beinhaltet den Abweichungsbericht und als Schwerpunkt alle Schlussfolgerungen und das identifizierte Verbesserungspotential.[22] Die Aufbereitung und Zusammenfassung des Auditberichtes sollte auf den Kreis der Leser abgestimmt sein.

22 Vgl *Loomans/Matz/Wiedemann* (2014) 206.

„Besonderer Fokus sollte auf eine aussagekräftige Zusammenfassung gelegt werden, die den Adressaten des Audit-Berichts die wesentlichen Ergebnisse kurz und prägnant präsentiert. Zusätzliche Grafiken, Diagramme, Dashboards etc leisten hier gute Dienste." (ISO 19011: Leitfaden zur Auditierung von Managementsystemen [2011] 206).

Checkliste: Auditbericht

Folgende Punkte sollte der Auditbericht umfassen:

- Nennung des Auditauftraggebers
- Nennung des Auditteams und deren Rollen
- Auditkriterien, nach denen das Audit erfolgte
- Auditziele
- Auditumfang (Scope)
- Aussage über den Gesamteindruck durch den Auditteamleiter (Positives betonen)
- Auditfeststellungen in Form des Abweichungsberichtes
- Schlussfolgerungen aus dem Audit
- Maßnahmen zur Behebung der Auditfeststellungen inkl der Zeitplanung zur Maßnahmenumsetzung
- Offene Punkte, vor allem, wenn keine Einigung zwischen den Parteien erfolgte
- Auditnachbearbeitung
- Folgeaudits

Abbildung 14: Beispielhafte Inhalte eines Auditberichtes

2.7 Nachbearbeitung von Audits

Die Auditfeststellungen sollten in der dem Audit folgenden Zeit durch Implementierung von Maßnahmen behoben werden. Hierzu sollte mit den Auditoren ein abgestimmter Maßnahmenumsetzungsplan erstellt werden. Die Wirksamkeit der umgesetzten Maßnahmen sollte in Folgeaudits, die im Einklang mit dem Auditprogramm stehen, überprüft werden. Erst nach dieser Wirksamkeitsbewertung einer Maßnahme wird die Auditfeststellung im Abweichungsbericht geschlossen.

3. Kontrollbereiche als Basis für das Datenschutz-Audit

3.1 Gliederung

Die Aufgaben und Verpflichtungen, die sich aus der Datenschutz-Grundverordnung ergeben, sind im gesamten Unternehmen bzw in der jeweiligen Organisation in den einzelnen Fachbereichen umzusetzen. Die tangierten Kernbereiche des Unternehmens stellen in der Praxis Recht, Organisation, Prozess und IT dar. Die nachfolgend beschriebenen Kontrollen wurden in unterschiedliche Kapitel, basierend auf diesen Kernbereichen und den damit ggf auch einhergehenden unterschiedlichen Zielgruppen, gegliedert.

3.1.1 Kontrollbereiche

Die abgeleiteten Kontrollen wurden in vier verschiedene Kontrollbereiche, die auch die unterschiedlichen Zielgruppen widerspiegeln, aufgeteilt. Der **Kontrollbereich Recht** behandelt die rechtlichen Anforderungen der Datenschutz-Grundverordnung. Diese Anforderungen sind primär dadurch gekennzeichnet, dass es sich um Aufgaben und Maßnahmen handelt, die nicht unbedingt durch einen regelmäßigen Prozess abgebildet werden. Vielmehr sind diese anlassbezogen im Rahmen von verbindlichen Vorgaben und rechtlichen Ermessensabwägungen durchzuführen.

Die organisatorischen Anforderungen werden im **Kontrollbereich Organisation** beschrieben. Dieser formuliert die Anforderungen an verschiedene datenschutzrelevante Verantwortungsbereiche.

Der **Kontrollbereich Prozess** bildet die grundlegenden Datenschutzprozesse eines Unternehmens ab. Hierbei handelt es sich um wiederkehrende Kontrollen und Maßnahmen, um die Anforderungen der DSGVO einzuhalten bzw die Einhaltung zu überprüfen.

Der **Kontrollbereich IT** wiederum regelt die Anforderungen, die an sämtliche IT-Anwendungen bzw den Fachbereich IT gestellt werden. Diese Anforderungen legen den Schwerpunkt grundsätzlich auf Datensicherheit bzw auf Maßnahmen, um die Datenschutzanforderungen technisch zu unterstützen.

3.1.2 Verpflichtungen

Auf Basis der Datenschutz-Grundverordnung wurden unterschiedliche Verpflichtungen identifiziert, die durch ein Unternehmen erfüllt werden müssen. Diese Verpflichtungen resultieren aus der DSGVO und deren Erwägungsgründen.

Bei der Formulierung der Verpflichtungen wird auf die Diktion des Verordnungstextes Rücksicht genommen, um die Verbindlichkeit der Vorgaben darzulegen („ist", „hat", „muss", „sind" etc).

3.1.3 Kontrollen

Ausgehend von den Verpflichtungen wurden prüf- und nachweisbare Kontrollen abgeleitet. Diese Kontrollen stellen einen sogenannten **„Code of practice"** für einen möglichen **Nachweis** der **Umsetzung** der **Anforderungen** aus der **Datenschutz-Grundverordnung** dar.

Die Kontrollen beschreiben nicht die tatsächliche Umsetzung der Anforderungen aus der DSGVO, sondern legen dar, wie die Umsetzung geprüft, nachgewiesen und in weiterer Folge auditiert werden kann. Somit stellt dieses **Kontrollset** vor allem eine Möglichkeit dar, die Umsetzung der Anforderungen aus der DSGVO zu überprüfen, nachzuweisen bzw intern oder extern zu auditieren. Vor diesem Hintergrund eigenen sich die Kontrollen insb auch als praxistaugliche Unterstützung zum **Aufbau eines Datenschutzmanagement-systems (DSMS)**. In diesem Sinne handelt es sich um (mögliche) konkrete Aufgaben für das Unternehmen. Die Kontrollen wurden den einzelnen Kontrollbereichen zugeordnet, wodurch eine bereichsorientierte Aufteilung der Datenschutzanforderungen möglich ist.

Die Beschreibung des jeweiligen Zieles der Kontrolle beinhaltet Aufgaben für das Unternehmen. Handelt es sich hierbei aus Sicht der Autoren um notwendige Maßnahmen, wird die Diktion „soll" verwendet, zumal die im Ziel beschriebene Maßnahme dann eine Art Handlungsanweisung zur operativen Umsetzung im Unternehmen darstellt. Handelt es sich um eine Aufgabe, die „Mehrwert bieten" soll, jedoch nicht unbedingt notwendig ist, wird das Ziel mit „sollte" formuliert.

3.1.4 Kontrollgruppen

Die genannten Verpflichtungen erfordern, mit definierten Kontrollen Vorkehrungen zu treffen, welche wiederum die Einhaltung der jeweiligen Verpflichtung sicherstellen und in weiterer Folge auch nachweisen „sollen". Da es auch zwischen den Kontrollbereichen Recht, Organisation, Prozess und IT teilweise Überschneidungen bzw zusammenhängende Kontrollen gibt, wurden Kontrollgruppen definiert, die sich in allen Kontrollbereichen wiederfinden (sofern entsprechende Kontrollen in den Kontrollbereichen existieren).

3.1.5 Kontrolluntergruppen

Die Kontrolluntergruppen können zwischen den einzelnen Kontrollbereichen variieren. Sie sollen dem Leser eine bessere Gruppierung und einen Zusammenhang zwischen den Kontrollen ermöglichen und dienen vor allem zur weiteren Gliederung der Kontrollen.

3.2 Beschreibung der Kontrollgruppen

3.2.1 Kontrollgruppe: Anwendungsbereich DSGVO

Als neues Regelwerk für die gesamte Europäische Union ist die DSGVO in allen ihren Teilen verbindlich und gilt unmittelbar in jedem Mitgliedstaat.

Ergänzend zu dieser grundlegenden Einordnung des Anwendungsbereiches trifft Art 2 eine sachliche und Art 3 eine räumliche Eingrenzung der Anwendung der DSGVO. In der Praxis wird vor allem die Festlegung wichtig sein, dass die Niederlassung eines Verantwortlichen oder eines Auftragsverarbeiters in der Union zur Anwendung der DSGVO auf die Verarbeitung von personenbezogenen Daten im Rahmen dieser Niederlassung führt, unabhängig davon, ob die Verarbeitung in der Union stattfindet (Art 3 Abs 1 DSGVO); des Weiteren findet die DSGVO unter anderem auf die Verarbeitung durch einen nicht in der Union niedergelassenen Verantwortlichen oder Auftragsverarbeiter Anwendung, wenn die Datenverarbeitung im Zusammenhang damit steht, betroffenen Personen in der Union Waren oder Dienstleistungen anzubieten (Art 3 Abs 2 DSGVO).

3.2.2 Kontrollgruppe: Betroffenenrechte

Kapitel III der DSGVO regelt die Rechte der betroffenen Person und die Modalitäten für deren Ausübung. Demnach sind Informationen in präziser, transparenter, verständlicher und leicht zugänglicher Form sowie in einer klaren und einfachen Sprache zu übermitteln und unverzüglich zur Verfügung zu stellen. Der Verantwortliche hat zudem die Ausübung der Rechte der betroffenen Person zu erleichtern (Art 12).

Sowohl die Informationspflicht (Art 13 und Art 14) als auch das Auskunftsrecht (Art 15) werden – im Vergleich zur bisherigen Rechtslage – nuanciert und die im Einzelnen zu gebenden Informationen dezidiert angeführt. Das medial viel diskutierte Recht auf Löschung wird – in Anlehnung an das bekannte EuGH-Urteil „Google Spain" (EuGH 13. 5. 2014, C-131/12, Google Spain SL, Google Inc / Agencia Española de Protección de Datos (AESP), Mario Costeja González) – ergänzend „Recht auf **Vergessenwerden**" genannt (Art 17). Ein neues Recht der Betroffenen ist das sog „Recht auf **Datenübertragbarkeit**" (Art 20), wonach eine betroffene Person das Recht hat, die sie betreffenden Daten, die sie einem Verantwortlichen zur Verfügung gestellt hat, in einem strukturierten, gängigen und maschinenlesbaren Format zu erhalten und diese ohne Behinderung an andere Verantwortliche zu übermitteln.

Als wesentliche Anforderung im Hinblick auf die **Rechte der betroffenen** Person ergibt sich die Pflicht zur Implementierung bzw – wenn bereits vorhanden – zur Prüfung und Überarbeitung von Datenschutzrichtlinien/Privacy Policies des Unternehmens sowie entsprechender technischer Umsetzung.

3.2.3 Kontrollgruppe: Aufbewahrung von Daten

Die DSGVO trifft wesentliche Vorgaben im Hinblick auf eine rechtmäßige Aufbewahrung von Daten. Zum einen betrifft dies die Sicherheit der Daten. Gemäß Art 4 Z 12 DSGVO ist eine „Verletzung des Schutzes personenbezogener Daten" eine **Verletzung der Sicherheit**, die, ob unbeabsichtigt oder unrechtmäßig, zur Vernichtung, zum Verlust, zur Veränderung, oder zur unbefugten Offenlegung von bzw zum unbefugten Zugang zu personenbezogenen Daten führt, die übermittelt, gespeichert oder auf sonstige Weise verarbeitet wurden. Zum anderen sieht Art 5 Abs 1e eine **Speicherbegrenzung** vor. Daten müssen künftig in einer Form gespeichert werden, die die Identifizierung der betroffenen Personen nur so lange ermöglicht, wie es für die Zwecke, für die sie verarbeitet werden, erforderlich ist. Personenbezogene Daten dürfen nur dann länger gespeichert werden, soweit die personenbezogenen Daten vorbehaltlich der Durchführung geeigneter technischer und organisatorischer Maßnahmen, die von dieser Verordnung zum Schutz der Rechte und Freiheiten der betroffenen Person gefordert werden, ausschließlich für im öffentlichen Interesse liegende Archivzwecke oder für wissenschaftliche und historische Forschungszwecke oder für statistische Zwecke gem Art 89 Abs 1 verarbeitet werden. Betroffene Personen sollen Anspruch darauf haben, dass ihre personenbezogenen Daten gelöscht und nicht mehr verwendet werden, wenn die Verarbeitung ua gegen die DSGVO verstößt; eine weitere Speicherung der personenbezogenen Daten sollte jedoch rechtmäßig sein, wenn dies ua zur Erfüllung einer rechtlichen Verpflichtung erforderlich ist (ErwGr 65). Dazu wären bspw auch gesetzliche Aufbewahrungpflichten zu zählen.

3.2.4 Kontrollgruppe: Datenschutz-Folgenabschätzung

Eine bedeutende neue Pflicht des für die Verarbeitung Verantwortlichen ist die sog **„Datenschutz-Folgenabschätzung"**. Wenn die Verarbeitung, insbesondere bei Verwendung neuer Technologien, ein **hohes Risiko für persönliche Rechte und Freiheiten** zur Folge hat, ist vom Unternehmen als für die Verarbeitung Verantwortlichen eine Abschätzung der Folgen zum Schutz personenbezogener Daten vorzunehmen. Dies ist gem Art 35 insb bei Fällen des sog Profiling (automatisierte Verarbeitung zur Bewertung persönlicher Aspekte) erforderlich, aber auch bei der Verarbeitung von besonderen Kategorien von Daten oder auch bei systematischer, weiträumiger Überwachung öffentlich zugänglicher Bereiche. Die DSGVO verlangt auch entsprechende Mindestinhalte für diese Datenschutz-Folgenabschätzung wie eine systematische Beschreibung der geplanten Verarbeitungsvorgänge, eine Bewertung deren Notwendigkeit und Verhältnismäßigkeit, der Risiken sowie auch geplanter Abhilfemaßnahmen, die den Schutz personenbezogener Daten sicherstellen.

3.2.5 Kontrollgruppe: Datenschutzkonzept und -management

Datenschutz in der Unternehmenspraxis muss sich heutzutage durch ein strukturiertes System anstatt anlassbezogener Einzelmaßnahmen auszeichnen. Eine „neue" Datenschutzkultur erfordert eine Verknüpfung der Unternehmensbereiche Recht, Organisation, Prozess und IT sowie eine regelmäßige Überprüfung/Untersuchung, ob die genannten Bereiche die geforderten Standards erfüllen („Auditierung"). In diesem Sinne soll durch ein Datenschutzmanagementsystem (DSMS) auch erreicht werden, Datenschutz-Audits durchführen und die Vorgaben der Datenschutz-Grundverordnung (DSGVO) anhand klar definierter „Kontrollen" und „Maßnahmen" umsetzen zu können.

3.2.6 Kontrollgruppe: Datensicherheitsmaßnahmen

Schon derzeit verpflichtet § 14 DSG 2000 alle Organisationseinheiten eines Auftraggebers (Verantwortlichen) oder Dienstleisters (Auftragsverarbeiters), die Daten verwenden, dazu, Maßnahmen zur Gewährleistung der Datensicherheit zu treffen, wobei § 14 Abs 2 DSG 2000 im Einzelnen Mindestmaßnahmen aufzählt.

Die DSGVO legt nunmehr in Art 32 fest, dass der Verantwortliche bzw der Auftragsverarbeiter im Zusammenhang mit der Sicherheit der Verarbeitung ein angemessenes Schutzniveau zu gewährleisten hat. Dabei sind der Stand der Technik, die Implementierungskosten, die Art und der Umfang, die Umstände, der Zweck der Verarbeitung sowie die unterschiedlichen Eintrittswahrscheinlichkeiten und die Schwere des Risikos für die Rechte und Freiheiten natürlicher Personen zu beachten und geeignete technische und organisatorische Maßnahmen zu treffen.

3.2.7 Kontrollgruppe: Datensparsamkeit

Sowohl der Grundsatz der Verarbeitung nach Treu und Glauben gem Art 5 Abs 1a DSGVO, als auch der Grundsatz der Zweckbindung gem Art 5 Abs 1b DSGVO bedingen grundsätzlich Datensparsamkeit. Zudem sieht die DSGVO vor, dass personenbezogene Daten gem Art 5 Abs 1c dem Zweck angemessen und erheblich sowie auf das für die Zwecke der Verarbeitung notwendige Maß beschränkt sein müssen („Datenminimierung").

3.2.8 Kontrollgruppe: Datenübermittlung

Datenübermittlungen nehmen im Rahmen der DSGVO eine noch wichtigere Rolle ein. Der Verantwortliche hat Kategorien von Empfängern, aber auch Übermittlungen von personenbezogenen Daten an ein Drittland oder an eine internationale Organisation einschließlich der Angabe des betreffenden Drittlandes oder der betreffenden internationalen Organisation im Verzeichnis von Verarbeitungstätigkeiten zu dokumentieren (Art 30 DSGVO) sowie gegebenenfalls entsprechende Garantien zu gewährleisten. Kap V der DSGVO definiert in den Art 44 ff die konkreten Voraussetzungen für die Übermittlungen personenbezogener Daten an Drittländer oder an internationale Organisationen.

3.2.9 Kontrollgruppe: Datenvorfall

Die DSGVO verlangt in Art 32 vom Verantwortlichen, dass er im Zusammenhang mit der Sicherheit der Verarbeitung für ein angemessenes Schutzniveau zu sorgen hat. Davon ausgehend wird die sog „**Data Breach Notification Duty**" normiert und im Vergleich zur bisherigen Rechtslage „verschärft". Im Falle einer Verletzung des Schutzes personenbezogener Daten hat der Verantwortliche die zuständige Aufsichtsbehörde unverzüglich und möglichst binnen 72 Stunden zu informieren. Im Falle eines hohen Risikos für die persönlichen Rechte und Freiheiten natürlicher Personen hat er – abgesehen von einigen Ausnahmefällen – (auch) die betroffenen Personen unverzüglich von der Verletzung zu benachrichtigen (Art 33 und 34 DSGVO). Diesen **erweiterten Melde- und Benachrichtigungspflichten** sowie der in diesem Zusammenhang notwendigen **vertraglichen Gestaltung** (Data Breach Notification Duty-Klausel) kommt für die Praxis besondere Relevanz zu.[23]

3.2.10 Kontrollgruppe: Informationspflichten

Im Rahmen der DSGVO werden sowohl die Informationspflicht (Art 13 und Art 14) als auch das Auskunftsrecht (Art 15) nuanciert und detaillierter geregelt. Im Einzelnen zu gebende Informationen werden dezidiert angeführt, so zB die berechtigten Interessen, auf die sich der Verantwortliche stützt. Beachtlich ist auch, dass auf den Zeitpunkt der Erteilung der Informationen und auf den Zeitpunkt der Verwendung bzw Erhebung abgestellt wird.

---

[23] *Pachinger*, „Datenvorfall" – was tun? ZIR 2013, 244.

3.2.11 Kontrollgruppe: Rechtmäßigkeit

Die Rechtmäßigkeit der Verarbeitung ist auch unter dem Regime der DSGVO notwendige Voraussetzung. Neben gesonderten Rechtfertigungsgründen für die Verarbeitung besonderer Kategorien personenbezogener Daten sieht die DSGVO nunmehr neu auch eine eigene Bestimmung der Bedingungen für die Einwilligung vor (Art 7). Es bedarf daher eingehender Befassung mit diesem in der Praxis so wichtigen Rechtfertigungsgrund.

3.2.12 Kontrollgruppe: Verantwortlichkeiten

Die Verpflichtungen des Verantwortlichen werden unter dem Regime der DSGVO wesentlich erweitert. Unter dem Begriff „Accountability" sind die „verschärften" Pflichten des für die Verarbeitung Verantwortlichen zu verstehen. Hervorgehoben wird die Selbstverantwortung des Verantwortlichen, der die Einhaltung der Grundsätze für die Verarbeitung personenbezogener Daten künftig nachweisen können muss (Art 5 Abs 2 DSGVO). Der Verantwortliche hat unter Berücksichtigung der Art, des Umfanges, der Umstände und der Zwecke der Verarbeitung sowie der unterschiedlichen Eintrittswahrscheinlichkeit und Schwere der Risiken für die Rechte und Freiheiten natürlicher Personen geeignete technische und organisatorische Maßnahmen zu setzen, um sicherzustellen, dass die Verarbeitung gemäß der DSGVO erfolgt (Art 24 Abs 1 DSGVO). Der Verantwortliche hat darüber auch **Nachweise** zu erbringen und die Maßnahmen regelmäßig zu überprüfen und zu aktualisieren. Die Verordnung spricht weiter von geeigneten Datenschutzvorkehrungen und der Einhaltung von Verhaltensregeln sowie Zertifizierungsverfahren (Art 24 Abs 2 und 3 iVm Art 42 DSGVO).

Weitere neue Verantwortlichkeiten sind „Privacy by Design" und „Privacy by Default". Art 25 DSGVO nennt dies „Datenschutz durch Technikgestaltung" und „durch datenschutzfreundliche Voreinstellungen". Neu sind auch eine „Verzeichnispflicht" (Art 30 DSGVO) und die Pflicht zur „Datenschutz-Folgenabschätzung" (Art 35 DSGVO).

Aus diesen Vorgaben der DSGVO sind uE auch die Pflichten zur Implementierung von Datenschutzrichtlinien/Privacy Policies sowie zur Erfüllung von Dokumentations- und Verzeichnispflichten, aber auch die technische Gestaltung von Datenschutz ableitbar.

4. Kontrollbereich Recht

Datenschutz ist heutzutage umfassend zu sehen und durchdringt Unternehmen nicht nur in den Kernbereichen Recht, Organisation, Prozess und IT, sondern in allen Bereichen. Der Kontrollbereich Recht ist Ausgangspunkt und Grundlage zugleich. Die Anforderungen aus der DSGVO sind verbindliche rechtliche Vorgaben, die vom Unternehmen als für Datenschutz Verantwortlicher zu beachten sind. Um diese Vorgaben korrekt erfüllen zu können, bedarf es solider Kenntnisse der anwendbaren gesetzlichen Bestimmungen, sodass entsprechende Maßnahmen in den unternehmensinternen Organisationsschritten, Prozessen und IT-Anwendungen gesetzt werden können.

Die DSGVO sieht eine ganze Reihe von (teilweise neuen) Rechtspflichten vor, wie zB die Erstellung eines Verzeichnisses von Verarbeitungstätigkeiten oder die Vornahme einer Datenschutz-Folgenabschätzung. Vor diesem Hintergrund sind Unternehmensleitung bzw Geschäftsführung und Führungskräfte bzw Entscheidungsträger bei der Umsetzung der rechtlichen Vorgaben entsprechend zu unterstützen.

In bestimmten Fällen verlangt die DSGVO auch die (formelle) Benennung/Bestellung eines (internen oder externen) Datenschutzbeauftragten, dem Aufgaben wie unternehmensinterne Beratung, Überwachung der Einhaltung der datenschutzrechtlichen Vorschriften und Zusammenarbeit mit der Aufsichtsbehörde zukommen, um nur einige zu nennen. Ihm wird Schnittstellenfunktion im Unternehmen auferlegt; er hat auch dafür zu sorgen, dass eine regelmäßige Überprüfung/Untersuchung der genannten Bereiche (Organisation, Prozess und IT) im Hinblick auf die Erfüllung der geforderten rechtlichen Standards erfolgt („Auditierung"). Von Datenschutzbeauftragten wird Fachwissen auf dem Gebiet des Datenschutzrechts und der Datenschutzpraxis verlangt (Art 37). Die Geschäftsleitung wird auf seine profunde Unterstützung angewiesen sein.

Es erscheint daher sachgerecht und zweckdienlich, den Kontrollbereich Recht als ersten Kontrollbereich zu behandeln; die rechtlichen Verpflichtungen und Kontrollen strahlen in die weiteren Bereiche Organisation, Prozess und IT (die nächstfolgenden Kontrollbereiche) aus und müssen dort als wesentliche Grundlagen mitbedacht werden.

4.1 Kontrollgruppe: Anwendungsbereich DSGVO

Die Frage des Anwendungsbereichs der DSGVO stellt sich in rechtlicher Hinsicht in zweifacher Weise: Einerseits ist zu klären, ob der sachliche Anwendungsbereich der DSGVO erfüllt ist und es zur Verarbeitung von personenbezogenen Daten bzw besonderen Kategorien ebendieser kommt. Andererseits ist der räumliche Anwendungsbereich vor allem dann relevant, wenn es zu einem Transfer von Daten außerhalb des Unternehmens an externe Auftragsverarbeiter, Konzerngesellschaften im Ausland oder in Länder außerhalb der europäischen Union kommt. Für Unternehmen außerhalb der Union ist zu prüfen, ob sie ihre Dienste Personen innerhalb der Union anbieten. Es besteht im Unternehmen daher interner Kontrollaufwand, der gegebenenfalls durch Vertragsgestaltung oder Abklärungen mit der Datenschutzbehörde/Aufsichtsbehörde ergänzt wird.

Verpflichtung (DSGVO Art 9, 10): Verpflichtung zur Überprüfung, ob „besondere Kategorien" von personenbezogenen Daten verarbeitet werden

Die Verwendung „besonderer Kategorien" personenbezogener Daten ist grundsätzlich untersagt und es bedarf demnach spezieller Rechtfertigung, um diese in zulässiger Weise zu verarbeiten. Damit einhergehende spezifische rechtliche Bestimmungen sind zu identifizieren (zB auch für automatisierte Entscheidungen im Einzelfall).

4.1.1 Kontrolluntergruppe: Datenklassifikation

RECHT.01 Prüfung der verwendeten Daten (besondere Kategorie)

Referenz:	**Kontrollart:**	**Querverweis:**
DSGVO Art 9, 10 ErwGr 51–56	Anlassbezogen	RECHT.02-RECHT.04 PROZESS.01/PROZESS.02

Ziel:

Schon bei der Datenklassifikation soll geklärt und berücksichtigt werden, ob und welche „besonderen Kategorien" personenbezogener Daten der Verantwortliche verarbeitet.

Auditnachweise:

- Vorgenommene Kategorisierung der personenbezogenen Daten

RECHT.02 Prüfung, ob ein Rechtfertigungsgrund für die Verarbeitung der verwendeten Daten vorliegt (besondere Kategorie)

Referenz:	**Kontrollart:**	**Querverweis:**
DSGVO Art 9, 10 ErwGr 51–56	Anlassbezogen	RECHT.01/RECHT.03/RECHT.04/ PROZESS.09

Ziel:

Klärung der spezifischen Rechtsgrundlage

Auditnachweise:

- Dokumentation der Rechtsgrundlage

RECHT.03 Prüfung, ob besondere Kategorien für automatisierte Entscheidungen im Einzelfall herangezogen werden sollen

Referenz:	**Kontrollart:**	**Querverweis:**
DSGVO Art 22 Abs 4 ErwGr 71–72	Anlassbezogen	RECHT.01/RECHT.02/RECHT.04/ RECHT.05/PROZESS.04

Ziel:

Klärung, ob automatisierte Entscheidung im Einzelfall auf besonderen Kategorien personenbezogener Daten beruhen soll.

Auditnachweise:

- Dokumentation automatisierter Entscheidungen und besonderer Kategorien personenbezogener Daten

RECHT.04 Spezifische Rechtsgrundlage, angemessene Maßnahmen zum Schutz der Rechte und Freiheiten sowie Wahrung der berechtigten Interessen der betroffenen Person

Referenz: DSGVO Art 22 Abs 4 ErwGr 71–72	**Kontrollart:** Anlassbezogen	**Querverweis:** RECHT.01-RECHT.03/PROZESS.04

Ziel:

Klärung, ob Ausnahmen in Anspruch genommen werden können: Art 9 Abs 2a oder g (ausdrückliche Einwilligung, erhebliches öffentliches Interesse); Rechte und Freiheiten und berechtigte Interessen durch angemessene Maßnahmen geschützt.

Auditnachweise:

- Dokumentation der Rechtsgrundlage und der angemessenen Maßnahmen bzw Interessen

4.2 Kontrollgruppe: Betroffenenrechte

Ein Unternehmen erfolgreich zu führen, erfordert heutzutage auch einen sorgsamen und transparenten Umgang mit Daten, der auch nach außen, dh gegenüber den betroffenen Personen (Kunden, Mitarbeiter etc), augenscheinlich wird. Wenn die Verarbeitung personenbezogener Daten im Unternehmen strukturiert, transparent gestaltet, koordiniert und zweckmäßig aufbereitet wird, ist man für die Wahrung der Rechte von Betroffenen gewappnet und kann die diesbezüglichen Vorgaben der Datenschutz-Grundverordnung (DSGVO) korrekt umsetzen.

Verpflichtung (DSG 2000 § 29): Rechte der betroffenen Person und indirekt personenbezogene Daten *DSG 2000*

Die Rechte der betroffenen Person (Auskunft, Richtigstellung, Löschung, Widerspruch) können NICHT geltend gemacht werden bei Verwendung von indirekt personenbezogenen Daten.

RECHT.05 Prüfung, ob indirekt personenbezogene Daten vorliegen

Referenz: DSG 2000 § 29	**Kontrollart:** Anlassbezogen	**Querverweis:** PROZESS.42/IT.59/IT.60

Ziel:

Es sollte geklärt und dokumentiert werden, ob sich der Auftraggeber (Verantwortliche) die Gewährung von Rechten der betroffenen Personen „ersparen" kann.

DSG 2000

Auditnachweise:

- Dokumentation der verwendeten indirekt personenbezogenen Daten
- Feststellung, dass keine indirekt personenbezogenen Daten verwendet werden
- Erfassung von Pseudonymisierungsvorgängen

4.3 Kontrollgruppe: Aufbewahrung von Daten

Die rechtlichen Vorgaben zur Aufbewahrung von Daten liegen nicht zuletzt in der Vermeidung der Verletzung des Schutzes personenbezogener Daten bzw der Datensicherheit begründet. Die DSGVO ist hier konkreter und verbindlicher, was Aufbewahrungs- und Speicherfristen betrifft; eine Festlegung und generelle Regelung, wie lange bspw E-Mails gespeichert werden, kann hilfreich sein und dient vor allem auch dazu, in einem Datenvorfall gewappnet zu sein oder korrekte Angaben im Rahmen der Datenschutz-Folgenabschätzung geben zu können.

Verpflichtung (DSGVO Art 5 Abs 1e): Definition von Aufbewahrungs- und Speicherfristen

Die Speicherung von Daten darf nur solange in personenbezogener Form (Identifizierung der betroffenen Person ermöglicht) erfolgen, als dies für die Zwecke, für die sie verarbeitet werden, erforderlich ist. Eine längere Speicherung darf nur ausnahmsweise erfolgen (Archiv-, Forschungs- und statistische Zwecke).

RECHT.06 Prüfung, wie lange Daten aufbewahrt werden

Referenz:	**Kontrollart:**	**Querverweis:**
DSGVO Art 5 Abs 1e ErwGr 39	Regelmäßig	IT.01/IT.02

Ziel:

Es sollen Speicherbegrenzungen eingeführt werden, damit die Speicherung von personenbezogenen Daten den Verarbeitungszweck nicht überschreitet. Speicherfristen für personenbezogene Daten sollen auf das unbedingt erforderliche Mindestmaß beschränkt bleiben.

Auditnachweise:

- Identifikation und Dokumentation von gesetzlichen Aufbewahrungsfristen
- Identifikation und Bestimmung der konkreten Zwecke (festgelegt, eindeutig, zweckmäßig) der Verarbeitung von Daten

- Vorsehen von Fristen für Löschung und regelmäßige Überprüfung
- Nachweise für die Aktualität und den angemessenen Schutz

4.4 Kontrollgruppe: Datenschutz-Folgenabschätzung

Die Kontrollen zur Datenschutz-Folgenabschätzung können dem Risk Management im Unternehmen dienen. Selbstverantwortlich sind bei sog „high risk data" die Verarbeitungsvorgänge vorab zu evaluieren und Maßnahmen zur Vorbeugung gegen Sicherheitsrisiken zu treffen. Bei korrekter Umsetzung der Kontrollen aus diesem Bereich sollte entscheidende Sicherheit im Hinblick auf mögliche Datenvorfälle erzielt werden können.

Verpflichtung (DSGVO Art 35): Datenschutz-Folgenabschätzung

Verpflichtung, vorab eine Abschätzung der Folgen der vorgesehenen Verarbeitungsvorgänge durchzuführen, wenn diese ein hohes Risiko für die Rechte und Freiheiten der betroffenen Personen nach sich ziehen.

Verpflichtung (DSGVO Art 35): Prüfung, ob Verarbeitungsvorgang (speziell) risikobehaftet ist

Die Abwägung der Folgen ist insb dann durchzuführen, wenn einer der in Art 35 Abs 3a–c beispielhaft angeführten Fälle vorliegt: systematische und umfassende Bewertung persönlicher Aspekte, die sich auf automatisierte Verarbeitung einschließlich Profiling gründet, umfangreiche Verarbeitung besonderer Kategorien von personenbezogenen Daten, systematische umfangreiche Überwachung öffentlich zugänglicher Bereiche oder Vorgänge, die nach Auffassung der Aufsichtsbehörde risikobehaftet sind (ErwGr 91). Zu risikobehafteten Verarbeitungsvorgängen können jedoch auch jene gehören, bei denen neue Technologien eingesetzt werden oder die neuartig sind.

Verpflichtung (DSGVO Art 35 Abs 8): Berücksichtigung genehmigter Verhaltensregeln nach Art 40 bei der Datenschutz-Folgenabschätzung

Im Rahmen der Datenschutz-Folgenabschätzung ist die Einhaltung genehmigter Verhaltensregeln nach Art 40 bei der Beurteilung von Auswirkungen zu berücksichtigen.

Verpflichtung (DSGVO Art 35 Abs 9): Einholung des Standpunktes betroffener Personen oder deren Vertreter zur beabsichtigten Verarbeitung

Bei der Datenschutz-Folgenabschätzung muss der Verantwortliche uU zur beabsichtigten Datenverarbeitung den Standpunkt der betroffenen Personen oder ihrer Vertreter einholen. Nähere Angaben darüber, wann bzw in welchen Fällen die Einholung dieser Meinungen angebracht ist, gibt die DSGVO nicht.

Verpflichtung (DSGVO Art 36): Konsultation der Aufsichtsbehörde

Wenn aus der Datenschutz-Folgenabschätzung ein hohes Risiko der Datenverarbeitung hervorgeht, hat der Verantwortliche vor der Verarbeitung die Aufsichtsbehörde zu konsultieren, sofern keine Maßnahmen zur Eindämmung des Risikos getroffen werden.

RECHT.07 Durchführung einer Datenschutz-Folgenabschätzung

Referenz:	**Kontrollart:**	**Querverweis:**
DSGVO Art 35 ErwGr 84, 89, 90, 91	Anlassbezogen	RECHT.08-RECHT.20/ORG.24-ORG.27

Ziel:

Die Folgen von risikobehafteten Datenverarbeitungen sollen identifiziert und bewertet werden. Mit der Datenschutz-Folgenabschätzung[24] sollen insbesondere die spezifische Eintrittswahrscheinlichkeit und die Schwere dieses hohen Risikos unter Berücksichtigung der Art, des Umfangs, der Umstände und der Zwecke der Verarbeitung und die Ursachen des Risikos bewertet werden. Sie sollte auch Maßnahmen, Garantien und Verfahren zur Eindämmung des Risikos, Sicherstellung des Schutzes personenbezogener Daten und zum Nachweis der Einhaltung der Bestimmungen der DSGVO beinhalten (ErwGr 90). Dies sollte vor allem für umfangreiche Verarbeitungsvorgänge gelten, die eine große Menge personenbezogener Daten und eine große Anzahl von Personen betreffen können und bspw aufgrund ihrer Sensibilität wahrscheinlich ein hohes Risiko mit sich bringen und bei denen neue Technologien eingesetzt werden oder wenn Verarbeitungsvorgänge die Ausübung von Betroffenenrechten erschweren (ErwGr 91).

Auditnachweise:

- Dokumentation der Datenschutz-Folgenabschätzung

RECHT.08 Prüfung, ob eine Form der Verarbeitung ein hohes Risiko darstellt

Referenz:	**Kontrollart:**	**Querverweis:**
DSGVO Art 35 ErwGr 84, 89, 90, 91	Anlassbezogen	RECHT.07/RECHT.09-RECHT.20/ORG.24-ORG.27

Ziel:

Es soll vor allem herausgefunden werden, ob eine Verwendung neuer Technologien (entsprechend dem jeweils aktuellen Stand der Technik) aufgrund der Art, des Umfangs, der Umstände und der Zwecke der Verarbeitung voraussichtlich ein hohes Risiko für die Rechte und Freiheiten natürlicher Personen zur Folge haben kann.

Auditnachweise:

- Identifizierung und Dokumentation eines hohen Risikos
- Identifikation und Dokumentation der risikobehafteten Verarbeitungsvorgänge
- Evaluierung neuer bzw neuartiger Technologien, der Ursache, Art, Besonderheit und Schwere des Risikos sowie Eintrittswahrscheinlichkeit

24 Siehe dazu das White Paper Datenschutz-Folgenabschätzung des Forum Privatheit, https://www.forum-privatheit.de/forum-privatheit-de/texte/veroeffentlichungen-des-forums/themenpapiere-white-paper/Forum_Privatheit_White_Paper_Datenschutz-Folgenabschaetzung_2016.pdf (6. 11. 2016).

RECHT.09 Prüfung der Risikoabschätzung – wie wurde hohes Risiko identifiziert (Methode)

Referenz: DSGVO Art 35 ErwGr 84, 89, 90, 91	**Kontrollart:** Anlassbezogen	**Querverweis:** RECHT.07/RECHT.08/RECHT.10-RECHT.20/ORG.24-ORG.27

Ziel:

Geklärt und dokumentiert werden soll, wie das hohe Risiko der Verarbeitungsvorgänge festgestellt wurde, vor allem unter Berücksichtigung der in Kontrolle RECHT.07 unter Ziel angeführten Aspekte (siehe auch ErwGr 84, 89, 90 und 91 DSGVO).

Auditnachweise:

- Dokumentation über die Art der Feststellung des hohen Risikos.

RECHT.10 Prüfung, ob ein Fall gem Art 35 Abs 3a–c vorliegt

Referenz: DSGVO Art 35 ErwGr 91	**Kontrollart:** Anlassbezogen	**Querverweis:** RECHT.07-RECHT.09/RECHT.11-RECHT.20/ORG.24-ORG.27

Ziel:

Erhebung von hohen Risiken bei Datenverarbeitungsvorgängen und Vorkehrung von Maßnahmen zu deren Eindämmung, um nachzuweisen, dass die Verarbeitung der personenbezogenen Daten im Einklang mit der DSGVO steht.

Auditnachweise:

- Dokumentation des Vorliegens eines der in Art 35 Abs 3a–c genannten Fälle
- Geeignete Maßnahmen zur Eindämmung des Risikos (verfügbare Technik und Implementierungskosten)
- Nachweise für die Aktualität und den angemessenen Schutz

4.4.1 Kontrolluntergruppe: Maßnahmen

RECHT.11 Prüfung, ob genehmigte Verhaltensregeln (approved codes of conduct) vorliegen

Referenz: DSGVO Art 35 Abs 8	**Kontrollart:** Regelmäßig	**Querverweis:** RECHT.07-RECHT.10/RECHT.12-RECHT.20

Ziel:

Es sollte festgestellt werden, ob Verbände oder andere Vereinigungen Verhaltensregeln ausgearbeitet haben, die den Verantwortlichen oder Auftragsverarbeiter betreffen und die diese im Rahmen der Datenschutz-Folgenabschätzung heranzuziehen haben.

Auditnachweise:

- Identifikation und Dokumentation von heranzuziehenden (genehmigten) Verhaltensregeln
- zB Regelungen der Art 29-Datenschutzgruppe bzw des Europäischen Datenschutzausschusses

RECHT.12 Prüfung, ob genehmigte Verhaltensregeln eingehalten werden

Referenz:	**Kontrollart:**	**Querverweis:**
DSGVO Art 35 Abs 8 DSGVO Art 40 ErwGr 98	Regelmäßig	RECHT.07-RECHT.11/RECHT.13-RECHT.20

Ziel:

Bei der Beurteilung der Auswirkungen von Datenverarbeitungen (im Rahmen einer Datenschutz-Folgenabschätzung) soll festgestellt werden, ob heranzuziehende Verhaltensregeln implementiert und eingehalten wurden. Diese könnten Pflichten der Verantwortlichen und Auftragsverarbeiter bestimmen.

Auditnachweise:

- Dokumentation der Einhaltung heranzuziehender (genehmigter) Verhaltensregeln

RECHT.13 Prüfung, ob die Einholung des Standpunktes betroffener Personen oder deren Vertreter angebracht ist

Referenz:	**Kontrollart:**	**Querverweis:**
DSGVO Art 35 Abs 9	Anlassbezogen	RECHT.07-RECHT.12/RECHT.14-RECHT.20

Ziel:

Es sollte festgestellt werden, ob betroffene Personen oder deren Vertreter zwecks Einholung ihres Standpunktes zu kontaktieren sind. Zu empfehlen ist dies, wenn die Verarbeitung wahrscheinlich ein hohes Risiko für die Rechte und Freiheiten der betroffenen Person zur Folge haben kann; insofern kann Anlehnung an die in Art 35 Abs 3 genannten Fälle genommen werden. In der Praxis kann dies bspw auch bei sehr mitgliederstarken Organisationen sinnhaft sein (zB Vereine, Verbände mit mehreren Millionen Mitgliedern).

Auditnachweise:

- Dokumentation der vorgenommenen Prüfung samt Schlussfolgerung

RECHT.14 Einholung des Standpunktes betroffener Personen oder deren Vertreter

Referenz:	**Kontrollart:**	**Querverweis:**
DSGVO Art 35 Abs 9	Anlassbezogen	RECHT.07-RECHT.13/RECHT.15-RECHT.20

Ziel:

Nach erfolgter und bejahter Prüfung sollte die Meinung betroffener Personen oder deren Vertreter zur beabsichtigten Datenverarbeitung eingeholt und dies entsprechend dokumentiert werden. Geeignet erscheint zB eine Mitgliederbefragung zur konkreten Datenverarbeitung, welche in weiterer Folge im Datenschutzmanagementsystem abgelegt werden könnte.

Auditnachweise:

- Dokumentation des Standpunktes betroffener Personen zur beabsichtigten Datenverarbeitung
- Ablage der erfolgten Mitgliederbefragung im Datenschutzmanagementsystem

RECHT.15 Prüfung, ob die Verarbeitung ein hohes Risiko zur Folge hat

Referenz:	Kontrollart:	Querverweis:
DSGVO Art 36 Abs 1 ErwGr 94	Anlassbezogen	RECHT.07-RECHT.14/RECHT.16-RECHT.20

Ziel:

Bereits vor der Datenverarbeitung soll die Aufsichtsbehörde konsultiert und ein Beratungsersuchen gestellt werden, wenn aus der Datenschutz-Folgenabschätzung ein hohes Risiko für die Rechte und Freiheiten natürlicher Personen hervorgeht und keine Maßnahmen zur Eindämmung des Risikos getroffen werden.

Auditnachweise:

- Identifizierung eines hohen Risikos aus der Datenschutz-Folgenabschätzung

RECHT.16 Prüfung der Methode zur Risikoabschätzung

Referenz:	Kontrollart:	Querverweis:
DSGVO Art 36 Abs 1 und 2 ErwGr 94	Einmalig	RECHT.07-RECHT.15/RECHT.17-RECHT.20

Ziel:

Das Risiko der Datenverarbeitung soll erhoben und bewertet werden. Ein hohes Risiko ist wahrscheinlich mit bestimmten Arten der Verarbeitung und dem Umfang und der Häufigkeit der Verarbeitung verbunden, die für natürliche Personen auch eine Beeinträchtigung der persönlichen Rechte und Freiheiten mit sich bringen können.

Auditnachweise:

- Fehlen von Garantien, Sicherheitsvorkehrungen und Mechanismen zur Minderung des Risikos
- Verifikation der Möglichkeit zur Eindämmung durch vertretbare Mittel (verfügbare Technologien, Implementierungskosten)

RECHT.17 Zu-Rate-Ziehung der Aufsichtsbehörde

Referenz: DSGVO Art 36 Abs 1 und 2 ErwGr 94	**Kontrollart:** Anlassbezogen	**Querverweis:** RECHT.07-RECHT.16/RECHT.18-RECHT.20

Ziel:

Unter den gegebenen Prämissen soll ein Beratungsersuchen an die Aufsichtsbehörde gestellt werden.

Auditnachweise:

- Erfolgte Einbringung des Beratungsersuchens an die Aufsichtsbehörde

RECHT.18 Prüfung, ob eine Empfehlung der Aufsichtsbehörde gegeben wurde

Referenz: DSGVO Art 36 Abs 1 und 2 ErwGr 94	**Kontrollart:** Anlassbezogen	**Querverweis:** RECHT.07-RECHT.17/RECHT.19-RECHT.20

Ziel:

Geklärt werden soll, ob die Aufsichtsbehörde binnen der Frist von bis zu 8 Wochen (verlängerbar um 6 Wochen) eine Empfehlung abgegeben hat. Zu beachten ist, dass diese Fristen auch ausgesetzt werden können.

Auditnachweise:

- Fristvormerk 8 Wochen ab Einbringung des Beratungsersuchens
- Prüfung, ob Frist verlängert oder ausgesetzt wurde
- Dokumentation des Vorliegens oder Nicht-Vorliegens einer Empfehlung der Aufsichtsbehörde
- Nachfrage bei Aufsichtsbehörde (Urgenz)

RECHT.19 Prüfung, ob die Empfehlung der Aufsichtsbehörde eingehalten wird

Referenz: DSGVO Art 36 Abs 1 und 2 ErwGr 94	**Kontrollart:** Anlassbezogen	**Querverweis:** RECHT.07-RECHT.18/RECHT.20

Ziel:

Bei Vorliegen einer Empfehlung der Aufsichtsbehörde sind die Vorschläge der Aufsichtsbehörde umzusetzen und ist etwaigen Verfügungen der Aufsichtsbehörde, zB Untersagung von Verarbeitungsvorgängen (ErwGr 94), nachzukommen.

Auditnachweise:

- Empfehlung der Aufsichtsbehörde
- Prüfung, ob Empfehlung umgesetzt wird/Berücksichtigung der Empfehlung der Aufsichtsbehörde
- Dokumentation der Umsetzung der Empfehlung der Aufsichtsbehörde

RECHT.20 Prüfung, ob die Informationen gem Art 36 Abs 3a–f mitgeteilt werden

Referenz:	**Kontrollart:**	**Querverweis:**
DSGVO Art 36 Abs 3 ErwGr 94	Anlassbezogen	RECHT.07-RECHT.19

Ziel:

Bei einer Konsultation der Aufsichtsbehörde soll der Verantwortliche der Aufsichtsbehörde bestimmte Informationen zur Verfügung stellen, insb jene in Art 36 Abs 3a–f aufgezählten. Auch das Ergebnis der Datenschutz-Folgenabschätzung sowie die zur Eindämmung des Risikos für die Rechte und Freiheiten natürlicher Personen geplanten Maßnahmen sollen der Aufsichtsbehörde mitgeteilt werden (ErwGr 94).

Auditnachweise:

- Übermittlung der nötigen Informationen an die Aufsichtsbehörde, sodass diese ihre Empfehlung abgeben kann (siehe Art 36 Abs 3a–f)
- Dokumentation der übermittelten Informationen

4.5 Kontrollgruppe: Datenschutzkonzept und -management

Durch ein im Unternehmen etabliertes Datenschutzkonzept bzw -managementsystem kann die Einhaltung der rechtlichen Vorgaben nachgewiesen und überprüft werden. Die praktische Etablierung verlangt detaillierte Informationen aus den Abteilungen und Organisationseinheiten des Unternehmens und bietet bei erfolgreichem Einsatz Mehrwert im Hinblick auf mögliche Überprüfungen durch die Datenschutz- bzw Aufsichtsbehörde.

Verpflichtung (DSGVO Art 5): Nachweis der Einhaltung der Grundsätze der Verarbeitung personenbezogener Daten (Rechenschaftspflicht – Accountability)

Der Verantwortliche muss die Einhaltung der in Art 5 Abs 1 DSGVO aufgezählten Grundsätze der Verarbeitung personenbezogener Daten nachweisen können.

RECHT.21 Nachweispflicht Einhaltung Art 5 (Rechenschaftspflicht – Accountability)

Referenz:	**Kontrollart:**	**Querverweis:**
DSGVO Art 5 Abs 1, 2 ErwGr 39	Regelmäßig	RECHT.46/PROZESS.80

Ziel:

Die Einhaltung der Verarbeitungsgrundsätze soll jederzeit nachgewiesen werden können, und zwar gegenüber Betroffenen, Aufsichtsbehörde etc

Auditnachweise:

- Dokumentation sämtlicher Datenverarbeitungen in ausreichendem Umfang
- Implementierung und Etablierung eines DSMS
- Vorgabe(n) in einem Datenschutzhandbuch (ggf interne Richtlinie)

4.6 Kontrollgruppe: Datenübermittlung

Die Rechtspflichten im Zusammenhang mit Datenübermittlungen machen es notwendig, dass im Unternehmen eine Sensibilisierung für jene Verarbeitungsvorgänge erfolgt, die eine Weitergabe, einen Transfer bzw eine Übermittlung von Daten – in welcher Form und wohin auch immer – zum Gegenstand haben.

Verpflichtung (DSG 2000 § 7): Verpflichtung zur Prüfung, ob Übermittlung nach den Bestimmungen des DSG 2000 zulässig ist

DSG 2000

Daten dürfen nur übermittelt werden, wenn sie aus einer zulässigen Datenanwendung stammen, der Empfänger über die gesetzliche Zuständigkeit und rechtliche Befugnis verfügt und durch Zweck und Inhalt der Übermittlung die schutzwürdigen Geheimhaltungsinteressen des Betroffenen nicht verletzt werden.

Verpflichtung (DSG 2000 § 7): Verpflichtung zur Prüfung, ob die Datenübermittlung rechtmäßig ist

DSG 2000

Grundvoraussetzung für eine Übermittlung ist die Rechtmäßigkeit der Verarbeitung von Daten gem § 7 DSG 2000.

Verpflichtung (DSG 2000 § 12): Prüfpflicht, ob Datenübermittlung genehmigungsfrei ist, ansonsten Verpflichtung zur Einholung einer Genehmigung der DSB, außer:

DSG 2000

Unter bestimmten Umständen ist die Übermittlung und Überlassung von Daten in das Ausland genehmigungsfrei, dh ohne vorherige Genehmigung der Datenschutzbehörde zulässig.

Verpflichtung (DSG 2000 § 13): Prüfpflicht, ob Datenverkehr ins Ausland genehmigungspflichtig ist

DSG 2000

Wenn der Datenverkehr mit dem Ausland nicht genehmigungsfrei ist, muss vorab die Genehmigung der DSB eingeholt werden. Diese wird erteilt, wenn für die konkrete Übermittlung oder Überlassung ein angemessener Schutz besteht bzw der Auftraggeber (Verantwortliche) glaubhaft macht, dass schutzwürdige Geheimhaltungsinteressen im Ausland gewahrt werden.

Verpflichtung (DSGVO Art 44): Verpflichtung zur Prüfung, ob eine Datenübermittlung nach den Bestimmungen der DSGVO zulässig ist

Der Verantwortliche hat die Bedingungen und Bestimmungen der DSGVO bezüglich Datenübermittlungen (Drittländer, internationale Organisationen) einzuhalten.

Verpflichtung (DSGVO Art 45): Datenübermittlung in ein Drittland, wenn dieses ein angemessenes Schutzniveau bietet

Der Verantwortliche darf Daten in ein Zielland bzw an eine internationale Organisation übermitteln, wenn dieses/diese ein angemessenes Schutzniveau bietet.

Verpflichtung (DSGVO Art 46): Vorsehen von geeigneten Garantien und Zurverfügungstellung von durchsetzbaren Rechten und wirksamen Rechtsbehelfen

Wenn im entsprechenden Zielland bzw in der internationalen Organisation kein angemessener Schutz besteht, muss der Verantwortliche oder Auftragsverarbeiter sicherstellen, dass geeignete Garantien zum Schutz personenbezogener Daten und deren Weitergabe vorgesehen sind/werden und durchsetzbare Rechte und wirksame Rechtsbehelfe zur Verfügung stehen, damit eine Datenübermittlung zulässig ist.

Verpflichtung (DSGVO Art 46 Abs 2): Prüfung, ob eine in Abs 2 angeführte Garantie vorliegt

Einzelne Beispiele für mögliche Garantien, bei deren Vorliegen keine Genehmigung einer Aufsichtsbehörde erforderlich ist, gibt Art 46 Abs 2 (zB vereinbarte Vertragklauseln).

Verpflichtung (DSGVO Art 46 Abs 3): Einholung der Genehmigung der Aufsichtsbehörde, wenn eine in Abs 3 angeführte Garantie vorliegt

Garantien, die in Abs 3 vorgesehen sind, müssen durch die zuständige Aufsichtsbehörde genehmigt werden.

Verpflichtung (DSGVO Art 49): Prüfung, ob Ausnahmefälle für eine Zulässigkeit der Übermittlung vorliegen

Eine Datenübermittlung ist auch zulässig, wenn keine angemessenen Garantien einschließlich verbindlicher interner Datenschutzvorschriften, jedoch einer der in Art 49 Abs 1a–g genannten Fälle vorliegen.

Verpflichtung (DSGVO Art 49 Abs 5): Prüfung auf Beschränkungen zur Übermittlung an Drittländer oder internationale Organisationen

Im Unionsrecht oder im Recht der Mitgliedstaaten können aus wichtigen Gründen Beschränkungen der Übermittlung bestimmter Kategorien von personenbezogenen Daten an Drittländer oder internationale Organisationen vorgesehen werden.

Verpflichtung (DSGVO Art 49 Abs 6): Verpflichtung Dokumentation (Verzeichnis von Verarbeitungstätigkeiten)

Der Verantwortliche ist zur Erfassung von Beurteilungen und angemessenen Garantien iSd Art 49 Abs 1 Unterabsatz 2 in einer Dokumentation gem Art 30 verpflichtet.

Verpflichtung (DSGVO Art 49 Abs 1 UA 2): Mitteilung an Aufsichtsbehörde und Information der betroffenen Person

Der Verantwortliche hat die Aufsichtsbehörde von der Übermittlung in Kenntnis zu setzen und die betroffenen Personen von der Übermittlung und über die zwingenden berechtigten Interessen zu informieren.

4.6.1 Genehmigung der Datenübermittlung

RECHT.22 Prüfung, ob Datenübermittlung zulässig ist

Referenz:	**Kontrollart:**	**Querverweis:**
DSG 2000 § 7 Abs 2	Anlassbezogen	RECHT.28/ PROZESS.09/PROZESS.12/IT.62-IT.65

Ziel:

Prüfung und Einhaltung der gesetzlichen Vorgaben für die Zulässigkeit einer Übermittlung von Daten.

DSG 2000

Auditnachweise:

- Dokumentation der Erfüllung der gesetzlichen Vorgaben

RECHT.23 Prüfung, ob Anordnung zur Datenübermittlung vom Auftraggeber (Verantwortlichen) an Mitarbeiter erteilt wurde

Referenz:	**Kontrollart:**	**Querverweis:**
DSG 2000 § 7 Abs 2, § 15 Abs 2	Anlassbezogen	PROZESS.09/PROZESS.12/IT.62-IT.65

Ziel:

Die gesetzlichen Vorgaben für die Zulässigkeit einer Übermittlung von Daten sind zu prüfen und einzuhalten. Mitarbeiter dürfen Daten nur aufgrund einer ausdrücklichen Anordnung des Arbeitgebers/Dienstgebers übermitteln; diesbezüglich soll eine schriftliche vertragliche Verpflichtungserklärung vorliegen.

DSG 2000

Auditnachweise:

- Dokumentation der Erfüllung der gesetzlichen Vorgaben

RECHT.24 Prüfung, ob Datenübermittlung genehmigungsfrei ist

Referenz:	**Kontrollart:**	**Querverweis:**
DSG 2000 § 12	Anlassbezogen	RECHT.28-RECHT.40

Ziel:

Klärung, ob vor Datenübermittlung die Genehmigung der DSB einzuholen ist.

DSG 2000

Auditnachweise:

- Dokumentation der Prüfung der gesetzlichen Vorgaben für die Genehmigungsfreiheit
- Nachweis, dass keine Genehmigungspflicht vorliegt

RECHT.25 Prüfung, ob ein angemessener Schutz für die Datenübermittlung besteht

Referenz:	Kontrollart:	Querverweis:
DSG 2000 § 12	Anlassbezogen	RECHT.28-RECHT.40

Ziel:

Klärung, ob vor Datenübermittlung die Genehmigung der DSB einzuholen ist.

DSG 2000

Auditnachweise:

- Nachweis des angemessenen Schutzes im Drittstaat.

RECHT.26 Pflicht zur Einholung einer Genehmigung der Datenschutzbehörde

Referenz:	Kontrollart:	Querverweis:
DSG 2000 § 13	Anlassbezogen	RECHT.28-RECHT.40

Ziel:

Vor Datenübermittlung Einholung der Genehmigung der Datenschutzbehörde.

DSG 2000

Auditnachweise:

- Dokumentation der Beantragung der Genehmigung
- Vorliegende Genehmigung

RECHT.27 Prüfung, ob Datenverkehr ins Ausland genehmigungspflichtig

Referenz:	Kontrollart:	Querverweis:
DSG 2000 § 13	Anlassbezogen	RECHT.28-RECHT.40

Ziel:

Klärung, ob vor Datenübermittlung die Genehmigung der DSB einzuholen ist.

DSG 2000

Auditnachweise:

- Dokumentation der Prüfung der gesetzlichen Vorgaben für die Genehmigungspflicht
- Nachweis, dass keine Genehmigungsfreiheit vorliegt
- Vorliegen einer Genehmigung

4.6.2 Kontrolluntergruppe: Zulässigkeit

RECHT.28 Prüfung, ob Datenübermittlung zulässig ist

Referenz: DSGVO Art 44 ErwGr 101, 102	**Kontrollart:** Anlassbezogen	**Querverweis:** RECHT.22/ PROZESS.09/PROZESS.12/IT.62- IT.65

Ziel:

Die Zulässigkeit der Datenübermittlung soll im Einzelnen geprüft werden.

Auditnachweise:

- Prüfung und Dokumentation der Erfüllung der Bedingungen und Bestimmungen der DSGVO bezüglich Datenübermittlungen

RECHT.29 Ermittlung des Ziellandes der Datenübermittlung

Referenz: DSGVO Art 45 Abs 1 DSG 2000 §§ 12, 13	**Kontrollart:** Anlassbezogen	**Querverweis:** ORG.39/PROZESS.09/PRO- ZESS.12/IT.62-IT.65

Ziel:

Feststellung des Ziellandes, sodass in weiterer Folge geklärt werden kann, ob angemessenes Schutzniveau und damit die Zulässigkeit der Datenübermittlung gegeben ist.

Auditnachweise:

- Identifizierung und Dokumentation des Ziellandes oder der internationalen Organisation, an die Daten übermittelt werden

RECHT.30 Prüfung, ob Ziel-/Drittland oder internationale Organisation im Angemessenheitsbeschluss aufscheinen

Referenz: DSGVO Art 45 Abs 3 ErwGr 103–107	**Kontrollart:** Anlassbezogen	**Querverweis:** PROZESS.09/PROZESS.12/IT.62- IT.65

Ziel:

Feststellung, ob das Ziel-/Drittland oder die internationale Organisation im von der Kommission erlassenen „Angemessenheitsbeschluss" enthalten ist und damit ein angemessenes Schutzniveau gegeben ist.

Auditnachweise:

- Kontrolle und Dokumentation, ob Kommission „angemessenen Schutz" für das konkrete Ziel-/Drittland oder die internationale Organisation festgestellt hat

RECHT.31 Prüfung, ob geeignete Garantien vorgesehen

Referenz: DSGVO Art 46 Abs 1 ErwGr 108, 109	**Kontrollart:** Anlassbezogen	**Querverweis:** PROZESS.09/PROZESS.12/IT.62-IT.65

Ziel:

Feststellung, ob geeignete Garantien, durchsetzbare Rechte und wirksame Rechtsbehelfe vorgesehen sind und damit die Datenübermittlung zulässig ist.

Auditnachweise:

- Identifizierung und Dokumentation geeigneter Garantien, durchsetzbarer Rechte und wirksamer Rechtsbehelfe

RECHT.32 Prüfung, ob verbindliche interne Datenschutzvorschriften vorliegen

Referenz: DSGVO Art 47 ErwGr 110	**Kontrollart:** Anlassbezogen	**Querverweis:** PROZESS.09/PROZESS.12/IT.62-IT.65/ORG.29/ORG.30/ORG.32

Ziel:

Feststellung, ob von der Aufsichtsbehörde genehmigte verbindliche interne Datenschutzvorschriften vorliegen.

Auditnachweise:

- Identifizierung und Dokumentation des Vorliegens oder Nicht-Vorliegens verbindlicher interner Datenschutzvorschriften

RECHT.33 Prüfung, ob geeignete Garantien vorgesehen sind

Referenz: DSGVO Art 46 Abs 2 ErwGr 108, 109	**Kontrollart:** Anlassbezogen	**Querverweis:** PROZESS.09/PROZESS.12/IT.62-IT.65

Ziel:

Feststellung, ob einzelne der in Art 46 Abs 2 angeführten geeigneten Garantien vorliegen (zB Standarddatenschutzklauseln).

Auditnachweise:

- Identifizierung und Dokumentation des Vorliegens oder Nicht-Vorliegens einzelner geeigneter Garantien

RECHT.34 Prüfung, ob geeignete Garantien gem Abs 3 vorgesehen sind

Referenz: DSGVO Art 46 Abs 3 ErwGr 109	**Kontrollart:** Anlassbezogen	**Querverweis:** PROZESS.09/PROZESS.12/IT.62-IT.65

Ziel:

Feststellung, ob einzelne der in Art 46 Abs 3 angeführten geeigneten Garantien vorliegen (zB vereinbarte Vertragsklauseln).

Auditnachweise:

- Identifizierung und Dokumentation des Vorliegens oder Nicht-Vorliegens einzelner geeigneter Garantien gem Art 46 Abs 3

RECHT.35 Einholung der Genehmigung der Aufsichtsbehörde

Referenz:	**Kontrollart:**	**Querverweis:**
DSGVO Art 46 Abs 3	Anlassbezogen	PROZESS.09/PROZESS.12/IT.62-IT.65

Ziel:

Feststellung, ob die Genehmigung der Aufsichtsbehörde eingeholt wurde.

Auditnachweise:

- Identifizierung und Dokumentation der Genehmigung der Aufsichtsbehörde

RECHT.36 Prüfung, ob ein anderer Rechtfertigungsgrund erfüllt ist

Referenz:	**Kontrollart:**	**Querverweis:**
DSGVO Art 49 ErwGr 111–115	Anlassbezogen	PROZESS.09/PROZESS.12/IT.62-IT.65

Ziel:

Vor Übermittlung von Daten soll geklärt werden, ob diese zulässigerweise durch einen anderen Tatbestand gerechtfertigt werden kann (zB ausdrückliche Einwilligung, zur Vertragserfüllung erforderlich).

Auditnachweise:

- Identifizierung und Dokumentation des Vorliegens oder Nicht-Vorliegens anderer Rechtfertigungsgründe.
- ZB: Prüfung, ob die betroffene Person in die Übermittlung ausdrücklich eingewilligt hat oder ein Vertrag besteht, für dessen Erfüllung die Übermittlung erforderlich ist (Art 49 Abs 1a, b)
- ZB: Prüfung, ob Übermittlung einmalig ist und nur wenige betroffene Personen betrifft (Art 49 Abs 1 Unterabsatz 1)

RECHT.37 Prüfung einzelner Unionsrechtsakte und innerstaatlicher Bestimmungen

Referenz:	**Kontrollart:**	**Querverweis:**
DSGVO Art 49 Abs 5 ErwGr 115	Anlassbezogen	PROZESS.09/PROZESS.12/IT.62-IT.65

Ziel:

Es soll überprüft werden, ob Beschränkungen von Übermittlungen im Unionsrecht oder im Recht der Mitgliedstaaten vorliegen und zu berücksichtigen sind.

Auditnachweise:

- Identifizierung und Dokumentation des Vorliegens oder Nicht-Vorliegens derartiger Beschränkungen.

RECHT.38 Dokumentation von Beurteilung und angemessenen Garantien

Referenz: DSGVO Art 49 Abs 6	**Kontrollart:** Anlassbezogen	**Querverweis:** PROZESS.09/PROZESS.12/IT.62-IT.65

Ziel:

Darlegung der Beurteilung und der angemessenen Garantien, auf die sich der Verantwortliche beruft.

Auditnachweise:

- Dokumentation im Verzeichnis der Verarbeitungstätigkeiten

RECHT.39 Aufsichtsbehörde von der Übermittlung in Kenntnis gesetzt

Referenz: DSGVO Art 49 Abs 1 UA 2	**Kontrollart:** Anlassbezogen	**Querverweis:** PROZESS.09/PROZESS.12/IT.62-IT.65

Ziel:

Die Aufsichtsbehörde soll Kenntnis von der Übermittlung erlangen.

Auditnachweise:

- Dokumentation der Mitteilung an Aufsichtsbehörde

RECHT.40 Information der betroffenen Person von der Übermittlung

Referenz: DSGVO Art 49 Abs 1 UA 2	**Kontrollart:** Anlassbezogen	**Querverweis:** PROZESS.09/PROZESS.12/IT.62-IT.65

Ziel:

Die betroffene Person soll von der Übermittlung und deren Grundlagen (zwingende berechtigte Interessen des Verantwortlichen) informiert werden.

Auditnachweise:

- Dokumentation der Information an die betroffenen Personen

4.7 Kontrollgruppe: Informationspflichten

Transparenz ist ein wesentliches Anliegen der DSGVO. Die Informationspflichten sollten im Unternehmen zum Anlass genommen werden, Datenschutz proaktiv anzugehen und zu gestalten und die notwendigen Informationen rechtzeitig zu geben. Auf diese Rechtzeitigkeit wird man im täglichen Arbeitsablauf Acht zu geben haben. Die vorausschauende Gestaltung kann aber auch hier wieder einen Mehrwert für das Unternehmen bieten.

Verpflichtung (DSGVO Art 12): Bereitstellen von transparenten Informationen an betroffene Personen

Der Verantwortliche hat in präziser, transparenter, verständlicher und leicht zugänglicher Form sowie in einer klaren und einfachen Sprache zu informieren.

Verpflichtung (DSGVO Art 12): Festlegung von geeigneten Maßnahmen/Verfahren/ Modalitäten für die Ausübung der Rechte der betroffenen Person

Für die Ausübung der Rechte der betroffenen Personen sieht Art 12 vor, dass der Verantwortliche geeignete Maßnahmen zu treffen hat, die transparente Information, Kommunikation und Modalitäten der Rechteausübung betreffen. Derartige Modalitäten für die Erleichterung der Rechteausübung beinhalten zB den unentgeltlichen Zugang zu personenbezogenen Daten sowie zur Rechtewahrung, elektronischen Antragseinbringung und unverzüglichen Antragsbeantwortung.

RECHT.41 Prüfung, ob die Formulierung/Darstellung der Informationen den Vorgaben entspricht

Referenz:	**Kontrollart:**	**Querverweis:**
DSGVO Art 12 Abs 1, 7 ErwGr 39, 58, 59	Regelmäßig & anlassbezogen	PROZESS.04/PROZESS.07-PROZESS.10/PROZESS.14/PROZESS.64

Ziel:

Transparenz, Verständlichkeit und Nachvollziehbarkeit der Datenverarbeitungen für die betroffene Person und die Öffentlichkeit. Informationen sollen präzise, transparent, verständlich, leicht zugänglich in klarer und einfacher Sprache formuliert sein sowie gegebenenfalls in elektronischer Form zur Verfügung gestellt werden. Bildsymbole können dazu beitragen, dass die Informationen leicht wahrnehmbar, verständlich, klar nachvollziehbar und aussagekräftig sind. Besonderes Augenmerk sollte auch auf Kinder gelegt werden.

Auditnachweise:

- Dokumentation von Muster-Formulierungen
- Anbringung von visuellen Elementen und Bildsymbolen

RECHT.42 Prüfung, ob Modalitäten für die Ausübung der Rechte vorgesehen wurden

Referenz:	**Kontrollart:**	**Querverweis:**
DSGVO Art 12 Abs 1, 7 ErwGr 59	Regelmäßig & anlassbezogen	PROZESS.04/PROZESS.07-PROZESS.10/PROZESS.14/PROZESS.64

Ziel:

Im Zusammenhang mit den in Art 12 Abs 1 und 7 dargelegten Grundsätzen wird auch verlangt, Modalitäten festzulegen, um die Ausübung der Rechte der betroffenen Person zu erleichtern. Dazu zählen zB unentgeltlicher Zugang und unentgeltliche Rechteausübung, elektronische Antragstellung und unverzügliche Bearbeitung von Anträgen.

Auditnachweise:

- Festgelegtes Prozedere der Rechteausübung
- Je nach Verarbeitungsvorgang standardisiertes Formular zur Beauskunftung
- Vorgesehenes Format zur Gewährung der Datenportabilität

4.7.1 Kontrolluntergruppe: Datenverarbeitung

RECHT.43 Prüfung, ob ein Rechtfertigungsgrund für die Verarbeitung der verwendeten Daten für automatisierte Entscheidungen im Einzelfall vorliegt

Referenz:	**Kontrollart:**	**Querverweis:**
DSGVO Art 22 Abs 2 ErwGr 71–72	Anlassbezogen	PROZESS.04/PROZESS.07-PROZESS.10/PROZESS.14/PROZESS.64

Ziel:

Klärung, ob Ausnahmen in Anspruch genommen werden können: Vertrag, Rechtsvorschriften der Union oder Mitgliedstaaten und angemessene Maßnahmen zur Wahrung der Rechte und Freiheiten sowie der berechtigten Interessen, ausdrückliche Einwilligung der betroffenen Person.

Auditnachweise:

- Dokumentation der Rechtsgrundlage und angemessenen Maßnahmen bzw Interessen

4.7.2 Kontrolluntergruppe: Verfahren

RECHT.44 Prüfung, ob geeignete Maßnahmen für die Wahrung der Rechte der Betroffenen getroffen wurden

Referenz:	**Kontrollart:**	**Querverweis:**
DSGVO Art 12 ErwGr 59	Einmalig	RECHT.45/ PROZESS.04/PROZESS.07-PROZESS.10/PROZESS.14/PROZESS.64

Ziel:
Treffen von Vorkehrungen zur Erleichterung der Geltendmachung der Rechte der Betroffenen.

Auditnachweise:
- Dokumentation der getroffenen Vorkehrungen
- Einführung von Timelines (unverzüglich, Monatsfristen)
- Bereitstellung von Tools zur elektronischen Geltendmachung bzw Abwicklung

RECHT.45 Prüfung, ob alle Vorgaben für die Wahrung der Rechte der Betroffenen eingehalten werden

Referenz:	**Kontrollart:**	**Querverweis:**
DSGVO Art 12 ErwGr 59	Anlassbezogen	RECHT.44 PROZESS.04/PROZESS.07-PROZESS.10/PROZESS.14/PROZESS.64

Ziel:
Erleichterung der Geltendmachung der Rechte der Betroffenen nach den Vorgaben der DSGVO.

Auditnachweise:
- Prüfung der Maßnahmen für Information, Kommunikation und Modalitäten zur Rechteausübung
- Dokumentation der Fristwahrung

4.8 Kontrollgruppe: Rechtmäßigkeit

Die Berufung auf die richtigen Rechtfertigungsgründe für eine bestimmte Datenverarbeitung verlangt eine genaue Abstimmung mit den relevanten Abteilungen und Organisationseinheiten; neben Daten und Zweck ist in rechtlicher Hinsicht oft auch eine profunde Interessenabwägung für die Rechtmäßigkeit wichtig bzw entscheidend.

Verpflichtung (DSG 2000 §§ 6, 7): Prüfung, ob Daten rechtmäßig verarbeitet werden und die allgemeinen Grundsätze eingehalten werden.

DSG 2000

Das DSG 2000 legt in § 6 bestimmte Grundsätze fest, bei deren Einhaltung personenbezogene Daten verwendet werden dürfen; dazu zählen: Rechtmäßigkeit, Verarbeitung nach Treu und Glauben; Zweckbindung; Wesentlichkeit; Richtigkeit und Aktualität; Aufbewahrungsbegrenzung. Zulässig ist eine Datenverwendung überdies nur dann, wenn die Vorgaben des § 7 eingehalten werden; dazu zählen: Einhaltung der gesetzlichen Zuständigkeiten und rechtlichen Befugnisse des Auftraggebers (Verantwortlichen); keine Verletzung der schutzwürdigen Geheimhaltungsinteressen der Betroffenen; Erforderlichkeit und gelindestes Mittel; Einhaltung der Grundsätze des § 6.

Verpflichtung (DSG 2000 §§ 8, 9): Prüfung, ob schutzwürdige Geheimhaltungsinteressen nicht verletzt werden.

DSG 2000

Das DSG 2000 normiert in den §§ 8, 9 Fälle, in denen schutzwürdige Geheimhaltungsinteressen nicht verletzt werden, wobei § 8 auf die Verwendung nicht-sensibler Daten abstellt und § 9 einen taxativen Katalog für die Verwendung von sensiblen Daten festlegt.

Verpflichtung (DSGVO Art 5): rechtmäßige Datenverarbeitung – Einhaltung der allgemeinen Grundsätze

Die DSGVO legt in Art 5 bestimmte Grundsätze fest, nach denen personenbezogene Daten verarbeitet werden müssen. Dazu zählen: Rechtmäßigkeit, Verarbeitung nach Treu und Glauben, Transparenz; Zweckbindung; Datenminimierung; Richtigkeit; Speicherbegrenzung; Integrität und Vertraulichkeit; Rechenschaftspflicht.

Verpflichtung (DSGVO Art 6): rechtmäßige Datenverarbeitung

Eine rechtmäßige Datenverarbeitung liegt vor, wenn eine der Bedingungen des Art 6 vorliegt und somit eine zulässige Rechtsgrundlage gegeben ist.

Verpflichtung (DSGVO Art 6): rechtmäßige Datenverarbeitung – Einholung der Einwilligung der betroffenen Person

Eine rechtmäßige Datenverarbeitung liegt insb dann vor, wenn die Einwilligung der betroffenen Person eingeholt wurde.

Verpflichtung (DSGVO Art 6): rechtmäßige Datenverarbeitung – die Verarbeitung ist nötig zur Erfüllung des Vertrages

Eine rechtmäßige Datenverarbeitung liegt insb dann vor, wenn die Verarbeitung zur Erfüllung eines Vertrages erforderlich ist.

Verpflichtung (DSGVO Art 6): rechtmäßige Datenverarbeitung – die Verarbeitung ist zur Erfüllung einer rechtlichen Verpflichtung erforderlich

Eine rechtmäßige Datenverarbeitung liegt auch dann vor, wenn die Verarbeitung für die Erfüllung einer rechtlichen Verpflichtung, der der Verantwortliche unterliegt, erforderlich ist. Die Grundlage hierfür muss im Unionsrecht oder im Recht eines Mitgliedstaates bestehen.

Verpflichtung (DSGVO Art 6): rechtmäßige Datenverarbeitung – die Verarbeitung ist erforderlich, um lebenswichtige Interessen zu schützen

Wenn die Verarbeitung erforderlich ist, um lebenswichtige Interessen der betroffenen Person oder einer anderen natürlichen Person zu schützen, liegt ein Rechtfertigungsgrund iSd Art 6 vor. Bei anderen natürlichen Personen sollten lebenswichtige Interessen nur dann als Rechtfertigungsgrundlage herangezogen werden, wenn die Verarbeitung offensichtlich nicht auf eine andere Rechtsgrundlage gestützt werden kann.

Verpflichtung (DSGVO Art 6): rechtmäßige Datenverarbeitung – öffentliches Interesse oder Ausübung öffentlicher Gewalt

Wenn der Verantwortliche eine Aufgabe wahrzunehmen hat, die im öffentlichen Interesse liegt oder in Ausübung öffentlicher Gewalt, kann darin ein Rechtfertigungsgrund iSd Art 6 liegen. Die Grundlage hierfür muss im Unionsrecht oder im Recht eines Mitgliedstaates bestehen.

Verpflichtung (DSGVO Art 6): rechtmäßige Datenverarbeitung – Interessenabwägung

Ein Rechtfertigungsgrund liegt ebenfalls vor, wenn die Verarbeitung zur Wahrung berechtigter Interessen dient, sofern nicht die Interessen, Grundrechte und Grundfreiheiten der betroffenen Person (insb bei Kindern) überwiegen. Diese Verpflichtung gilt nicht für Behörden in Erfüllung ihrer Aufgaben.

Verpflichtung (DSGVO Art 6): rechtmäßige Datenverarbeitung – Zweckbindung/Zweckvereinbarkeit

Wenn die Verarbeitung auf einem anderen Zweck beruht, als auf demjenigen, zu dem die Daten erhoben wurden, und als Rechtsgrundlage nicht die Einwilligung oder eine rechtliche Vorschrift herangezogen wird, muss der Verantwortliche prüfen, ob der andere Zweck mit dem ursprünglichen Zweck vereinbar ist. Dabei sind die in Art 6 Abs 4 angeführten Kriterien zu berücksichtigen.

Verpflichtung (DSGVO Art 7, 8): Erfüllung der Bedingungen für die Einwilligung

Wenn Rechtsgrundlage der Verarbeitung die Einwilligung ist, muss der Verantwortliche ebendiese nachweisen. Die Formulierung und Ausgestaltung der Einwilligung hat den Vorgaben der Art 7, 8 DSGVO zu entsprechen.

Verpflichtung (DSGVO Art 9): rechtmäßige Datenverarbeitung – Verarbeitung besonderer Kategorien personenbezogener Daten

Die DSGVO untersagt die Verarbeitung besonderer Kategorien personenbezogener Daten, außer es ist eine der Bedingungen des Art 9 Abs 2 DSGVO erfüllt und somit eine zulässige Rechtsgrundlage für die Verarbeitung der besonderen Kategorie personenbezogener Daten gegeben.

Verpflichtung (DSGVO Art 9 Abs 2a): rechtmäßige Datenverarbeitung – Einholung der ausdrücklichen Einwilligung der betroffenen Person

Eine rechtmäßige Datenverarbeitung liegt insb dann vor, wenn die betroffene Person ausdrücklich eingewilligt hat.

Verpflichtung (DSGVO Art 9 Abs 2b): rechtmäßige Datenverarbeitung – die Verarbeitung ist zur Erfüllung von Rechten oder Pflichten aus dem Arbeitsrecht, dem Recht der sozialen Sicherheit und des Sozialschutzes erforderlich

Eine rechtmäßige Datenverarbeitung liegt auch dann vor, wenn die Verarbeitung für die Erfüllung der genannten Rechte und Pflichten erforderlich ist.

Verpflichtung (DSGVO Art 9 Abs 2c): rechtmäßige Datenverarbeitung – die Verarbeitung ist erforderlich, um lebenswichtige Interessen zu schützen

Wenn die Verarbeitung erforderlich ist, um lebenswichtige Interessen der betroffenen Person oder einer anderen natürlichen Person zu schützen, liegt ein Rechtfertigungsgrund iSd Art 9 vor, sofern die betroffene Person außerstande ist, ihre Einwilligung zu geben. Die zuletzt genannte Einschränkung (außerstande, die Einwilligung zu geben) ist auch der Unterschied zum Rechtfertigungsgrund gem Art 6 Abs 1d).

Verpflichtung (DSGVO Art 9 Abs 2d): rechtmäßige Datenverarbeitung – Verarbeitung durch Stiftungen, Vereinigungen und Organisationen

Wenn die Verarbeitung auf Grundlage geeigneter Garantien durch eine Stiftung, Vereinigung und sonstige Organisation im Hinblick auf ihre Mitglieder oder ehemaligen Mitglieder erfolgt und die Daten nicht ohne Einwilligung nach außen offengelegt werden, liegt ein Rechtfertigungsgrund iSd Art 9 vor.

Verpflichtung (DSGVO Art 10): rechtmäßige Datenverarbeitung – personenbezogene Daten über strafrechtliche Verurteilungen und Straftaten

Die Verarbeitung personenbezogener Daten über strafrechtliche Verurteilungen und Straftaten darf nur unter behördlicher Aufsicht oder basierend auf einer Rechtsgrundlage im Unionsrecht oder Recht der Mitgliedstaaten erfolgen.

Verpflichtung (DSGVO Art 11): rechtmäßige Datenverarbeitung – Identifizierung der betroffenen Person nicht erforderlich

Wenn für die konkreten Verarbeitungszwecke die Identifizierung der betroffenen Person nicht oder nicht mehr erforderlich ist, besteht keine Verpflichtung, zusätzliche Informationen zwecks Identifizierung aufzubewahren, einzuholen oder zu verarbeiten. In Fällen der Nicht-Identifizierbarkeit ist die betroffene Person davon zu unterrichten.

Verpflichtung (DSGVO Art 85–89, 91): Prüfung, ob besondere Verarbeitungssituationen gem Art 85–89, 91 vorliegen und welche Ausnahmen für die Verarbeitung dieser Daten bestehen

Die DSGVO sieht für besondere Verarbeitungssituationen Vorschriften vor, die besondere Garantien in der DSGVO oder Abweichungen und Ausnahmen im Unionsrecht oder im Recht der Mitgliedstaaten vorsehen (können). Dies betrifft die Freiheit der Meinungsäußerung und Informationsfreiheit, den Zugang der Öffentlichkeit zu amtlichen Dokumenten, die Verarbeitung der nationalen Kennziffer, die Datenverarbeitung im Beschäftigungskontext, die Verarbeitung zu Archiv-, wissenschaftlichen, Forschungs- und statistischen Zwecken und die Datenschutzvorschriften von Kirchen und religiösen Vereinigungen oder Gemeinschaften.

RECHT.46 Prüfung, ob Daten rechtmäßig verarbeitet und die allgemeinen Grundsätze eingehalten werden

Referenz:	**Kontrollart:**	**Querverweis:**
DSGVO Art 5 ErwGr 39	Regelmäßig & anlassbezogen	RECHT.21/RECHT.46/PROZESS.80

Ziel:

Zu den allgemeinen Grundsätzen zählen Rechtmäßigkeit, Verarbeitung nach Treu und Glauben, Transparenz, Zweckbindung, Datenminimierung, Richtigkeit, Speicherbegrenzung, Integrität und Vertraulichkeit sowie Rechenschaftspflicht. Diese geben die Anforderungen an eine datenschutzkonforme Verarbeitung personenbezogener Daten vor. Ziel ist die Erfüllung dieser Anforderungen.

Auditnachweise:

- Dokumentation der vorgenommenen Prüfung und Maßnahmen zur Einhaltung der Grundsätze
- Aufnahme einzelner Aspekte zu jedem Grundsatz in das DSMS

RECHT.47 Prüfung, ob Daten rechtmäßig verarbeitet und die allgemeinen Grundsätze eingehalten werden

Referenz:	**Kontrollart:**	**Querverweis:**
DSG 2000 §§ 6, 7	Regelmäßig & anlassbezogen	RECHT.21/RECHT.46/PROZESS.80

Ziel:

DSG 2000

Zu den Grundsätzen nach dem DSG 2000 zählen Rechtmäßigkeit, Verarbeitung nach Treu und Glauben, Wesentlichkeit, Zweckbindung, Richtigkeit, erforderliche Aufbewahrungsdauer, Zulässigkeit (gesetzliche Zuständigkeiten, rechtliche Befugnisse) und keine Verletzung schutzwürdiger Geheimhaltungsinteressen. Auch hier geben diese die Anforderungen an eine datenschutzkonforme Verarbeitung personenbezogener Daten vor. Ziel ist die Erfüllung dieser Anforderungen.

Auditnachweise:

- Dokumentation der vorgenommenen Prüfung und Maßnahmen zur Einhaltung der Grundsätze

RECHT.48 Prüfung, ob schutzwürdige Geheimhaltungsinteressen nicht verletzt werden

Referenz:	**Kontrollart:**	**Querverweis:**
DSG 2000 §§ 8, 9	Regelmäßig & anlassbezogen	RECHT.21/RECHT.46/RECHT.71/ PROZESS.80

Ziel:

DSG 2000

Zu den in der Praxis wichtigsten Fällen, in denen schutzwürdige Geheimhaltungsinteressen nicht verletzt werden, zählen vor allem eine gesetzliche Ermächtigung oder Verpflichtung, die Erfüllung eines Vertrages oder die Zustimmung des Betroffenen. Im Unternehmen soll geprüft werden, ob schutzwürdige Geheimhaltungsinteressen nicht verletzt werden.

Auditnachweise:

- Dokumentation der vorgenommenen Prüfung der Nicht-Verletzung schutzwürdiger Geheimhaltungsinteressen bzw des Vorliegens eines Rechtfertigungsgrundes

RECHT.49 Prüfung, ob eine Identifizierung der betroffenen Person erforderlich ist

Referenz:	Kontrollart:	Querverweis:
DSGVO Art 11 Abs 1 ErwGr 57	Anlassbezogen	IT.60/PROZESS.42

Ziel:

Der Verantwortliche soll nicht verpflichtet werden, zusätzliche Informationen einzuholen, wenn eine Identifizierbarkeit der Person nicht gegeben ist, sich andererseits aber auch nicht weigern, zusätzliche Informationen entgegenzunehmen. Zu beachten ist, dass die Identifizierung auch die digitale Identifizierung umfasst.

Auditnachweise:

- Dokumentation der vorgenommenen Prüfung hinsichtlich Zweck und Identifizierbarkeit
- Digitale Identifizierung durch bspw Authentifizierungsverfahren und Berechtigungsnachweise

RECHT.50 Prüfung, ob die betroffene Person zu informieren ist

Referenz:	Kontrollart:	Querverweis:
DSGVO Art 11 Abs 2 ErwGr 57	Anlassbezogen	IT.60/PROZESS.42

Ziel:

Sofern möglich, hat der Verantwortliche im Falle der Nicht-Identifizierbarkeit die betroffene Person darüber zu informieren. Wenn nicht möglich, besteht keine Verpflichtung, zusätzliche Daten einzuholen.

Auditnachweise:

- Dokumentation der Nicht-Identifizierbarkeit der betroffenen Person
- Nachweis über die Information der betroffenen Person, sofern möglich.

RECHT.51 Prüfung, ob Rechte der betroffenen Person geltend gemacht werden können

Referenz:	Kontrollart:	Querverweis:
DSGVO Art 11 Abs 2 ErwGr 57	Anlassbezogen	IT.60/PROZESS.42

Ziel:

Im Falle der Nicht-Identifizierbarkeit kann die betroffene Person ihre Rechte gem Art 15–20 nicht geltend machen, außer sie stellt zur Ausübung ihrer Rechte weitere Informationen zur Identifizierung zur Verfügung. Ziel ist Klarheit darüber, ob die Rechte der betroffenen Personen geltend gemacht werden können bzw der Verantwortliche diesen nachkommen muss.

Auditnachweise:

- Dokumentation der Prüfung der Nicht-Identifizierbarkeit der betroffenen Person

4.8.1 Kontrolluntergruppe: Datenklassifikation

RECHT.52 Prüfung der Verarbeitungssituation (allgemein/grundsätzlich)

Referenz:	Kontrollart:	Querverweis:
DSGVO Art 85–89, 91 ErwGr 153–163, 165	Anlassbezogen	RECHT.53-RECHT.59

Ziel:

Identifizierung einer besonderen Verarbeitungssituation sowie der Vorschriften für besondere Verarbeitungssituationen sowie Abweichungen und Ausnahmen im Unionsrecht oder im Recht der Mitgliedstaaten.

Auditnachweise:

- Dokumentation der besonderen Verarbeitungssituation

RECHT.53 Prüfung, ob Bedingungen für die besondere Verarbeitungssituation eingehalten werden

Referenz:	Kontrollart:	Querverweis:
DSGVO Art 85–89, 91 ErwGr 153–163, 165	Anlassbezogen	RECHT.52/RECHT.54-RECHT.59

Ziel:

Berücksichtigung der Vorschriften für besondere Verarbeitungssituationen sowie Befolgung der Abweichungen und Ausnahmen im Unionsrecht oder im Recht der Mitgliedstaaten.

Auditnachweise:

- Inanspruchnahme und Dokumentation der Abweichung und Ausnahme im Unionsrecht oder im Recht der Mitgliedstaaten

RECHT.54 Prüfung der besonderen Verarbeitungssituation – Freiheit der Meinungsäußerung und Informationsfreiheit

Referenz:	Kontrollart:	Querverweis:
DSGVO Art 85 ErwGr 153	Anlassbezogen	RECHT.52-RECHT.53/RECHT.55-RECHT.59

Ziel:

Berücksichtigung der einschlägigen Rechtsvorschriften der Mitgliedstaaten.

Auditnachweise:

- Inanspruchnahme und Dokumentation der Abweichungen und Ausnahmen im Recht der Mitgliedstaaten

RECHT.55 Prüfung der besonderen Verarbeitungssituation – Personenbezogene Daten in amtlichen Dokumenten

Referenz:	Kontrollart:	Querverweis:
DSGVO Art 86 ErwGr 154	Anlassbezogen	RECHT.52-RECHT.54/RECHT.56-RECHT.59

Ziel:

Berücksichtigung der einschlägigen Rechtsvorschriften des Unionsrechts bzw des Rechtes der Mitgliedstaaten zur Offenlegung personenbezogener Daten, die sich im Besitz einer Behörde, öffentlichen Einrichtung oder privaten Einrichtung zur Erfüllung einer im öffentlichen Interesse liegenden Aufgabe befinden.

Auditnachweise:

- Inanspruchnahme und Dokumentation der Verpflichtungen zur Offenlegung im Recht der Union bzw der Mitgliedstaaten

RECHT.56 Prüfung der besonderen Verarbeitungssituation – Verarbeitung nationaler Kennziffer

Referenz:	Kontrollart:	Querverweis:
DSGVO Art 87	Anlassbezogen	RECHT.52-RECHT.55 RECHT.57-RECHT.59

Ziel:

Berücksichtigung der einschlägigen Rechtsvorschriften der Mitgliedstaaten betreffend nationaler Kennziffern und anderer Kennzeichen von allgemeiner Bedeutung.

Auditnachweise:

- Inanspruchnahme und Dokumentation der einschlägigen Rechtsvorschriften der Mitgliedstaaten

RECHT.57 Prüfung der besonderen Verarbeitungssituation – Datenverarbeitung im Beschäftigungskontext

Referenz:	Kontrollart:	Querverweis:
DSGVO Art 88 ErwGr 55	Anlassbezogen	RECHT.52-RECHT.56 RECHT.58-RECHT.59

Ziel:

Berücksichtigung der einschlägigen Rechtsvorschriften der Mitgliedstaaten zur Datenverarbeitung im Beschäftigungskontext

Auditnachweise:

- Inanspruchnahme und Dokumentation der einschlägigen Rechtsvorschriften der Mitgliedstaaten

RECHT.58 Prüfung der besonderen Verarbeitungssituation – Archiv-, Forschungs- und statistische Zwecke

Referenz:	Kontrollart:	Querverweis:
DSGVO Art 89 ErwGr 156–163	Anlassbezogen	RECHT.52-RECHT.57 RECHT.59

Ziel:

Berücksichtigung der geeigneten Garantien der DSGVO bzw der Rechtsvorschriften der Mitgliedstaaten

Auditnachweise:

- Inanspruchnahme und Dokumentation der einschlägigen Vorschriften

RECHT.59 Prüfung der besonderen Verarbeitungssituation – Datenschutzvorschriften von Kirchen, religiösen Vereinigungen oder Gemeinschaften

Referenz:	Kontrollart:	Querverweis:
DSGVO Art 91 ErwGr 165	Anlassbezogen	RECHT.52-RECHT.58

Ziel:

Berücksichtigung der einschlägigen Rechtsvorschriften der Mitgliedstaaten für Kirchen, religiöse Vereinigungen oder Gemeinschaften

Auditnachweise:

- Inanspruchnahme und Dokumentation der einschlägigen Vorschriften

4.8.2 Kontrolluntergruppe: Einwilligung

RECHT.60 Prüfung, ob ein Rechtfertigungsgrund für die Verarbeitung der verwendeten Daten vorliegt

Referenz: DSGVO Art 6 Abs 1a–f ErwGr 40–49	**Kontrollart:** Regelmäßig & anlassbezogen	**Querverweis:** PROZESS.06

Ziel:

Ziel dieser Kontrolle ist eine rechtmäßige Datenverarbeitung, dh eine Datenverarbeitung auf Basis eines geeigneten Rechtfertigungsgrundes. Dabei muss zumindest eine der aufgezählten Bedingungen vorliegen: Einwilligung, Vertragserfüllung, rechtliche Verpflichtung, lebenswichtiges Interesse, öffentliches Interesse oder Ausübung öffentlicher Gewalt, überwiegende berechtigte Interessen. Mit der Kontrolle soll die Rechtsgrundlage überprüft und nachgewiesen werden.

Auditnachweise:

- Dokumentation der Rechtsgrundlage
- Einholung der Einwilligung
- Vertragsgrundlage
- Rechtliche Verpflichtung
- Dokumentation des lebenswichtigen Interesses
- Dokumentation des öffentlichen Interesses
- Dokumentation der Ausübung öffentlicher Gewalt
- Dokumentation des berechtigten Interesses
- Dokumentation der vorgenommenen Interessensabwägung

RECHT.61 Prüfung, ob Einwilligungserklärung nachgewiesen werden kann

Referenz: DSGVO Art 7 Abs 1 ErwGr 42	**Kontrollart:** Regelmäßig & anlassbezogen	**Querverweis:** RECHT.67/RECHT.68 PROZESS.77/PROZESS.78

Ziel:

Rechtmäßige Datenverarbeitung durch Nachweis der Einwilligung.

Auditnachweise:

- Dokumentation des Nachweises der Einwilligung

RECHT.62 Prüfung, ob Einwilligungserklärung korrekt ausgestaltet ist

Referenz:	Kontrollart:	Querverweis:
DSGVO Art 7 Abs 1 ErwGr 32, 42, 43	Regelmäßig & anlassbezogen	PROZESS.77/PROZESS.78

Ziel:

Rechtmäßige Datenverarbeitung durch korrekte Ausgestaltung der Einwilligung (Erfüllung der inhaltlichen Anforderungen an die Einwilligungserklärung der betroffenen Person).

Auditnachweise:

- Dokumentation der korrekten Ausgestaltung der Einwilligung
- ZB durch Anklicken eines Kästchens bei Besuch einer Internetseite als eindeutiges und freiwilliges Einverständnis
- ZB inhaltliche Erfassung aller Verarbeitungsvorgänge und eindeutige Zweckbeschreibung

RECHT.63 Prüfung, ob das Ersuchen um Einwilligung korrekt ausgestaltet ist

Referenz:	Kontrollart:	Querverweis:
DSGVO Art 7 Abs 2 ErwGr 32	Regelmäßig & anlassbezogen	PROZESS.77/PROZESS.78

Ziel:

Rechtmäßige Datenverarbeitung durch korrekte Ausgestaltung des Ersuchens um Einwilligung. Bei einer schriftlichen Erklärung hat diese in verständlicher und leicht zugänglicher Form sowie in einer klaren und einfachen Sprache zu erfolgen und hat von anderen Sachverhalten klar unterscheidbar zu sein.

Auditnachweise:

- Dokumentation der Ausgestaltung des Ersuchens um Einwilligung
- ZB bei elektronischer Einholung in klarer und knapper Form und ohne unnötige Unterbrechung des Dienstes

RECHT.64 Prüfung, ob Einwilligungserklärung einen Widerrufshinweis enthält

Referenz:	Kontrollart:	Querverweis:
DSGVO Art 7 Abs 3	Regelmäßig & anlassbezogen	PROZESS.77/PROZESS.78

Ziel:

Rechtmäßige Datenverarbeitung durch Hinweis auf das der betroffenen Person jederzeit zustehende Widerrufsrecht vor Abgabe der Einwilligung.

Auditnachweise:

- Dokumentation der Ausgestaltung des Widerrufshinweises

RECHT.65 Prüfung, ob Widerruf der Einwilligung korrekt ausgestaltet ist (Widerrufsmodus)

Referenz:	**Kontrollart:**	**Querverweis:**
DSGVO Art 7 Abs 3	Regelmäßig & anlassbezogen	PROZESS.77/PROZESS.78

Ziel:

Rechtmäßige Datenverarbeitung durch korrekte Gestaltung des Widerrufshinweises und des Verfahrens zur Geltendmachung. Der Widerruf muss so einfach wie die Erteilung der Einwilligung sein.

Auditnachweise:

- Prüfung, wie Widerruf geltend gemacht werden kann

RECHT.66 Prüfung der Einwilligungserklärung iZm Zweckbindung

Referenz:	**Kontrollart:**	**Querverweis:**
DSGVO Art 7 ErwGr 32, 33	Regelmäßig & anlassbezogen	RECHT.74/PROZESS.77/PROZESS.78

Ziel:

Rechtmäßige Datenverarbeitung durch Bezugnahme auf alle zu demselben Zweck oder denselben Zwecken vorgenommenen Verarbeitungsvorgänge. Bei mehreren Zwecken soll eine Einwilligungserklärung für alle Verarbeitungszwecke erfolgen.

Auditnachweise:

- Aufnahme des Zweckes/der Zwecke der Verarbeitung in die Einwilligungserklärung

RECHT.67 Prüfung, ob Rechtmäßigkeit für Einwilligungserklärung eines Kindes bei Diensten der Informationsgesellschaft vorliegt

Referenz:	**Kontrollart:**	**Querverweis:**
DSGVO Art 8 ErwGr 38	Regelmäßig & anlassbezogen	RECHT.61/RECHT.68 PROZESS.77/PROZESS.78

Ziel:

Rechtmäßige Datenverarbeitung bei Diensten der Informationsgesellschaft, die direkt an Kinder gerichtet sind.

Auditnachweise:

- Dokumentation des Alters des Kindes (Vollendung des 16. Lebensjahres); Achtung: Hier kann das Recht des Mitgliedstaates Abweichungen vorsehen (sog Öffnungsklausel)
- Nachweis der Einwilligung des Trägers der elterlichen Verantwortung oder mit dessen Zustimmung

RECHT.68 Prüfung, ob Einwilligung für das Kind gültig abgegeben wurde

Referenz: DSGVO Art 8 ErwGr 38	**Kontrollart:** Regelmäßig & anlassbezogen	**Querverweis:** RECHT.61 PROZESS.77/PROZESS.78

Ziel:

Rechtmäßige Datenverarbeitung bei Diensten der Informationsgesellschaft, die direkt an Kinder gerichtet sind. Hat das Kind das 16. Lebensjahr (bzw eine andere im jeweiligen Mitgliedstaat vorgesehene niedrigere Altersgrenze, die jedoch nicht unter dem vollendeten 13. Lebensjahr liegen darf) noch nicht vollendet, ist die Einwilligung durch den Träger der elterlichen Verantwortung für das Kind oder mit dessen Zustimmung zu erteilen. Bei einem Kind unmittelbar angebotenen Präventions- oder Beratungsdiensten soll eine Einwilligung des Trägers der elterlichen Verantwortung nicht erforderlich sein.

Auditnachweise:

- Dokumentation der vorgenommenen angemessenen Anstrengungen des Verantwortlichen
- Nachweis der Einwilligung des Trägers der elterlichen Verantwortung oder mit dessen Zustimmung

4.8.3 Kontrolluntergruppe: Prüfpflicht

RECHT.69 Prüfung, ob Dokumentation der besonderen Kategorien personenbezogener Daten im Verzeichnis der Verarbeitungstätigkeiten erfolgt ist

Referenz: DSGVO Art 9 Abs 1 DSGVO Art 30 Abs 1c	**Kontrollart:** Anlassbezogen	**Querverweis:** PROZESS.06/PROZESS.38/PROZESS.39

Ziel:

Identifizierung und Dokumentation einer Verarbeitung besonderer Kategorien personenbezogener Daten.

Auditnachweise:

- Dokumentation der besonderen Kategorie personenbezogener Daten

RECHT.70 Prüfung, ob eine besondere Kategorie personenbezogener Daten vorliegt

Referenz:	Kontrollart:	Querverweis:
DSGVO Art 9 Abs 1 ErwGr 51	Anlassbezogen	RECHT.48/PROZESS.06/ PROZESS.38/PROZESS.39

Ziel:

Feststellung, ob eine Verarbeitung besonderer Kategorien personenbezogener Daten erfolgen soll und die Datenverarbeitung somit grundsätzlich untersagt ist.

Auditnachweise:

- Dokumentation der besonderen Kategorie personenbezogener Daten

RECHT.71 Prüfung, ob ein Rechtfertigungsgrund für die Verarbeitung der verwendeten Daten vorliegt

Referenz:	Kontrollart:	Querverweis:
DSGVO Art 9 Abs 2a–j DSGVO Art 9 Abs 3 ErwGr 51–56	Anlassbezogen	RECHT.48

Ziel:

Ziel dieser Kontrolle ist eine rechtmäßige Datenverarbeitung bei der Verarbeitung besonderer Kategorien personenbezogener Daten, dh einer Datenverarbeitung auf Basis eines geeigneten Rechtfertigungsgrundes, da die Verarbeitung besonderer Kategorien personenbezogener Daten grundsätzlich untersagt ist (Art 9 Abs 1 DSGVO). Dabei muss eine der aufgezählten Bedingungen vorliegen: ausdrückliche Einwilligung, Erfüllung von Rechten und Pflichten, lebenswichtige Interessen, Verarbeitung durch Stiftungen, Vereinigungen und Organisationen, öffentlich gemachte Daten, Rechtsansprüche oder Handlungen der Gerichte, erhebliches öffentliches Interesse, Gesundheits- und Sozialbereich, öffentliches Interesse im Bereich der öffentlichen Gesundheit, öffentliche Archiv-, Forschungs- oder statistische Zwecke.

Auditnachweise:

- Einholung der ausdrücklichen Einwilligung
- Rechtsgrundlage aus dem Arbeitsrecht, dem Recht der sozialen Sicherheit und des Sozialschutzes
- Dokumentation des lebenswichtigen Interesses
- Dokumentation, dass die betroffene Person außerstande ist, eine Einwilligung zu geben
- Dokumentation der Eigenschaft des Verantwortlichen
- Dokumentation der öffentlich gemachten Daten

- Dokumentation der Rechtsansprüche
- Dokumentation der justiziellen Tätigkeit
- Dokumentation des erheblichen öffentlichen Interesses
- Dokumentation der jeweils relevanten Gesundheitsaspekte
- Dokumentation der Verarbeitung durch Fachpersonal
- Dokumentation des öffentlichen Interesses der öffentlichen Gesundheit
- Dokumentation der im öffentlichen Interesse liegenden Archiv-, Forschungs- oder statistischen Zwecke

RECHT.72 Prüfung, ob zusätzliche Bedingungen/Beschränkungen der Mitgliedstaaten für genetische, biometrische oder Gesundheitsdaten vorliegen

Referenz:	**Kontrollart:**	**Querverweis:**
DSGVO Art 9 Abs 4	Anlassbezogen	–

Ziel:

Ziel dieser Kontrolle ist eine rechtmäßige Datenverarbeitung bei der Verarbeitung von genetischen, biometrischen oder Gesundheitsdaten.

Auditnachweise:

- Dokumentation zusätzlicher Bedingungen/Beschränkungen im Recht der Mitgliedstaaten

RECHT.73 Prüfung, ob eine Datenverarbeitung personenbezogene Daten über strafrechtliche Verurteilungen und Straftaten beinhaltet

Referenz:	**Kontrollart:**	**Querverweis:**
DSGVO Art 10	Anlassbezogen	–

Ziel:

Ziel dieser Kontrolle ist eine rechtmäßige Verarbeitung von Daten über strafrechtliche Verurteilungen und Straftaten.

Auditnachweise:

- Dokumentation der Rechtsgrundlage oder Genehmigung der Aufsichtsbehörde

4.8.4 Kontrolluntergruppe: Zweckbindung

RECHT.74 Prüfung, ob Daten rechtmäßig verarbeitet wurden – Zweckbindung/Zweckvereinbarkeit

Referenz:	**Kontrollart:**	**Querverweis:**
DSGVO Art 6 Abs 4 ErwGr 50	Regelmäßig & anlassbezogen	RECHT.47/PROZESS.19

Ziel:

Ziel dieser Kontrolle ist die Einhaltung des Grundsatzes der Zweckbindung (Art 5 Abs 1b). Somit soll die Erfüllung des Zweckbindungsgrundsatzes sichergestellt werden.

Auditnachweise:

- Dokumentation der vorgenommenen Prüfung der Zweckvereinbarkeit
- Beschreibung anderer/weiterer Zwecke
- Beschreibung der beabsichtigten Weiterverarbeitung
- Festlegung von Verschlüsselungs- und Pseudonymisierungsmechanismen

4.9 Kontrollgruppe: Verantwortlichkeiten

Ausgehend von der Rechenschaftspflicht des Verantwortlichen sollte im Unternehmen eine Struktur aufgebaut werden, die die Verantwortlichkeiten der einzelnen Abteilungen und Organisationseinheiten definiert; diese unterstützen zusammen mit dem Datenschutzbeauftragten die Geschäftsleitung bei der Umsetzung der Vorgaben der DSGVO. Bei den mannigfaltigen Pflichten der DSGVO ist die Unternehmensführung auf eine derartige Struktur (bspw in Form eines DSMS) angewiesen.

Verpflichtung (DSGVO Art 26): gemeinsam für die Verarbeitung Verantwortliche – Abschluss einer Vereinbarung

Wenn die Ziele und Mittel der Verarbeitung von zwei oder mehreren Verantwortlichen bestimmt werden, haben diese eine Vereinbarung zu treffen, in der jene inhaltlichen Aspekte enthalten sind, die Art 26 vorgibt. Dies zum Schutz der Rechte und Freiheiten der betroffenen Person und im Hinblick auf Verantwortung und Haftung der Verantwortlichen und Auftragsverarbeiter. Die Pflicht zum Abschluss der Vereinbarung dürfte entfallen, sofern die jeweiligen Aufgaben der Verantwortlichen durch Rechtsvorschriften der Union oder der Mitgliedstaaten festgelegt sind. Die betroffene Person kann sich zur Rechtewahrung an jeden einzelnen Verantwortlichen wenden.

4.9.1 Kontrolluntergruppe: Gemeinsame Datenverarbeitung

RECHT.75 Prüfung, ob gemeinsam Zwecke und Mittel für Verarbeitung festgelegt werden

Referenz:	**Kontrollart:**	**Querverweis:**
DSGVO Art 26 ErwGr 79	Anlassbezogen	ORG.26/ORG.30/ORG.32-ORG.36

Ziel:

Korrekte gemeinsame Datenverarbeitung.

Auditnachweise:

- Dokumentation der gemeinsamen Festlegung von Verarbeitungszwecken und -mitteln.

RECHT.76 Verpflichtung zum Abschluss einer Vereinbarung bzw Festlegung der Aufgaben in Rechtsvorschriften der Union oder Mitgliedstaaten

Referenz: DSGVO Art 26 ErwGr 79	**Kontrollart:** Anlassbezogen	**Querverweis:** ORG.26/ORG.30/ORG.32-ORG.36

Ziel:

Korrekte gemeinsame Datenverarbeitung nach der Aufgabenverteilung in der Vereinbarung oder gemäß den Rechtsvorschriften der Union oder der Mitgliedstaaten.

Auditnachweise:

- Vereinbarung über die gemeinsame Verantwortung.
- Dokumentation der Rechtsvorschriften

RECHT.77 Prüfung, ob die inhaltlichen Vorgaben an diese Vereinbarung gem Abs 1 und 2 erfüllt werden bzw die Aufgabenverteilung klar definiert ist

Referenz: DSGVO Art 26 Abs 1, 2 ErwGr 79	**Kontrollart:** Anlassbezogen	**Querverweis:** ORG.26/ORG.30/ORG.32-ORG.36

Ziel:

In der Vereinbarung müssen insb die Aufgaben und Verantwortlichkeiten festgelegt werden: Pflichtenerfüllung, Wahrung der Rechte der betroffenen Personen, Informationspflicht, Anlaufstelle für betroffene Person (optional), Rollenverteilung, tatsächliche Funktionen und Beziehungen gegenüber Betroffenen. Mit dieser Kontrolle sollen die notwendigen Bestandteile der Vereinbarung geprüft und nachgewiesen werden.

Auditnachweise:

- Vereinbarung über die gemeinsame Verantwortung.

RECHT.78 Prüfung, ob die Aufgabenverteilung in transparenter Form erfolgt

Referenz: DSGVO Art 26 Abs 1 ErwGr 79	**Kontrollart:** Anlassbezogen	**Querverweis:** ORG.26/ORG.30/ORG.32-ORG.36

Ziel:

Transparenz der Vereinbarung gegenüber den betroffenen Personen.

Auditnachweise:

- Vereinbarung über die gemeinsame Verantwortung
- Vorgaben für künftige Vereinbarungen

RECHT.79 Verpflichtung zur Zurverfügungstellung des Wesentlichen der Vereinbarung an die betroffene Person

Referenz:	**Kontrollart:**	**Querverweis:**
DSGVO Art 26 Abs 2 ErwGr 79	Anlassbezogen	ORG.26/ORG.30/ORG.32-ORG.36

Ziel:

Transparenz der Vereinbarung gegenüber den betroffenen Personen.

Auditnachweise:

- Dokumentation der Zurverfügungstellung der Vereinbarung
- Vorgaben für künftige Vereinbarungen

5. Kontrollbereich Prozess

Der Kontrollbereich Prozess richtet sich im Wesentlichen an jene Personen, die im Unternehmen mit der Umsetzung von datenschutzrechtlichen Verpflichtungen befasst werden.

Mit den datenschutzrechtlichen Anforderungen ergibt sich eine Reihe von Aufgaben und somit Prozessen, denen Verantwortliche iSd DSGVO fristgerecht nachkommen müssen. Diese meist wiederkehrenden Aufgaben müssen im Unternehmen nachweislich etabliert und umgesetzt werden. Um zu vermeiden, dass die Aufgaben bei der Bearbeitung von mehreren Personen unterschiedlich umgesetzt und ausgeführt werden, ist es für das Unternehmen notwendig, sich bereits im Vorfeld entsprechende Gedanken dazu zu machen. Die Prozesse garantieren eine nachvollziehbare Umsetzung von wiederkehrenden rechtlichen Verpflichtungen für das Unternehmen. Eine detaillierte Prozessbeschreibung hilft außerdem bei der Vermeidung von Fehlern in der Umsetzung der Aufgabe. Der wesentliche Schritt in der Umsetzung im Unternehmen ist es somit, sich bereits beim Aufbau einer datenschutzkonformen Organisation von Beginn an genau zu überlegen, welche Prozesse überhaupt notwendig sind und wie diese Prozesse unter Berücksichtigung der Unternehmensorganisation und sonstiger Abhängigkeiten überhaupt ausgeführt werden können.

Das Unternehmen hat hierzu einen geeigneten Prozessverantwortlichen (meist der Datenschutzbeauftragte) zu definieren, welcher die Prozesse erarbeitet, dokumentiert und den betroffenen Mitarbeitern zur Kenntnis bringt.

Weiterführende generelle Informationen zur Prozessgestaltung im Datenschutzmanagement finden Sie auch im IT-Grundschutzhandbuch des deutschen BSI (Bundesamt für Sicherheit in der Informationstechnik) unter M 2.501 Datenschutzmanagement.

5.1 Kontrollgruppe: Anwendungsbereich DSGVO

Um die Bestimmungen der DSGVO im Unternehmen entsprechend umzusetzen und einzuhalten, muss in erster Linie eruiert werden, ob und in welchem Umfang überhaupt personenbezogene Daten verarbeitet werden. Es zeigt sich daher, dass nur die Verwendung bzw Verarbeitung von Daten, die einen klaren Personenbezug aufweisen, in den sachlichen Anwendungsbereich der Verordnung fällt. Des Weiteren schließt die Verordnung auch bestimmte Aspekte der Verarbeitung von personenbezogenen Daten aus. Werden Daten zB für familiäre Tätigkeiten durch natürliche Personen verarbeitet, so findet die Verordnung hierfür keine Anwendung.

Verpflichtung (DSGVO Art 2): Verpflichtung zur Prüfung, ob die verarbeiteten Daten personenbezogen sind und somit in den Anwendungsbereich dieser Verordnung fallen

Der Verantwortliche muss prüfen, ob die Verarbeitung von personenbezogenen Daten ganz oder teilweise automatisiert erfolgt. Des Weiteren gilt die DSGVO für die nicht-automatisierte Verarbeitung von personenbezogenen Daten, die in einem Dateisystem gespeichert werden oder deren Speicherung beabsichtigt ist.

Im Rahmen des DSG 2000 normiert das Grundrecht in § 1 Abs 1, dass jedermann Anspruch auf Geheimhaltung der ihn betreffenden personenbezogenen Daten hat, soweit daran ein schutzwürdiges Geheimhaltungsinteresse besteht. Beim sachlichen Anwendungsbereich ist insbesondere die Kategorie der indirekt personenbezogenen Daten zu beachten, bei deren Verwendung schutzwürdige Geheimhaltungsinteressen als nicht verletzt gelten.

DSG 2000

Verpflichtung (DSGVO Art 3): Prüfung, ob der räumliche Anwendungsbereich der DSGVO gegeben ist

Die DSGVO ist anwendbar, wenn die Verarbeitung im Rahmen der Tätigkeiten einer Niederlassung des Verantwortlichen oder Auftragsverarbeiters in der Union erfolgt oder durch einen nicht in der Union niedergelassenen Verantwortlichen oder Auftragsverarbeiter erfolgt, wenn den betroffenen Personen in der Union Waren und Dienste angeboten werden oder ihr Verhalten in der Union beobachtet bzw analysiert wird.

Im Rahmen des DSG 2000 grenzt § 3 den räumlichen Anwendungsbereich ab. Zu berücksichtigen und im Einzelfall zu prüfen ist die oftmals nicht leicht zu beantwortende Frage des räumlich anwendbaren Datenschutzrechts anhand des Territorialitätsprinzips und der Ausnahme zugunsten des Sitzstaatsprinzips.

DSG 2000

5.1.1 Kontrolluntergruppe: Datenklassifikation

PROZESS.01 Prüfung der zu verarbeitenden Daten(arten)

Referenz:	**Kontrollart:**	**Querverweis:**
DSGVO Art 2 DSGVO Art 4 Z 1 und 2 ErwGr 14, 15	Anlassbezogen	RECHT.01

Ziel:

Klärung, ob die DSGVO in sachlicher Hinsicht zur Anwendung kommt, dh, ob eine ganz oder teilweise automatisierte Verarbeitung personenbezogener Daten erfolgt.

Im Rahmen des DSG 2000 ist zu berücksichtigen, ob indirekt personenbezogene Daten verwendet werden, bei deren Verwendung schutzwürdige Geheimhaltungsinteressen als nicht verletzt gelten (§ 8 Abs 2 DSG 2000).

DSG 2000

Auditnachweise:

- Feststellung der Personenbezogenheit (identifizierte oder identifizierbare natürliche Person)

PROZESS.02 Prüfung, auf welche Art und Weise die Daten verarbeitet werden

Referenz: DSGVO Art 2 ErwGr 14, 15	**Kontrollart:** Anlassbezogen	**Querverweis:** RECHT.01

Ziel:

Klärung, ob die DSGVO zur Anwendung kommt.

Auditnachweise:

- Feststellung und Dokumentation, ob die Verarbeitung ganz oder teilweise automatisiert oder nicht automatisiert erfolgt

PROZESS.03 Prüfung, durch wen die Datenverarbeitung stattfindet bzw an wen sie sich richtet

Referenz: DSGVO Art 3 ErwGr 22–25	**Kontrollart:** Anlassbezogen	**Querverweis:** –

Ziel:

Klärung, ob die DSGVO in räumlicher Hinsicht zur Anwendung kommt.

Im Rahmen des DSG 2000 ist nach dem Territorialitätsprinzip bzw dessen Ausnahme, dem Sitzstaatsprinzip, zu prüfen, ob nationales österreichisches Datenschutzrecht zur Anwendung kommt.

DSG 2000

Auditnachweise:

- Beschreibung und Zuordnung der Tätigkeiten des Verantwortlichen oder Auftragsverarbeiters.

5.2 Kontrollgruppe: Betroffenenrechte

Die Betroffenenrechte bringen für Unternehmen und somit für Verantwortliche eine nicht unwesentliche Anzahl an wiederkehrenden Aufgaben mit sich. Diese sind vor allem das Recht auf Information, welche Daten verarbeitet werden, das Recht auf Löschung oder Richtigstellung oder auch das Recht, die Zustimmung zur Verarbeitung von personenbezogenen Daten zu widerrufen. Das Unternehmen muss die fristgerechte Wahrung dieser Rechte jedenfalls in geeigneten und dokumentierten internen Verfahren und Prozessen sicherstellen. Insbesondere die im Unternehmen allen involvierten Stellen zugängliche Dokumentation dieser Aufgaben stellt eine einheitliche Umsetzung der Betroffenenrechte durch den Verantwortlichen sicher. In der praktischen Umsetzung zeigen sich aber auch wesentliche Aktivitäten, um selbst in der praktischen Ausübung der Betroffenenrechte die datenschutzrechtlichen Anforderungen, wie zB die Identitätsprüfung einer auskunftsbegehrenden Person, sicherzustellen.

Verpflichtung (DSG 2000 § 14): Verpflichtung zur Richtigstellung und Löschung

DSG 2000

Der Auftraggeber (Verantwortliche) im Sinne des DSG 2000 ist verpflichtet, die von ihm verarbeiteten personenbezogenen Daten unter Einhaltung der 8-Wochen-Frist nach Einlangen des Antrags richtig zu stellen bzw zu löschen, wenn die Unrichtigkeit oder Unzulässigkeit der Verarbeitung bekannt wird oder wenn der Betroffene einen begründeten Antrag einbringt.

Verpflichtung (DSGVO Art 12 Abs 1, 2 und 6): Identitätsprüfung

Die Identität der betroffenen Person muss für eine mündliche Informationserteilung nachgewiesen sein (Abs 1); eine Weigerung, die Rechte der betroffenen Personen wahrzunehmen, ist nur möglich, wenn der Verantwortliche nicht in der Lage ist, die betroffene Person zu identifizieren (Abs 2); bei Zweifel an der Identität sind zusätzliche Informationen anzufordern (Abs 6).

Verpflichtung (DSGVO Art 12): Verpflichtung der betroffenen Person gegenüber zur Bereitstellung von Informationen über getroffene Maßnahmen iSd Art 13 und 14 sowie Art 15–22 und Art 34

Der Verantwortliche muss aufgrund seiner Informationspflicht im Sinne des Transparenzgrundsatzes sicherstellen, dass die oben genannten Maßnahmen präzise, leicht zugänglich und verständlich sowie in einer einfachen Sprache den Betroffenen zur Kenntnis gebracht werden.

Verpflichtung (DSGVO Art 15): Verpflichtung zur Erteilung der Auskunft an betroffene Person

Der Verantwortliche muss dem Betroffenen im Rahmen eines Auskunftsbegehrens innerhalb eines Monats mitteilen, ob Daten verarbeitet werden. Diese Frist kann auf 2 Monate bei erhöhter Komplexität des Antrags verlängert werden. Die Auskunft muss den Zweck der Datenverarbeitung, die Empfänger und Kategorien als auch Datenübermittlungen in ein Drittland, die Speicherfrist als auch etwaige Hinweise auf Maßnahmen zum Profiling sowie den Hinweis auf das Löschungs- und Beschwerderecht beinhalten.

DSG 2000

Im Rahmen des DSG 2000 § 26 Abs 4 muss die Auskunft innerhalb von 8 Wochen erteilt werden. Des Weiteren muss der Betroffene auf sein Recht zur Löschung oder Richtigstellung der Daten hingewiesen werden. Die Auskunft ist unentgeltlich zu erteilen, wenn der Auskunftswerber dem Auftraggeber (Verantwortlichen) noch keine Anfrage zu einem bestimmten Aufgabengebiet gestellt hat. In allen anderen Fällen kann ein pauschalierter Kostenersatz von EUR 18,89 verlangt werden, von dem auch bei höheren nachgewiesenen Kosten abgewichen werden darf.

Verpflichtung (DSGVO Art 16): Verpflichtung zur Berichtigung von unzutreffenden personenbezogenen Daten

Stellt der Betroffene fest, dass die ihm zugeordneten personenbezogenen Daten falsch oder fehlerhaft verarbeitet werden, so ist der Verantwortliche verpflichtet, diese Daten zu berichtigen.

Im Rahmen des DSG 2000 § 27 Abs 4 muss die Richtigstellung der Daten innerhalb von 8 Wochen nach Einlangen des Begehrens erfolgen. Wenn eine Richtigstellung nicht erfolgen kann, muss der Auftraggeber (Verantwortliche) dies gegenüber dem Betroffenen auch innerhalb oben angeführter Frist schriftlich begründen.

DSG 2000

Verpflichtung (DSGVO Art 16): Verpflichtung zur Vervollständigung unvollständiger Daten

Stellt der Betroffene fest, dass die ihm zugeordneten personenbezogenen Daten unvollständig verarbeitet werden, so ist der Verantwortliche verpflichtet, diese Daten zu berichtigen.

Verpflichtung (DSGVO Art 17): Verpflichtung zur unverzüglichen Löschung von Daten bei folgenden Gründen

Der Verantwortliche ist verpflichtet personenbezogene Daten zu löschen, wenn die Daten für den Verwendungszweck nicht mehr notwendig sind. Des Weiteren gilt die Löschverpflichtung bei Widerruf der Einwilligung durch die betroffene Person bzw, wenn der Betroffene der Datenverarbeitung widerspricht und auch dann, wenn die Daten von einem Kind verarbeitet wurden und dieses noch nicht das 16. Lebensjahr vollendet hat bzw keine Zustimmung der Erziehungsberechtigten (Träger der elterlichen Verantwortung) vorliegt. Auch schließt die Verpflichtung zur Löschung von Daten den Fall einer unrechtmäßigen Verarbeitung als auch die Erfüllung einer allfälligen rechtlichen Verpflichtung zur Löschung mit ein. In dieser Verpflichtung wird außerdem dem „Recht auf Vergessenwerden" im Netz mehr Geltung verschafft, zumal der Verantwortliche, der personenbezogene Daten öffentlich gemacht hat, dazu verpflichtet wird, sämtlichen anderen Verantwortlichen, die diese Daten nun verarbeiten, mitzuteilen, sämtliche Daten sowie alle Links zu diesen Daten oder deren Kopien zu löschen.

Verpflichtung (DSGVO Art 18, 19): Verpflichtung zur Information der betroffenen Person bei Aufhebung der Einschränkung

Eine betroffene Person, die eine Einschränkung der Verarbeitung gem Art 18 Abs 1 erwirkt hat, muss vom Verantwortlichen unterrichtet werden, bevor die Einschränkung aufgehoben wird. Der Verantwortliche hat die betroffene Person von der Aufhebung der Einschränkung der Verarbeitung personenbezogener Daten vorab zu informieren. Empfänger von Daten sind über die Einschränkung zu informieren und der betroffenen Person sind auf Verlangen diese Empfänger mitzuteilen.

Verpflichtung (DSGVO Art 18): Verpflichtung zur Einschränkung der Verarbeitung, wenn von betroffener Person beantragt und die Tatbestände des Abs 1a–c vorliegen

Der Verantwortliche hat die Verarbeitung personenbezogener Daten auf Antrag der betroffenen Person einzuschränken, wenn bestimmte Umstände vorliegen (Bestreitung der Richtigkeit, unrechtmäßige Verarbeitung, Zweckerfüllung, Widerspruch). Die Einschränkung sollte durch technische Mittel erfolgen (zB Sperrung).

Verpflichtung (DSGVO Art 21): Verpflichtung zur Wahrnehmung des Widerspruchsrechts der Betroffenen

Die betroffene Person hat das Recht, aus Gründen, die sich aus ihrer besonderen Situation ergeben, jederzeit gegen die Verarbeitung sie betreffender personenbezogener Daten, die aufgrund von Art 6 Abs 1 Buchstaben e oder f erfolgt, Widerspruch einzulegen; dies gilt auch für ein auf diese Bestimmungen gestütztes Profiling. Der Verantwortliche ist daraufhin verpflichtet, die Verarbeitung einzustellen, es sei denn, er kann zwingende schutzwürdige Gründe für die Verarbeitung nachweisen, die die Interessen, Rechte und Freiheiten der betroffenen Person überwiegen, oder die Verarbeitung dient der Geltendmachung, Ausübung oder Verteidigung von Rechtsansprüchen. Bei einem Widerspruch des Betroffenen gegen die Verarbeitung von Daten in Verbindung mit Direktwerbung bzw gegen Profiling, das in diesem Zusammenhang durchgeführt wird, muss die Verarbeitung vom Verantwortlichen umgehend eingestellt werden (auch ohne Grund).

DSG 2000

Im Rahmen des DSG 2000 § 28 Abs 1 muss der Auftraggeber (Verantwortliche) bei Vorliegen der Voraussetzungen für einen Widerspruch die Daten des Betroffenen binnen 8 Wochen aus seiner Datenanwendung löschen und allfällige Übermittlungen unterlassen.

PROZESS.04 Prüfung der Identität von Anfragenden im Zusammenhang mit Betroffenenrechten (Widerspruch, Richtigstellung, Löschung) bzw im Rahmen des Auskunftsrechts

Referenz:	**Kontrollart:**	**Querverweis:**
DSGVO Art 12 und 15 ErwGr 64	Regelmäßig	–

Ziel:

Die Identität von Betroffenen, die einen Antrag zur Erfüllung ihrer Betroffenenrechte (zB Auskunft oder Richtigstellung bzw Löschung) stellen, sollte in geeigneter Weise durch den Verantwortlichen geprüft werden, bevor dieser die Auskunft erteilt bzw weiteren Betroffenenrechten wie eventuell der Löschung oder Richtigstellung nachkommt. Diese Maßnahme ist insofern erforderlich, um etwaigen „Social Engineering Angriffen" (die Vorgabe des Anfragenden, eine andere Person zu sein) zuvorzukommen bzw solche Angriffe rechtzeitig zu erkennen, bevor Daten an Unberechtigte übermittelt werden.

Die Erteilung der Auskunft sollte jedenfalls schriftlich erfolgen. Obwohl eine mündliche Auskunftserteilung grundsätzlich möglich ist, sollte zur Beweissicherung davon Abstand genommen werden (Ausnahme: zB Telefonaufzeichnung).

Hierzu sollte der Antragsteller aufgefordert werden, einen entsprechenden Identitätsnachweis zu übermitteln. Es könnte auch im Rahmen eines eingeschriebenen Briefes an den Betroffenen sichergestellt werden, dass die Informationen nur an die beim Verantwortlichen gespeicherte Adresse übermittelt werden.

DSG 2000

Im Rahmen des DSG 2000 ist zu berücksichtigen, dass die Richtigstellung innerhalb von 8 Wochen durchgeführt wird und jedenfalls zu dokumentieren ist.

Auditnachweise:

- Interne Vorgabe im Rahmen einer Prozessbeschreibung
- E-Mailverkehr oder Schriftverkehr zur Identitätsfeststellung
- Vorliegen entsprechender Nachweise zur Identität von anfragenden Betroffenen (zB Ausweiskopie)
- Anfrage von Betroffenen
- Bestätigungsschreiben an gespeicherte Adresse (Bestätigung der Post)
- Bei Widerruf: Schriftlicher Widerruf
- Bei Widerruf: Grundlage für Widerruf

5.2.1 Kontrolluntergruppe: Datensparsamkeit

PROZESS.05 Prüfung: Hat betroffene Person eine Einschränkung der Verarbeitung verlangt und wurde diese durchgesetzt

Referenz:	Kontrollart:	Querverweis:
DSGVO Art 18 ErwGr 67	Anlassbezogen	PROZESS.16-PROZESS.19/IT.01/ IT.02/IT.04/IT.07

Ziel:

Im Sinne der Grundsätze Datenminimierung und Speicherbegrenzung ist die Verarbeitung personenbezogener Daten grundsätzlich auf das notwendige Ausmaß zu beschränken. Wenn eine betroffene Person eine Einschränkung der Verarbeitung verlangt hat, ist eine Prüfung darüber durchzuführen, welche Daten aufgrund der Zweckbindung mindestens benötigt werden.

Auditnachweise:

- Nachweis der erfolgten Einschränkung

PROZESS.06 Informations- und Mitteilungspflichten iZm der Einschränkung der Verarbeitung

Referenz:	Kontrollart:	Querverweis:
DSGVO Art 18, 19 ErwGr 67	Anlassbezogen	PROZESS.07/PROZESS.16/IT.01/ IT.02/IT.04/IT.07

Ziel:

Berichtigung, Löschung oder die Einschränkung einer Datenverarbeitung ist Empfängern personenbezogener Daten mitzuteilen; die betroffene Person ist auf Verlangen über diese Empfänger zu informieren. Diese Informations- bzw Mitteilungspflichten unterstreichen die Grundsätze von Treu und Glauben sowie Transparenz.

Auditnachweise:

- Dokumentation der Information und Mitteilung

5.2.2 Kontrolluntergruppe: Informationspflicht

PROZESS.07 Prüfung, ob interne Vorgaben und Regeln für die ordnungsgemäße Durchführung der Informationspflicht vorliegen

Referenz: DSGVO Art 12 ErwGr 58, 59	**Kontrollart:** Anlassbezogen	**Querverweis:** RECHT.41

Ziel:

Sämtliche Informationen und Hinweise, die der Verantwortliche der betroffenen Person oder auch der Öffentlichkeit zur Kenntnis bringen muss, sind in einer klaren, verständlichen und leicht zugänglichen Form zu übermitteln. Außerdem muss der Betroffene in dieser eindeutigen Verständlichkeit auch über seine Rechte informiert werden, damit er sie entsprechend ausüben kann.

Das Unternehmen sollte daher Überlegungen anstellen, in welcher Form die Informationen zur Kenntnis gebracht werden, und einheitliche Vorlagen, Checklisten, aber auch Prozessbeschreibungen dafür bereitstellen.

Auditnachweise:

- Nachweis mit Vorgaben, wie Betroffene informiert werden
- Checkliste zu Informationspflicht
- Datenerhebungsbogen
- Online-Webpräsenz mit entsprechendem Hinweis

PROZESS.08 Prüfung auf entsprechenden Hinweis zu Betroffenenrechten (Löschung, Einschränkung, Widerspruch, Berichtigung, Beschwerderecht) sowie zu Profiling

Referenz: DSGVO Art 12 ErwGr 58, 59	**Kontrollart:** Einmalig/Anlassbezogen	**Querverweis:** RECHT.44/RECHT.45

Ziel:

Die Betroffenenrechte wie das Recht auf Löschung von unrichtigen oder unrechtmäßig erhobenen Daten, auf Einschränkung, das Recht zum Widerspruch und zur Berichtigung sowie das Beschwerderecht bei Aufsichtsbehörden ist dem Betroffenen nachweislich und verständlich zur Kenntnis zu bringen.

Das Unternehmen sollte daher entsprechende Vorgaben für die Mitarbeiter machen, die für die Erhebung von Daten verantwortlich sind, und zB Checklisten bereitstellen, die den Verantwortlichen im Rahmen des internen Kontrollsystems die Prüfung ermöglichen, ob den Hinweisen nachgekommen wurde.

Auditnachweise:

- Nachweis mit Vorgaben, wie Betroffene informiert werden

- Checkliste zu Informationspflicht
- Datenerhebungsbogen
- Online-Webpräsenz mit entsprechendem Hinweis

PROZESS.09 Prüfung, ob eine Rechtsgrundlage für die Verarbeitung von personenbezogenen Daten besteht

Referenz: DSGVO Art 12 ErwGr 58, 59	**Kontrollart:** Regelmäßig	**Querverweis:** RECHT.02/RECHT.43

Ziel:
Der Verantwortliche muss im Rahmen seiner Verarbeitungstätigkeiten mehrere Anforderungen der DSGVO nachweisen. So sollten im Verzeichnis der Verarbeitungstätigkeiten (oftmals auch als Verfahrensverzeichnis bezeichnet) für jede einzelne Verarbeitungstätigkeit zB der Verarbeitungszweck, die Rechtsgrundlage für die Verarbeitung, die Empfänger und Kategorien von Empfängern der Daten sowie auch eine geplante Speicherfrist dokumentiert werden. Des Weiteren sollte die Beschreibung auch Informationen darüber beinhalten, ob eine Datenübermittlung ins Ausland erfolgt.

Auditnachweise:
- Verzeichnis der Verarbeitungstätigkeiten

PROZESS.10 Prüfung, ob die Identität des Betroffenen nachgewiesen ist (werden kann)

Referenz: DSGVO Art 12 Abs 1, 2, 6	**Kontrollart:** Anlassbezogen	**Querverweis:** RECHT.49

Ziel:
Es sollte geklärt werden, ob die Identität der betroffenen Person mit vertretbaren Mitteln nachgewiesen werden kann. Gegebenenfalls sind jene Aspekte ins Treffen zu führen, die darlegen, dass die betroffene Person nicht identifiziert werden kann.

Auditnachweise:
- Dokumentation der Identitätsfeststellung, zB Reisepass, Führerschein, Personalausweis, Meldebestätigung etc
- Nachweis der nicht möglichen Identitätsfeststellung

PROZESS.11 Prüfung im Rahmen des Auskunftsrechts, ob Versagungsgrund für Auskunftserteilung vorliegt

Referenz: DSGVO Art 15 ErwGr 63	**Kontrollart:** Regelmäßig	**Querverweis:** –

Ziel:

Bei offenkundig unbegründeten oder exzessiven bzw oftmaligen Anträgen kann der Verantwortliche die Auskunft verweigern. Dies sollte jedenfalls im Sinne der Beweismöglichkeit bei einer allfälligen Beschwerde durch den Betroffenen von Seiten des Unternehmens dokumentiert werden.

Eine Dokumentation sollte weiters die wiederholten Anfragen sowie den diesbezüglichen chronologischen Schriftverkehr zwischen dem Verantwortlichen und dem Betroffenen beinhalten.

Auditnachweise:

- Dokumentierte Anfragen/Anträge von Betroffenen
- E-Mailverkehr, Schriftverkehr mit den Betroffenen (zB zu mehrmaligen Anfragen)

PROZESS.12 Prüfung im Rahmen des Auskunftsrechts, ob Daten in ein Drittland übermittelt werden

Referenz:	Kontrollart:	Querverweis:
DSGVO Art 15 ErwGr 63	Regelmäßig	RECHT.22/RECHT.23/IT.64/IT.65

Ziel:

Dem Betroffenen müssen bei Datenübermittlung in ein Drittland oder an eine internationale Organisation die geeigneten Garantien, die getroffen wurden, mitgeteilt werden. Hierzu sollten entsprechende Vereinbarungen mit den Datenempfängern schriftlich dokumentiert werden.

Auditnachweise:

- Vertrag mit Datenempfänger
- Rechtsgrundlage für Übermittlung (Gesetzestext)
- Standardschutzklauseln der Aufsichtsbehörde
- Zertifizierungsnachweis des Datenempfängers

PROZESS.13 Prüfung im Rahmen des Auskunftsrechts, ob Profiling angewendet wird und ob die Logik für das Profiling (wie Daten miteinander verknüpft und ausgewertet werden) dokumentiert wird

Referenz:	Kontrollart:	Querverweis:
DSGVO Art 15 ErwGr 63	Regelmäßig	PROZESS.08/PROZESS.63

Ziel:

Um dem Betroffenen mitteilen zu können, ob Profiling im Unternehmen im Zusammenhang mit dessen Personendaten durchgeführt wird, sollte das Unternehmen im Rahmen der Dokumentation von Verarbeitungsvorgängen entsprechende Kennzeichnungen für Datenanwendungen vornehmen.

Für jedes einzelne Profiling sollten im Rahmen von Systembeschreibungen oder -handbüchern die Erläuterungen zur eigentlichen Logik für das Profiling dokumentiert werden. Hierbei wird es wesentlich sein, zu beschreiben, wie die personenbezogenen Daten analysiert werden und was das entsprechende Ergebnis aus dem Profiling sowie die Tragweite für den Betroffenen ist. Es sollte somit auch beschrieben werden, wie die erhobenen Daten miteinander verknüpft und ausgewertet werden. Die dokumentierte Logik erleichtert somit die Auskunftserteilung.

Auditnachweise:

- System-/Applikationshandbuch
- Entwicklungshandbuch
- Verzeichnis der Verarbeitungstätigkeiten

PROZESS.14 Kontrolle, ob Informationsfrist für das Auskunftsrecht eingehalten wurde und dokumentiert wurde

Referenz:	**Kontrollart:**	**Querverweis:**
DSGVO Art 12 DSG 2000 § 26 Abs 4 ErwGr 63	Regelmäßig	–

Ziel:

Die Auskunftserteilung muss unverzüglich an den Betroffenen erfolgen. Das Unternehmen sollte daher in der Prozessbeschreibung bereits die Frist von 1 Monat vorgeben. Mit Eingang des Antrags zur Informations- und Auskunftserteilung sollten der Beginn und insbesondere das Ende der oben genannten Fristen erfasst werden und im Rahmen von automatisierten Erinnerungen (Notifications) sichergestellt werden, dass die Frist nicht überschritten wird.

Jedenfalls sollten die Gründe für etwaige Verlängerungen um 2 Monate (gemäß DSGVO) schriftlich dokumentiert werden.

Im Rahmen des DSG 2000 § 24 Abs 4 ist zu berücksichtigen, dass die Auskunftserteilung innerhalb von 8 Wochen durchgeführt wird.

DSG 2000

Auditnachweise:

- Eingangsstempel zum Antrag
- Bearbeitungshistorie der Beantwortung
- E-Mail-/Kalendereintrag beim Verantwortlichen
- Dokumentation der Begründung zur Verlängerung
- E-Mail-/Schriftverkehr vom Betroffenen zum Auskunftsbegehren (insbesondere Datum des Einlangens des Begehrens)

PROZESS.15 Kontrolle, ob der Betroffene im Rahmen des Auskunftsrechts fristgerecht nachweislich über das Recht zur Richtigstellung oder Löschung informiert wurde

Referenz:	**Kontrollart:**	**Querverweis:**
DSGVO Art 15 ErwGr 63	Regelmäßig	–

Ziel:

Der Betroffene sollte im Rahmen der Auskunftserteilung präzise auf das Recht zur Richtigstellung oder Löschung seiner beim Verantwortlichen gespeicherten personenbezogenen Daten hingewiesen werden. Hierbei sollte bereits in der Vorlage zum Auskunftsschreiben ein entsprechender Passus vorgesehen werden.

Auditnachweise:

- Auskunftsschreiben des Verantwortlichen
- E-Mail-/Schriftverkehr mit dem Betroffenen zur erteilten Auskunft und dessen Anfrage

PROZESS.16 Kontrolle, ob Widerspruch gegen die Verarbeitung gem Art 19 Abs 1 eingelegt wurde

Referenz:	**Kontrollart:**	**Querverweis:**
DSGVO Art 18 ErwGr 67	Regelmäßig	RECHT.60

Ziel:

Der Prozess zur Auskunftserteilung sollte sicherstellen, dass bei Vorliegen rechtmäßiger Gründe zur Einschränkung der Verarbeitung (Widerspruch) von Daten des Betroffenen die Daten nicht mehr weiterverarbeitet werden. Hier wird es erforderlich sein, den Widerspruch so zu dokumentieren, dass er einerseits im System der Datenverarbeitung fest verankert wird und andererseits sämtlichen Stellen/Personen im Unternehmen, die mit der Datenverarbeitung vertraut sind, zur Kenntnis gebracht wird.

Auditnachweise:

- Widerspruch des Betroffenen (E-Mail, Brief, Fax etc)
- Zugriffssperre in der Datenanwendung (Zugriffsverwaltung)
- Hinweis im System hinsichtlich einer Zugriffsbeschränkung
- Nachweis, wie Widerspruch im Unternehmen verantwortlichen Mitarbeitern zur Kenntnis gebracht wurde
- Website (veröffentlichte Daten)

PROZESS.17 Prüfung, ob Notwendigkeit für die Datenverarbeitung weiterhin besteht

Referenz:	**Kontrollart:**	**Querverweis:**
DSGVO Art 18 ErwGr 67	Regelmäßig	RECHT.47/RECHT.60

Ziel:

Es sollte nach einem Widerspruch zur Verarbeitung im Unternehmen geprüft werden, inwieweit die Notwendigkeit der Verarbeitung weiterhin besteht. Hierzu sollten gesetzliche Anforderungen oder steuerrechtliche Aspekte (Aufbewahrungsfristen) in die Prüfung miteinbezogen werden. Bei Vorliegen entsprechender Rechtsgrundlagen sollten diese im Zusammenhang mit der Dokumentation des Widerspruchs dokumentiert und abgelegt werden.

Auditnachweise:

- Prüfungsschritte zur Rechtmäßigkeit
- Gesetzliche Vorgaben und/oder
- steuerrechtliche Vorgaben

PROZESS.18 Nachweis der Kennzeichnung von Betroffenen mit eingeschränkter Datenverarbeitung

Referenz:	Kontrollart:	Querverweis:
DSGVO Art 18 ErwGr 67	Regelmäßig	IT.04

Ziel:

Um die Verarbeitung nicht widerrechtlich fortzusetzen, sollten entsprechende Verfahren zur Kennzeichnung von Betroffenen mit eingeschränkter Datenverarbeitung umgesetzt werden. Je nachdem, wie und wo die Verarbeitung erfolgt, sollte direkt zum Betroffenen ein Hinweis angebracht werden. Bei elektronischen Systemen könnte dies auch im Rahmen der Einschränkung von Zugriffsrechten erfolgen. Jedenfalls sollte gewährleistet sein, dass sämtliche mit der Datenverarbeitung vertraute Personengruppen über die eingeschränkte Datenverarbeitung informiert werden.

Auditnachweise:

- Zugriffskontrolle
- Hinweis/Vermerk in der Datenanwendung

PROZESS.19 Nachweis zur Information an Betroffenen vor Aufhebung der Einschränkung der Verarbeitung und Wiederaufnahme

Referenz:	Kontrollart:	Querverweis:
DSGVO Art 18 Abs 3 ErwGr 67	Regelmäßig	PROZESS.16

Ziel:

Sofern die Verarbeitung von Daten eines Betroffenen, der dieser widersprochen hat, wieder aufgenommen wird, sollten geeignete Verfahren sicherstellen, dass der Betroffene unverzüglich darüber informiert wird. Die Information an den Betroffenen sollte um die Rechtsgrundlage (zB Gesetz) ergänzt werden. Des Weiteren sollte die Zustellung dieser Information an den Betroffenen in einer Art und Weise erfolgen, die eine Beweissicherung ermöglicht (zB eingeschriebener Brief). Eine Information nur über E-Mail ist nicht empfehlenswert.

Auditnachweise:

- Postbestätigung für eingeschriebenen Brief
- Mitteilungsschreiben an den Betroffenen
- Dokumentierte Rechtsgrundlage der Wiederaufnahme

5.2.3 Kontrolluntergruppe: Löschung

PROZESS.20 Prüfung, ob interne Vorgaben und Voraussetzungen für Mitarbeiter für die Löschung vorliegen

Referenz:	**Kontrollart:**	**Querverweis:**
DSGVO Art 17 ErwGr 66	Regelmäßig	IT.05/IT.06

Ziel:

Das Unternehmen sollte entsprechende Verfahren bereitstellen, die die Löschung von personenbezogenen Daten ermöglichen. Hierbei ist insbesondere auch darauf Rücksicht zu nehmen, dass sämtliche Systeme inklusive Archivierungs- und Datensicherungssysteme in die Betrachtung miteinbezogen werden.

In der Praxis zeigen sich oft interne Datenexporte aus Datenanwendungen, die zB für Excel-Berechnungen verwendet werden. Auch hierfür müssen die Maßnahmen zur Löschung umgesetzt werden.

Auditnachweise:

- Verfahren zur Löschung (Verfahrensbeschreibung)
- Löschlisten, Checklisten
- Workflowsystem

PROZESS.21 Prüfung, ob Recht zur freien Meinungsäußerung vorliegt und somit keine Löschung gerechtfertigt ist

Referenz:	**Kontrollart:**	**Querverweis:**
DSGVO Art 17 Abs 3 ErwGr 66	Anlassbezogen	RECHT.54

Ziel:

Das Unternehmen sollte im Rahmen des internen Prüfungsverfahrens sicherstellen, dass einem Löschungsbegehren nicht das Recht zur freien Meinungsäußerung entgegensteht.

Hierzu sollten jedenfalls die rechtlichen Grundlagen im Vorfeld erhoben werden und vorzugsweise in der Verfahrensbeschreibung mitangeführt werden.

Auditnachweise:

- Verfahrensbeschreibung
- Rechtliche Grundlage für Recht zur freien Meinungsäußerung
- Eventuell Kennzeichnung in Verfahrensbeschreibung/Datenanwendung

PROZESS.22 Kontrolle, ob Verwendungszweck noch gegeben ist oder geändert wurde

Referenz: DSGVO Art 17 ErwGr 66	**Kontrollart:** Regelmäßig	**Querverweis:** RECHT.74

Ziel:

Unabhängig von einem vorliegenden Antrag zur Löschung sollte das Unternehmen regelmäßig sicherstellen, dass der für die Verarbeitung von personenbezogenen Daten angeführte Zweck noch gültig ist. Hierbei ist insbesondere zu prüfen, ob Daten zu anderen Zwecken vorgegeben oder verarbeitet werden.

Des Weiteren sollte bei jeder Änderung des Zweckes geprüft werden, ob die Daten und deren Umfang dem geänderten Zweck entsprechen und ob die Betroffenen diesbezüglich informiert wurden bzw gegebenenfalls eine weitere Zustimmung eingeholt wurde.

Auditnachweise:

- Prüfungsverfahren zur Zweckbindung – Verfahrensbeschreibung
- Kontroll-Liste
- Information an Betroffenen bei Zweckänderung
- Nachweislich gelöschte Datensätze

PROZESS.23 Prüfung, ob Kontrollen vor Veröffentlichung von Daten vorliegen

Referenz: DSGVO Art 17 ErwGr 66	**Kontrollart:** Regelmäßig	**Querverweis:** IT.03-IT.06

Ziel:

Um dem Löschungsbegehren und hierbei dem „Recht auf Vergessenwerden" vollinhaltlich nachkommen zu können, sollte im Unternehmen eine Identifikation darüber durchgeführt werden, welche personenbezogenen Daten öffentlich bekannt gemacht wurden und welche Auftragsverarbeiter auf diese Daten zugreifen oder im Internet diese Daten verlinken. Zusätzlich sollte im Unternehmen erhoben werden, welche Kopien und Repliken der Daten vorhanden sind.

In der Praxis wird sich vor allem die Identifikation von „Links" als schwierig herausstellen.

Auditnachweise:

- Verfahrensbeschreibung
- Datenflussdiagramm
- Datenbankübersicht
- Liste über Auftragsverarbeiter
- Logfiles über externe Zugriffe (Links)

PROZESS.24 Prüfung, ob Auftragsverarbeiter über Löschantrag des Betroffenen nachweislich informiert wird

Referenz:	**Kontrollart:**	**Querverweis:**
DSGVO Art 17 ErwGr 66	Anlassbezogen	IT.03-IT.06

Ziel:

Das Unternehmen sollte eine Übersicht über sämtliche Auftragsverarbeiter führen. Mithilfe dieser Liste können bei Vorliegen eines Löschungsantrags diese entsprechend informiert werden. Hierbei sollten die relevanten Ansprechpartner bei den Auftragsverarbeitern im Vorfeld identifiziert werden, um das Löschungsbegehren des Betroffenen so rasch wie möglich zur Bearbeitung weiterleiten zu können.

Auditnachweise:

- Liste über Auftragsverarbeiter
- Ansprechpartner bei Auftragsverarbeiter
- Information zur Löschung an Auftragsverarbeiter (E-Mail, Brief)
- Bestätigung des Auftragsverarbeiters

PROZESS.25 Nachweis der durchgeführten Löschung durch den Datenverarbeiter

Referenz:	**Kontrollart:**	**Querverweis:**
DSGVO Art 17 ErwGr 66	Anlassbezogen	IT.03-IT.06

Ziel:

Es sollten Bestätigungen des Auftragsverarbeiters vorliegen und dokumentiert werden, die eine Löschung nachweisen. Des Weiteren sollte das Unternehmen bei der Zusammenarbeit mit mehreren Auftragsverarbeitern zusätzlich Stichproben im Rahmen von Drittparteienaudits beim Auftragsverarbeiter durchführen.

Auditnachweise:

- Bestätigung des Auftragsverarbeiters
- E-Mail-/Schriftverkehr mit dem Betroffenen iZm der Zurkenntnisbringung der durchgeführten Löschung
- Auditbericht für Drittparteienaudit beim Auftragsverarbeiter

PROZESS.26 Kontrolle, ob und Nachweis, dass etwaige Repliken oder Kopien der Daten vom Auftragsverarbeiter auch gelöscht wurden

Referenz:	Kontrollart:	Querverweis:
DSGVO Art 17 ErwGr 66	Anlassbezogen	IT.03-IT.06

Ziel:

Bestätigungen des Auftragsverarbeiters zur vollständigen Löschung von Daten sollten auch etwaige Repliken oder Kopien beinhalten. Das Unternehmen sollte zusätzlich prüfen, ob noch Datenträger oder Kopien bzw Repliken der Datensätze vorliegen, die eventuell für die Datenübertragung an den Auftragsverarbeiter verwendet wurden.

Auditnachweise:

- Bestätigung des Auftragsverarbeiters
- Interner E-Mail-/Schriftverkehr, der die Löschung von Repliken nachweist
- Auditbericht für Drittparteienaudit beim Auftragsverarbeiter
- Checkliste für Datenlöschung

PROZESS.27 Nachweis der Information an Betroffenen über die Löschung von unrechtmäßig veröffentlichten Daten ergriffenen Maßnahmen

Referenz:	Kontrollart:	Querverweis:
DSGVO Art 17 ErwGr 66	Anlassbezogen	IT.05

Ziel:

Das Unternehmen sollte in den bestehenden Verfahren zur Information des Betroffenen auch die Information über die ergriffenen Maßnahmen zur Löschung von unrechtmäßig veröffentlichten Daten integrieren. Hierbei sollte die Information jedenfalls verständlich sein und dem Betroffenen nachvollziehbare Schritte vermitteln, sodass dieser die ordnungsgemäße Löschung prüfen kann.

Auditnachweise:

- Schriftverkehr mit Betroffenen

PROZESS.28 Prüfung, ob rechtliche Verpflichtung der Löschung entgegensteht

Referenz:	Kontrollart:	Querverweis:
DSGVO Art 17 Abs 3 ErwGr 66	Anlassbezogen	RECHT.46

Ziel:

Grundsätzlich sollten im Unternehmen sämtliche rechtlichen und steuerrechtlichen Anforderungen identifiziert werden, die eine Grundlage für die (verpflichtende) Erhebung bzw Verarbeitung von personenbezogenen Daten darstellen, da diese oftmals dem Recht auf Löschung entgegenstehen.

Auditnachweise:

- Identifikation rechtlicher Anforderung von Datenverarbeitung
- Identifikation steuerrechtlicher Anforderung für Datenverarbeitung
- Verzeichnis der Verarbeitungstätigkeiten

5.2.4 Kontrolluntergruppe: Richtigstellung

PROZESS.29 Dokumentation von Rollen und Verantwortlichkeiten im Richtigstellungsprozess

Referenz:	Kontrollart:	Querverweis:
DSGVO Art 16 ErwGr 65	Einmalig/Anlassbezogen	ORG.12/IT.16

Ziel:

Für die Umsetzung von Verfahren zur Richtigstellung von Daten sollten entsprechende Rollen und Verantwortlichkeiten definiert werden. Meist können diese Aufgaben in der Unternehmenspraxis von Datenschutzkoordinatoren wahrgenommen werden, die sich dezentral um jene Verarbeitungstätigkeiten und Datenanwendungen kümmern, die ihrem fachlichen Aufgabenbereich zugeordnet sind. Datenschutzkoordinatoren werden daher in größeren Organisationen pro Organisationsbereich festgelegt.

In der Festlegung von Rollen und Verantwortlichkeiten sollten sowohl der Datenschutzbeauftragte als auch ein unabhängiges Audit fest verankert sein.

Auditnachweise:

- Datenschutzhandbuch oder DSMS-Handbuch
- Organisationsrichtlinie
- Stellenbeschreibungen

PROZESS.30 Prüfung schriftlicher Vorgaben für die Richtigstellung (für Mitarbeiter)

Referenz:	Kontrollart:	Querverweis:
DSGVO Art 16 ErwGr 65	Einmalig	ORG.12/IT.03

Ziel:

Zumal im internen Verfahren zur Richtigstellung mehrere Mitarbeiter eingebunden sein können, sollte das Unternehmen sämtliche damit verbundenen Verpflichtungen und Tätigkeiten schriftlich im Rahmen einer Richtlinie oder Dienstanweisung vorgeben.

Auditnachweise:

- Richtlinie/Dienstanweisung zur Richtigstellung
- Verfahrensbeschreibung
- Workflow und Durchführungsbestätigung

PROZESS.31 Kontrolle, ob beantragte Berichtigungen zeitgerecht durchgeführt wurden

Referenz:	Kontrollart:	Querverweis:
DSGVO Art 16 ErwGr 65	Anlassbezogen	–

Ziel:

Die Verfahren zur Berichtigung von falschen oder fehlerhaften Daten sollten jedenfalls berücksichtigen, dass die Korrektur unverzüglich im Unternehmen sowie bei sämtlichen Auftragsverarbeitern durchgeführt wird. Durch die Einführung von nachweislichen Workflows (vorzugsweise elektronisch) kann der Berichtigungsprozess laufend geprüft und nachverfolgt werden. Des Weiteren ist sichergestellt, dass kein Schritt im Berichtigungsprozess vergessen wird.

Auditnachweise:

- Antrag zur Berichtigung (Zeitpunkt)
- Bestätigung der Berichtigung an den Betroffenen (Zeitpunkt)
- Dokumentierter Berichtigungsvorgang im Workflowsystem

PROZESS.32 Prüfung, ob dem Begehren zur Vervollständigung nachgekommen wird

Referenz:	Kontrollart:	Querverweis:
DSGVO Art 16 ErwGr 65	Anlassbezogen	IT.03

Ziel:

Die Organisation muss sicherstellen, dass das Begehren zur Vervollständigung von Daten unverzüglich umgesetzt wird. Hierzu sollte ein eventuell bestehendes Workflow- oder Dokumentationssystem für die Verarbeitungsvorgänge herangezogen werden, welches auch die Dokumentation von Änderungen garantiert und mit dem gegebenenfalls zeitliche Vorgaben getroffen werden können.

Auditnachweise:

- Zeitpunkt des Vervollständigungsbegehrens
- Zeitpunkt der Erledigung
- Dokumentationssystem
- Workflowsystem

PROZESS.33 Prüfung, ob der Betroffene sein Begehren schriftlich und somit nachweislich zur Kenntnis gebracht hat

Referenz:	**Kontrollart:**	**Querverweis:**
DSGVO Art 16 ErwGr 65	Regelmäßig	–

Ziel:

Bei der Beauftragung zur Vervollständigung von Daten von Seiten des Betroffenen sollte das Unternehmen sicherstellen, dass der Antrag in schriftlicher Form vorliegt, um gegebenenfalls keine falsche oder unautorisierte Änderung der Daten vorzunehmen.

Auditnachweise:

- Vervollständigungsbegehren des Betroffenen

PROZESS.34 Kontrolle, ob der Auftrag zur Berichtigung dokumentiert wurde

Referenz:	**Kontrollart:**	**Querverweis:**
DSGVO Art 16 ErwGr 65	Regelmäßig	–

Ziel:

Die Organisation sollte sämtliche Begehren zur Vervollständigung oder Berichtigung und die damit verbundenen internen Aktivitäten nachweislich dokumentieren. Die Dokumentation sollte zentral (zB Dokumentenmanagementsystem) abgelegt werden. Des Weiteren sollte das Unternehmen auch bei der Ablage darauf achten, dass die Zugriffsrechte entsprechend dem „need-to-know"-Prinzip vergeben werden.

Auditnachweise:

- Berichtigungsmaßnahmen nach Begehren im Workflowsystem
- Dokumentationen im Dokumentenmanagementsystem

5.2.5 Kontrolluntergruppe: Widerspruch

PROZESS.35 Prüfung, ob rechtmäßige Gründe für Widerspruch vorliegen

Referenz:	**Kontrollart:**	**Querverweis:**
DSGVO Art 21 ErwGr 69	Anlassbezogen	RECHT.74

Ziel:

Im Rahmen der Verarbeitung von personenbezogenen Daten sollte die Organisation bereits zu Beginn erheben, ob, und wenn überhaupt welche, überwiegende bzw zwingend berechtigte Interessen gegenüber den Interessen oder Grundrechten der betroffenen Person Vorrang haben. Dies wird dann insofern erforderlich sein, wenn der Verantwortliche dem Widerspruch aufgrund oben genannter Interessen nicht nachkommt.

Jedenfalls sollte die Organisation entsprechende Vorgaben für ihre Mitarbeiter, die mit der Verarbeitung von personenbezogenen Daten vertraut sind, machen, die eine Prüfung der Gründe für den Widerspruch sicherstellen. Hierbei sollte geprüft werden, ob etwaige gesetzliche oder steuerrechtliche Gründe dem Widerspruch entgegenstehen.

Auditnachweise:

- Dokumentation der Interessen des Verantwortlichen
- Hinweis im Verzeichnis der Verarbeitungstätigkeiten
- Prüfungsverfahren für Widerspruch
- Juristische Stellungnahme, gesetzliche Anforderung, steuerrechtliche Anforderung

PROZESS.36 Bei Weiterverarbeitung – Prüfung, ob schutzwürdige Gründe die Verarbeitung rechtfertigen

Referenz:	**Kontrollart:**	**Querverweis:**
DSGVO Art 21 ErwGr 69	Regelmäßig	PROZESS.35

Ziel:

Die Organisation sollte bereits im Vorfeld die schutzwürdigen Gründe erheben, welche die Verarbeitung von personenbezogenen Daten trotz Widerruf rechtfertigen.

Auditnachweise:

- Prüfungsverfahren für Widerspruch
- Hinweis im Verzeichnis der Verarbeitungstätigkeiten betreffend schutzwürdiger Gründe

5.3 Kontrollgruppe: Aufbewahrung von Daten

Die DSGVO definiert nicht nur Vorgaben im Zusammenhang mit der Verarbeitung von personenbezogenen Daten, sondern regelt in diesem Kontext auch zusätzlich die Dauer, in der die Daten im Unternehmen gespeichert bzw archiviert werden dürfen. Grundsätzlich kann davon ausgegangen werden, dass eine Speicherung und Archivierung von personenbezogenen Daten nur in dem Zeitraum erfolgen darf, in dem diese auch zweckgebunden verarbeitet werden. Es zeigt sich somit, dass der Verantwortliche geeignete Maßnahmen und Verfahren im Unternehmen einführen muss, um sicherzustellen, dass Daten nicht länger als erlaubt gespeichert werden.

Verpflichtung (DSGVO Art 5): Regelung in Archivierungsverfahren/Backup-Verfahren

Es muss sichergestellt werden, dass die Speicherung von personenbezogenen Daten so lange die Identifizierung von Betroffenen ermöglicht, wie es für die Zwecke der Verarbeitung erforderlich ist. Hierbei darf im Rahmen der „Speicherbegrenzung" nur dann von dieser eingeschränkten Speicherungsdauer abgesehen werden, wenn unter Berücksichtigung der durch die Verordnung vorgegebenen technischen und organisatorischen Maßnahmen die Speicherung ausschließlich für im öffentlichen Interesse liegende Archivierungszwecke oder für wissenschaftliche und historische Forschungszwecke oder für statistische Zwecke gem Art 89 Abs 1 erfolgt.

5.4 Kontrollgruppe: Datenschutzkonzept und -management

Mit einem Datenschutzkonzept kann das Unternehmen gegenüber der Aufsichtsbehörde strukturiert nachweisen, wie die datenschutzrechtlichen Anforderungen umgesetzt werden. Es stellt somit die zentrale Dokumentation dar. In der Praxis bewährt sich die Einführung eines Datenschutz-Managementsystems (DSMS). Das DSMS ist ein auf kontinuierliche Verbesserung (KVP) ausgerichtetes Managementsystem, das letztendlich zur nachvollziehbaren Lenkung und Leitung von Datenschutz angewendet wird. Wesentliche Teile des DSMS sind die Definition und Dokumentation von Verantwortlichkeiten in der Datenschutzorganisation sowie die strukturierte Ablage von sämtlichen mit Datenschutz verbundenen Dokumenten und Prozessen im Unternehmen.

Verpflichtung (DSGVO Art 30): Verpflichtung zur Führung einer Aufzeichnung zu allen Kategorien von Verarbeitungsvorgängen mit personenbezogenen Daten

Zu allen Verarbeitungsvorgängen, bei denen personenbezogene Daten verarbeitet werden, müssen definierte Parameter gemäß DSGVO Art 30 Abs 1 oder Abs 2 schriftliche und wenn möglich, elektronisch dokumentiert werden.

Verpflichtung (DSGVO Art 30 Abs 1 und 2): Verpflichtung zur Dokumentation definierter Mindestinhalte

In Abhängigkeit ob man selbst Verantwortlicher oder Auftragsverarbeiter ist, müssen definierte Mindestinhalte gemäß DSGVO Art 30 Abs 1 und Abs 2 schriftlich dokumentiert werden. Im Hinblick auf eine mögliche Übermittlung an die Aufsichtsbehörde sind diese Aufzeichnungen vorzugsweise elektronisch zu führen.

Verpflichtung (DSGVO Art 30 Abs 4): Verpflichtung zur Bereitstellung der Dokumentation an die Aufsichtsbehörde

Jeder Verantwortliche und jeder Auftragsverarbeiter ist verpflichtet, mit der Aufsichtsbehörde zusammenzuarbeiten und auf Verlangen das entsprechende Verzeichnis vorzulegen, damit die betreffenden Verarbeitungsvorgänge anhand dieser Verzeichnisse verifiziert werden können.

Verpflichtung (DSGVO Art 38): Verpflichtung des Verantwortlichen und des Auftragsverarbeiters, den Datenschutzbeauftragten in alle mit dem Schutz personenbezogener Daten zusammenhängenden Fragen einzubinden

Der Datenschutzbeauftragte ist früh in sämtliche Belange im Zusammenhang mit der Verarbeitung von personenbezogenen Daten einzubinden und muss dafür die erforderlichen Ressourcen und Kompetenzen erhalten. Des Weiteren müssen die Weisungsfreiheit des DSB und dessen Bindung an die Vertraulichkeit garantiert sein.

5.4.1 Kontrolluntergruppe: Dokumentation und Nachweise

PROZESS.37 Prüfung, ob die Voraussetzungen zur Dokumentationspflicht gegeben sind

Referenz:	**Kontrollart:**	**Querverweis:**
DSGVO Art 30 Abs 5 ErwGr 82	Anlassbezogen	–

Ziel:

Dokumentationspflichten bestehen nur für Unternehmen oder Einrichtungen, die mehr als 250 Mitarbeiter beschäftigen und bei denen die Datenverarbeitung nicht festgelegte Risikofaktoren erfüllt. Im Rahmen dieser Überprüfung sollte bei jeder neuen Datenanwendung überprüft werden, ob die im Gesetz genannten Risikofaktoren, die zur verpflichtenden Verzeichnispflicht führen, erfüllt werden, sofern das betroffene Unternehmen weniger als 250 Mitarbeiter beschäftigt. Mithilfe dieser Überprüfung sollten die Dokumentationspflichten gem DSGVO Art 30 bestimmt werden.

Auditnachweise:

- Auflistung aller Anwendungen, die personenbezogene Daten verarbeiten, inklusive Beschreibung der verarbeiteten Datenarten und Häufigkeit der Datenverarbeitung
- Risikobewertung als Begründung für eine eventuelle Ausnahme von den Dokumentationspflichten

PROZESS.38 Identifikation und Dokumentation von Verarbeitungstätigkeiten, in denen man als Verantwortlicher tätig ist (Verzeichnis der Verarbeitungstätigkeiten)

Referenz:	**Kontrollart:**	**Querverweis:**
DSGVO Art 30 Abs 1 ErwGr 82	Anlassbezogen	–

Ziel:

Sofern keine Ausnahme gem DSGVO Art 30 Abs 5 vorliegt, ist der Verantwortliche iSd DSGVO dazu verpflichtet, ein Verzeichnis aller Verarbeitungstätigkeiten mit definiertem

Inhalt zu führen. Im Rahmen dieser Kontrolle sollten alle Verarbeitungstätigkeiten iSd Datenschutz-Grundverordnung identifiziert werden, bei denen man als Verantwortlicher der beschriebenen Nachweispflicht unterliegt. Zu jeder identifizierten Verarbeitungstätigkeit sollte in weiterer Folge die entsprechende Beschreibung erstellt und im Anlassfall der Aufsichtsbehörde nachgewiesen werden.

Auditnachweise:

- Auflistung von Verarbeitungstätigkeiten, in denen man als Verantwortlicher tätig ist
- Verzeichnis der Verarbeitungstätigkeiten
- Auflistung der verarbeiteten Datenarten zu jeder Verarbeitungstätigkeit

PROZESS.39 Identifikation von Kategorien, die als Auftragsverarbeiter durchgeführt werden

Referenz:	**Kontrollart:**	**Querverweis:**
DSGVO Art 30 Abs 2 ErwGr 82	Anlassbezogen	–

Ziel:

Sofern keine Ausnahmen gem DSGVO Art 30 Abs 5 vorliegen, sind auch Auftragsverarbeiter iSd Datenschutz-Grundverordnung dazu verpflichtet, ein Verzeichnis aller Verarbeitungstätigkeiten mit definiertem Inhalt zu führen. Im Rahmen dieser Kontrolle sollten alle Verarbeitungsvorgänge identifiziert werden, bei denen man als Auftragsverarbeiter tätig ist.

Auditnachweise:

- Auflistung von Verarbeitungstätigkeiten, in denen man als Auftragsverarbeiter tätig ist
- Auflistung der verarbeiteten Datenarten zu jeder Verarbeitungstätigkeit

PROZESS.40 Schriftliche (elektronische) Dokumentation an den Verantwortlichen oder Auftragsverarbeiter

Referenz:	**Kontrollart:**	**Querverweis:**
DSGVO Art 30 DSGVO Art 39 ErwGr 82	Anlassbezogen	–

Ziel:

Die durch die DSGVO Art 30 Abs 1 und 2 geforderten Inhalte sollten zu jedem Verarbeitungsvorgang, bei dem man entweder selbst als Verantwortlicher oder im Auftrag eines Verantwortlichen tätig ist, dokumentiert werden. Die geforderten Nachweise sind jedenfalls schriftlich und, wenn möglich, elektronisch zu führen. Auf Verlangen müssen die geforderten Inhalte der Aufsichtsbehörde bereitgestellt werden.

Auditnachweise:

- (Elektronische) Auflistung und Beschreibung der Verarbeitungsvorgänge sowie Darstellung der Verantwortlichen

PROZESS.41 Kontrolle auf Vollständigkeit der geforderten Inhalte der Dokumentation

Referenz:	Kontrollart:	Querverweis:
DSGVO Art 30 ErwGr 82	Anlassbezogen	–

Ziel:

Im Rahmen dieser Kontrolle sollte vor Aufnahme der Verarbeitungstätigkeiten durch eine unabhängige Stelle (Sicherstellen des 4-Augen-Prinzips) geprüft werden, ob alle geforderten Dokumentationsinhalte für den Verarbeitungsvorgang vollständig vorhanden sind. Erst nach Vorliegen einer vollständigen Dokumentation sollte die Verarbeitung aufgenommen werden.

Auditnachweise:

- Checkliste mit durchgeführter Überprüfung zu jedem Verarbeitungsvorgang
- Nachvollziehbare Verifikation, ob für alle erforderlichen Verarbeitungsvorgänge auch die entsprechende Checkliste ausgefüllt wurde

5.5 Kontrollgruppe: Datensparsamkeit

Im Bereich der Datensparsamkeit ist insbesondere auf die Verarbeitung von anonymisierten Daten Bezug zu nehmen. Hierbei ist zu berücksichtigen, dass der Verantwortliche für die Verarbeitung anonymisierter Daten, die eine Identifizierung des Betroffenen nicht möglich machen, nicht verpflichtet ist, zur Einhaltung der DSGVO zusätzliche Daten zu erheben, die eine Identifizierung möglich machen.

PROZESS.42 Nachweis zur Prüfung, ob die Verarbeitung von anonymisierten Daten möglich ist

Referenz:	Kontrollart:	Querverweis:
DSGVO Art 11 ErwGr 57	Anlassbezogen	IT.60/RECHT.49

Ziel:

Im Sinne der Datensparsamkeit sollte die Organisation stets prüfen, ob die Verarbeitung von personenbezogenen Daten in anonymisierter Form erfolgen kann. Die Notwendigkeit zur Anonymisierung könnte so zB auch bei der Verarbeitung von Daten, die zu Testzwecken verwendet werden, erfolgen. Im Sinne des „need-to-know"-Prinzips sollten jene internen Mitarbeiter, aber auch externe Auftragsverarbeiter und Entwickler, die lediglich die technische Entwicklung von Datenanwendungen vornehmen, mit anonymisierten Testdaten arbeiten. Eine 1:1-Kopie der Echtdaten in das Testsystem wäre grundsätzlich mit dem Prinzip der Datensparsamkeit nur schwer vereinbar.

Auditnachweise:

- Datenauszug aus Testsystemen
- Richtlinie und Verfahrensbeschreibung zur Software- und Systementwicklung
- Zugriffsrechte in Testsystemen

PROZESS.43 Prüfung, ob die Bestimmung der Person für die Datenverarbeitung erforderlich ist

Referenz: DSGVO Art 11 ErwGr 57	**Kontrollart:** Anlassbezogen	**Querverweis:** IT.59/RECHT.74

Ziel:
Bereits vor der geplanten Datenverarbeitung sollte die Organisation prüfen, ob die Bestimmung der Person überhaupt für die Datenverarbeitung erforderlich ist. Hierzu sollte jedenfalls der Zweck der Datenverarbeitung mitberücksichtigt werden.

Auditnachweise:

- Protokolle

5.6 Kontrollgruppe: Datenübermittlung

Grundsätzlich müssen für Datenübermittlungen in Drittländer und an internationale Organisationen die Vorgaben der DSGVO strikt eingehalten werden. Hier geht es insbesondere auch darum, dass eine gleichwertige Umsetzung von Datensicherheitsmaßnahmen im Umgang mit personenbezogenen Daten auch in Drittländern und bei internationalen Organisationen gewährleistet wird, wie sie auch für den Verantwortlichen gilt. Um die Einhaltung dieser Maßnahmen bei den Empfängern durch den Betroffenen nachvollziehen zu können, ergeben sich somit im Falle der Übermittlung dessen personenbezogener Daten entsprechende Anforderungen im Zusammenhang mit der Information und Mitteilung an Betroffene.

Verpflichtung (DSGVO Art 19): Mitteilungspflicht an alle Empfänger und Unterrichtungspflicht der betroffenen Personen

Für den Verantwortlichen besteht eine Mitteilungspflicht an alle Empfänger von Daten bei Berichtigung, Löschung oder Einschränkung der Verarbeitung und eine Unterrichtungspflicht der betroffenen Person über die Empfänger, wenn verlangt.

PROZESS.44 Prüfung, ob Information an alle Datenempfänger erfolgt ist

Referenz: DSGVO Art 19	**Kontrollart:** Anlassbezogen	**Querverweis:** RECHT.22-RECHT.27/IT.64/ORG.22

Ziel:

Änderungen bei Datenverarbeitungen müssen Empfängern von Daten mitgeteilt werden, außer dies ist unmöglich oder mit unverhältnismäßigem Aufwand verbunden.

Auditnachweise:

- Dokumentation der Information an alle Datenempfänger

PROZESS.45 Prüfung, ob Mitteilung an alle Betroffenen erfolgt ist

Referenz: DSGVO Art 19	**Kontrollart:** Anlassbezogen	**Querverweis:** RECHT.22

Ziel:

Die betroffenen Personen sind über Aufforderung über die Empfänger von Daten in Kenntnis zu setzen.

Auditnachweise:

- Dokumentation der Mitteilung an alle betroffenen Personen

5.7 Kontrollgruppe: Datenvorfall

Trotz umfangreicher Maßnahmen und Prozesse besteht die Möglichkeit, dass ein Datenvorfall (Data Breach) eintritt. Dies erfolgt in der Regel unvorhergesehen. Ausgehend von der DSGVO sind hierfür entsprechende Vorbereitungen und im Falle eines Datenvorfalls fristgerecht Maßnahmen zu treffen. Für den Umgang mit Datenvorfällen sind somit von Seiten des Verantwortlichen bereits im Vorfeld Prozesse, Checklisten und Verantwortlichkeiten zu definieren, um rasch, effektiv und richtig reagieren zu können. In der Unternehmenspraxis können hierbei jedenfalls Schnittstellen zur bestehenden IT-Notfallplanung oder dem Krisenmanagement herangezogen werden bzw in oben genannten Prozessen die datenschutzrechtlichen Aspekte mit aufgenommen werden.

Verpflichtung (DSGVO Art 33): Dokumentationspflicht des Verantwortlichen über Verletzungen des Schutzes

Der Verantwortliche muss sicherstellen, dass das eingetretene Ereignis des Datenvorfalls umfassend dokumentiert wird. Es ist besonders darauf zu achten, dass die Dokumentation alle im Zusammenhang stehenden Fakten inkludiert sowie Auswirkungen und entsprechend wirksame Abhilfemaßnahmen enthält.

Verpflichtung (DSGVO Art 33): Verpflichtung zur Meldung ohne unangemessene Verzögerung an die Aufsichtsbehörde, wenn der Schutz personenbezogener Daten verletzt wurde

Hat der Datenvorfall voraussichtlich ein Risiko für Rechte und Freiheiten des Betroffenen zur Folge, muss der Verantwortliche ohne unangemessene Verzögerung – innerhalb von 72 Stunden – die Aufsichtsbehörde informieren. Ist eine Information innerhalb der angegebenen Zeit nicht möglich, muss dies nachvollziehbar begründet werden.

Verpflichtung (DSGVO Art 33): Verpflichtung des Auftragsverarbeiters, den Verantwortlichen unverzüglich nach Feststellung einer Verletzung des Schutzes personenbezogener Daten zu informieren

Bei einem Datenvorfall auf Seiten des Auftragsverarbeiters muss dieser den Verantwortlichen unverzüglich nach dessen Feststellen informieren.

Verpflichtung (DSGVO Art 34): Verpflichtung zur Benachrichtigung der betroffenen Person von einer Verletzung ihres Schutzes personenbezogener Daten

Der Verantwortliche muss den Betroffenen unverzüglich informieren, wenn diesem ein hohes Risiko in Bezug auf dessen persönliche Rechte und seine Freiheit droht.

Verpflichtung (DSGVO Art 34): Prüfung, ob Ausnahme von der Informationsverpflichtung vorliegt

Ausgehend von der Verpflichtung zur Benachrichtigung muss der Verantwortliche jedenfalls bei Eintritt eines Datenvorfalls prüfen, ob entsprechende Ausnahmen von der Informationsverpflichtung vorliegen. Zusätzlich muss geprüft werden, ob unabhängig von der internen Beurteilung eine Aufforderung zur Information der Betroffenen von Seiten der Aufsichtsbehörde vorliegt.

Verpflichtung (DSGVO Art 34): Prozess zum Umgang mit Data Breach Notification

Für die Benachrichtigung der Betroffenen sowie der Aufsichtsbehörde unter Berücksichtigung der datenschutzrechtlichen Vorgaben muss ein entsprechendes Verfahren (Prozess) im Unternehmen eingeführt werden, das die effiziente Umsetzung im Ereignisfall sicherstellt.

PROZESS.46 Nachweis des dokumentierten Prozesses für den Umgang mit der Verletzung des Schutzes von personenbezogenen Daten (Data Breach)

Referenz:	**Kontrollart:**	**Querverweis:**
DSGVO Art 33 DSGVO Art 34 ErwGr 85–88	Einmalig	IT.54

Ziel:

Um im Falle der Verletzung des Schutzes von personenbezogenen Daten rasch und effektiv die richtigen Maßnahmen zu setzen, sollte das Unternehmen ein Verfahren etablieren, das bereits im Vorfeld alle relevanten Aktivitäten sicherstellt. Hierzu sollten vor allem Rollen und Verantwortlichkeiten für ein Notfall- oder Krisenteam festgelegt werden. Des Weiteren sollten entsprechende Checklisten für Wiederanläufe von Prozessen und Systemen (Wiederanlaufpläne) sowie Kommunikationsvorlagen vorbereitet werden.

Die Organisation sollte Kontakte zu den wesentlichen Stellen, die im Rahmen der Behandlung eines Datenvorfalls miteinbezogen oder informiert werden, herstellen und die Kontaktpersonen in Listen aufnehmen. Der Prozess sollte außerdem im Vorfeld bzw regelmäßig getestet werden.

Auditnachweise:

- Verfahrensbeschreibung für den Umgang mit Sicherheitsvorfällen bzw Datenvorfällen
- Beschreibung der Notfallorganisation
- Ergebnisse aus Notfalltests
- Listen zu Behördenkontakten
- Vorlagen im Rahmen der Notfallbehandlung
- Dokumentation von Notfalltests

PROZESS.47 Prüfung, ob die Benachrichtigung über die Verletzung des Schutzes von personenbezogenen Daten die Vorgaben gem Art 34 Abs 2 erfüllt

Referenz:	**Kontrollart:**	**Querverweis:**
DSGVO Art 34 ErwGr 86–88	Regelmäßig	RECHT.07/RECHT.16

Ziel:

Hat die Verletzung des Schutzes von personenbezogenen Daten (Datenvorfall) voraussichtlich ein hohes Risiko für die Rechte und Freiheiten des Betroffenen, so muss der Betroffene darüber informiert werden. Die Organisation sollte entsprechende Methoden und möglicherweise Tools vorsehen, die im Rahmen eines Datenvorfalls die Bewertung des Risikos rasch ermöglichen. Hierzu sollten bereits im Vorfeld die Ergebnisse der Folgeabschätzung miteinbezogen werden. Es soll des Weiteren definiert werden, unter welchen Voraussetzungen das Risiko als hoch beurteilt wird und wer letztendlich die Entscheidung dafür trifft.

Um die Mindestinhalte für die Benachrichtigung einzuhalten, bedarf es der Einbeziehung von internen als auch eventuell externen fachlichen Experten, da zumindest das Risiko für den Betroffenen einfach dargestellt werden muss und jedenfalls auch die Maßnahmen des Verantwortlichen zur Behebung des Datenvorfalls. Für die Behandlung des Datenvorfalls sollte ein Dokumentationstool zur Verfügung stehen.

Auditnachweise:

- Verfahrensbeschreibung für den Umgang mit Sicherheitsvorfällen bzw Datenvorfällen
- Notfallteam
- Risikobewertungsmethodik und gegebenenfalls Bewertungstool(s)

5.7.1 Kontrolluntergruppe: Dokumentation

PROZESS.48 Prüfung, ob Verletzungen nachweislich dokumentiert werden

Referenz:	Kontrollart:	Querverweis:
DSGVO Art 33 Abs 5 ErwGr 88	Anlassbezogen	–

Ziel:

Zum Nachweis eingetretener Verletzungen des Schutzes von personenbezogenen Daten soll die Organisation bereits im Vorfeld ein geeignetes Dokumentationsverfahren bereitstellen und die Verletzungen entsprechend dokumentieren. Dokumentierte Datenvorfälle sollen gemäß dem „need-to-know"-Prinzip zugriffsgeschützt und gegebenenfalls verschlüsselt gespeichert werden, da diese über etwaige Sicherheitslücken Auskunft geben. Im Dokumentationsverfahren sollte jedenfalls auch berücksichtigt werden, wie die Übermittlung von Beweisen oder Erkenntnissen an Strafverfolgungsbehörden erfolgen kann.

Auditnachweise:

- Dokumentierter Datenvorfall
- Liste der Zugriffsberechtigungen

PROZESS.49 Nachweis über ergriffene Maßnahmen

Referenz:	Kontrollart:	Querverweis:
DSGVO Art 33 ErwGr 87	Anlassbezogen	PROZESS.47

Ziel:

Im Rahmen der Datenvorfallbehandlung sollte sichergestellt werden, dass sämtliche Aktivitäten und Maßnahmen (technische und organisatorische Maßnahmen) laufend und am besten mit Zeitangaben dokumentiert werden. Bei der Art der Dokumentation sollte auch bedacht werden, dass allfällige Informationen an Behörden zwecks Nachverfolgung übermittelt werden müssen. Somit wären auch Überlegungen über die sichere (verschlüsselte) Übermittlung der Dokumentation an berechtigte Dritte anzustellen.

Auditnachweise:

- Maßnahmenübersicht
- Zugewiesene Verantwortlichkeiten bei der Umsetzung von Maßnahmen

PROZESS.50 Prüfung von Erkenntnissen aus der Schutzverletzung und ergriffene präventive Maßnahmen („learning from incidents")

Referenz:	Kontrollart:	Querverweis:
DSGVO Art 33 ErwGr 87	Anlassbezogen	–

Ziel:

Nach Bewältigung des Datenvorfalls und bei Rückkehr zum Normalbetrieb sollten die von der Organisation im Rahmen der Notfallbewältigung getroffenen und vor allem dokumentierten Aktivitäten gesichtet und besprochen werden. Sämtliche Erkenntnisse aus der Bewältigung des Datenvorfalls sollten aufgenommen, dokumentiert und behandelt werden. Die Organisation sollte aus den Erkenntnissen des Datenvorfalls weitere präventive Maßnahmen treffen und Prozessverbesserungen durchführen, um sicherzustellen, dass ein solcher Datenvorfall zukünftig nicht mehr eintreten kann.

Auditnachweise:

- Maßnahmenübersicht aus Erkenntnissen der Notfallbehandlung
- Besprechungsprotokoll

5.7.2 Kontrolluntergruppe: Mitteilungspflicht

PROZESS.51 Prüfung, ob Verpflichtung zur Meldung vorliegt

Referenz: DSGVO Art 33 ErwGr 85, 88	**Kontrollart:** Anlassbezogen	**Querverweis:** PROZESS.46

Ziel:

Die Meldepflicht an die Aufsichtsbehörde schließt zwei Aspekte mit ein: Zum einen den Verantwortlichen selbst und zum anderen den Auftragsverarbeiter. Voraussetzung für eine verpflichtende Meldung ist die Identifikation, ob die Verletzung des Schutzes personenbezogener Daten zu einem Risiko für den Betroffenen führt. Hierbei darf angemerkt werden, dass die DSGVO lediglich von einem Risiko spricht und dieses nicht klassifiziert. Somit wäre jedes Risiko – egal ob hoch oder gering – der Aufsichtsbehörde zu melden.

Die Organisation sollte daher innerhalb kürzester Zeit identifizieren können, ob ein Risiko für den Betroffenen besteht und somit der Meldepflicht nachgekommen werden muss. Für die Bewertung des Risikos sollten bereits im Vorfeld Risikobewertungsverfahren etabliert werden und es sollte innerhalb der Organisation festgelegt werden, welche Informationen für die Bewertung des Risikos benötigt werden. Des Weiteren sollte geprüft werden, ob diese Informationen in der Bearbeitung des Datenvorfalls überhaupt erhoben werden können.

Auditnachweise:

- Risikobewertungsmethodik samt Meldungskriterien
- Risikobewertungstool
- Kompetenznachweis für Entscheidungsfindung
- Risikomanagementhandbuch

PROZESS.52 Prüfung, ob Benachrichtigungspflicht an Betroffenen bei Verletzung des Schutzes personenbezogener Daten eingehalten wurde

Referenz:	Kontrollart:	Querverweis:
DSGVO Art 34 ErwGr 86	Anlassbezogen	PROZESS.46

Ziel:

Die Organisation sollte grundsätzlich auswerten können, ob es sich bei dem erkannten Risiko auch um ein hohes Risiko handelt, zumal bei einem hohen Risiko der Betroffene direkt informiert werden muss. Hierzu sollten bekannte Bewertungskriterien wie zB „gering – mittel – hoch" herangezogen werden. In der Umsetzung der Bewertungskriterien sollte jedenfalls berücksichtigt werden, welche Daten vom Betroffenen gespeichert wurden und in welchem Umfang die Daten missbraucht wurden. Davon sollte sich die Höhe des Risikos ableiten.

Auditnachweise:

- Risikobewertungsmethodik inkl zugrundeliegender Bewertungskriterien
- Risikobewertungstool
- Risikomanagementhandbuch

PROZESS.53 Prüfung, ob Zeitlimit für Information bei Verletzungen (ohne unangemessene Verzögerung bzw maximal 72 Stunden) eingehalten wird

Referenz:	Kontrollart:	Querverweis:
DSGVO Art 33 Abs 1 ErwGr 85	Anlassbezogen	PROZESS.46

Ziel:

Zu Beginn der Bearbeitung des Datenvorfalls sollte eine Angabe des Zeitpunkts (der Erkennung) erfolgen. Ausgehend von diesem Zeitpunkt kann die Organisation den zeitlichen Handlungsspielraum besser einschätzen. Grundsätzlich sollten sämtliche Maßnahmen parallel zur Minimierung des Schadensfalls darauf abzielen, die Meldefristen einzuhalten.

Die Organisation sollte entsprechende Vorlagen für die Meldung mit bereits vordefinierten Textfeldern vorbereiten und dem Notfallhandbuch beilegen. In der Erstellungsphase der Vorlagen sollte organisationsintern abgestimmt werden, welche Informationen an die Aufsichtsbehörde gemeldet werden müssen bzw wie diese Informationen bereits vorgedruckt oder zum Zeitpunkt des Datenvorfalls erhoben werden können.

Auditnachweise:

- Meldungsvorlage für Aufsichtsbehörde
- Verfahrensbeschreibung für den Umgang mit Sicherheitsvorfällen bzw Datenvorfällen

PROZESS.54 Nachweis über die verpflichtende Information an den Verantwortlichen durch Auftragsverarbeiter ohne ungebührliche Verzögerung

Referenz: DSGVO Art 33 ErwGr 85	**Kontrollart:** Einmalig	**Querverweis:** ORG.31

Ziel:

Es sollten entsprechende vertragliche Regelungen für die Meldung von der Verletzung des Schutzes personenbezogener Daten mit externen Dienstleistern (Auftragsverarbeiter) und Drittparteien (Auftragsverarbeiter) getroffen werden. Jedenfalls sollte vereinbart werden, wann eine Meldung zu erfolgen hat bzw wie und an wen die Meldung erfolgen muss. Jedenfalls sollten auch Schadenersatzansprüche im Vorfeld vertraglich geklärt werden.

Auditnachweise:

- Richtlinie für den Umgang mit Drittparteien und Auftragsverarbeiter
- Auftragsverarbeiterverträge

PROZESS.55 Prüfung, ob alle in Art 33 Abs 3 aufgezählten Informationen bei Verletzungen des Schutzes personenbezogener Daten übermittelt werden können

Referenz: DSGVO Art 33 ErwGr 87/88	**Kontrollart:** Einmalig (Vorgaben) Anlassbezogen (Maßnahmen bei Datenvorfall)	**Querverweis:** –

Ziel:

Die Mindestangaben der Information sind eine Beschreibung der Art der Verletzung des Schutzes von personenbezogenen Daten, die Kontaktdaten des Datenschutzbeauftragten bzw der Informationsstelle, eine Beschreibung der wahrscheinlichen Folgen für den Betroffenen sowie eine Beschreibung der geplanten und ergriffenen Maßnahmen der Organisation in der Behandlung des Datenvorfalls. Die Erhebung und Erstellung der genannten Informationen sieht die Einbindung von internen und möglicherweise auch externen Experten voraus.

Die Organisation sollte daher einen Expertenrat für die Behandlung von Datenvorfällen und für die Ausgestaltung der erforderlichen Informationen an die Aufsichtsbehörde definieren.

Auditnachweise:

- Rollen und Verantwortlichkeiten
- Verfahrensbeschreibung für den Umgang mit Sicherheitsvorfällen bzw Datenvorfällen

PROZESS.56 Prüfung, ob alle in Art 33 Abs 3 aufgezählten Informationen vertraglich mit dem Auftragsverarbeiter festgelegt wurden

Referenz: DSGVO Art 33 Abs 3 ErwGr 85	**Kontrollart:** Regelmäßig	**Querverweis:** ORG.30-ORG.32

Ziel:

Die Organisation sollte den Auftragsverarbeiter vertraglich zur unverzüglichen Übermittlung folgender Informationen im Falle eines Datenvorfalls an den Verantwortlichen verpflichten:

- eine Beschreibung der Art der Verletzung des Schutzes von personenbezogenen Daten
- Name und Kontaktdaten des Datenschutzbeauftragten
- Beschreibung der wahrscheinlichen Folgen des Datenvorfalls
- Beschreibung der ergriffenen und vorgeschlagenen Maßnahmen zur Behebung und Behandlung des Datenvorfalls

Des Weiteren sollte sich die Organisation überlegen, welche weiteren Informationen sie zur Behandlung des Datenvorfalls vom Auftragsverarbeiter benötigt (zB betroffene Personen, gespeicherte Daten etc).

Auditnachweise:

- Auftragsverarbeiterverträge

PROZESS.57 Prüfung, wie Meldung an Aufsichtsbehörde und Benachrichtigung des Betroffenen erfolgen kann

Referenz: DSGVO Art 33 und 34 ErwGr 85, 86	**Kontrollart:** Regelmäßig	**Querverweis:** PROZESS.46

Ziel:

Bei den Informationen an die Aufsichtsbehörde bzw an den Betroffenen handelt es sich um teilweise vertrauliche und kritische Informationen. Hierbei sollte die Organisation darauf achten, dass die Art der Übermittlung dieser Informationen so gewählt wird, dass unberechtigte Dritte die Daten nicht abfragen oder auf diese nicht zugreifen können (Grundsatz der sicheren Datenübermittlung).

So könnte mit der Aufsichtsbehörde bereits im Vorfeld geklärt werden, wie kritische Informationen im Rahmen eines Datenvorfalls sicher übermittelt werden können (zB E-Mail-Verschlüsselung).

Auditnachweise:

- Verfahren zur sicheren Übermittlung von Daten, Informationen

- E-Mailverkehr mit Aufsichtsbehörde
- Datenraum

PROZESS.58 Prüfung, ob Zeitlimit (ohne unangemessene Verzögerung) für die Benachrichtigung des Betroffenen bei Verletzungen des Schutzes personenbezogener Daten eingehalten wird

Referenz:	**Kontrollart:**	**Querverweis:**
DSGVO Art 34 ErwGr 86	Anlassbezogen	PROZESS.46

Ziel:

Zusätzlich zur Information an die Aufsichtsbehörde ist es erforderlich, die von der Verletzung des Schutzes personenbezogener Daten betroffene Person bei einem hohen Risiko für diese unverzüglich darüber in Kenntnis zu setzen.

Die Benachrichtigungsfrist kann sich gegebenenfalls verlängern, wenn die Organisation umfangreiche Maßnahmen treffen muss, um fortlaufende oder vergleichbare Verletzungen zu minimieren bzw zu verhindern. Es sollte jedenfalls zur Beweissicherung im Rahmen der Notfallbehandlung dokumentiert werden, wie und wann Betroffene über den Datenvorfall informiert wurden.

Verzögerungen in der Benachrichtigung, die sich zB aufgrund von zusätzlichen Vorgaben durch Strafverfolgungsbehörden ergeben, sollten jedenfalls auch dokumentiert und begründet werden.

Auditnachweise:

- Verfahrensbeschreibung für den Umgang mit Sicherheitsvorfällen bzw Datenvorfällen
- Protokolle aus der Notfallbehandlung
- E-Mail/Brief an Betroffene

PROZESS.59 Prüfung, ob Ausnahme von der Informationsverpflichtung bei Datenvorfällen besteht

Referenz:	**Kontrollart:**	**Querverweis:**
DSGVO Art 34 ErwGr 86	Anlassbezogen	PROZESS.46

Ziel:

Im Rahmen der Verpflichtung zur Benachrichtigung der betroffenen Person sollte die Organisation rasch einen Überblick über den Umfang des Datenvorfalls und der Anzahl der betroffenen Personen erlangen. Hierzu wird es notwendig sein, zB durch forensische Analyse zu ermitteln, welche Personen überhaupt vom Datenvorfall betroffen sind.

Die Organisation sollte zusätzlich Vorkehrungen treffen, wie die Information über eine öffentliche Bekanntmachung bzw in ähnlicher Art und Weise erfolgen kann, wenn zB die betroffenen Personen nicht identifiziert werden können. Hierzu sollten entsprechende Kommunikationsvorlagen bereitstehen, die eine Benachrichtigung einerseits über die Website des Verantwortlichen und andererseits auch zB über Medien sicherstellen.

Das Verfahren für den Umgang mit Sicherheitsvorfällen/Datenvorfällen sollte jedenfalls mittels Checklisten berücksichtigen, unter welchen Kriterien eine Information an Betroffene laut Art 34 Abs 3 (organisatorische Sicherheitsvorkehrungen, nachfolgende Maßnahmen, unverhältnismäßiger Aufwand, öffentliches Interesse) nicht erforderlich ist. Hierzu könnte bereits im Vorfeld zB der Einsatz von Verschlüsselung (wo wird Verschlüsselung angewendet) erhoben und dokumentiert werden.

Auditnachweise:

- Verfahrensbeschreibung für den Umgang mit Sicherheitsvorfällen bzw Datenvorfällen
- Leitlinie oder Verfahrensbeschreibung für Kryptografie
- Checklisten zur Notfallbehandlung
- Vorlagen zur Notfallkommunikation

PROZESS.60 Prüfung, ob eine Aufforderung der Aufsichtsbehörde zur Benachrichtigung des Betroffenen iZm Datenvorfällen besteht

Referenz:	**Kontrollart:**	**Querverweis:**
DSGVO Art 34 Abs 4 ErwGr 87, 88	Anlassbezogen	PROZESS.46

Ziel:

Unabhängig von internen Entscheidungsmechanismen, ob eine Benachrichtigung der betroffenen Person erforderlich ist, sollte die Organisation trotzdem berücksichtigen, dass die Aufsichtsbehörde eine andere Einschätzung der Situation und des Risikos für die Freiheiten des Betroffenen treffen kann. Aus dieser Einschätzung der Aufsichtsbehörde kann die Aufforderung zur Benachrichtigung des Betroffenen ergehen.

Somit sind jedenfalls entsprechende Benachrichtigungsvorlagen vorzubereiten. Es sollten klare Verantwortlichkeiten im Zusammenhang mit der Kommunikation mit der Aufsichtsbehörde festgelegt werden, sodass bereits während der Notfallbehandlung ein entsprechender Austausch mit der Behörde besteht und etwaigen zusätzlichen Aufforderungen von Seiten der Behörde zeitgerecht nachgekommen werden kann.

Auditnachweise:

- Verantwortlichkeitsregelung im Umgang mit der Aufsichtsbehörde
- Kommunikationsverlauf mit der Aufsichtsbehörde

5.8 Kontrollgruppe: Informationspflichten

Ausgehend von den Betroffenenrechten treffen den Verantwortlichen bei der Verarbeitung von personenbezogenen Daten entsprechende Informationspflichten. Hierbei ist im Sinne des Grundsatzes einer fairen und transparenten Verarbeitung sicherzustellen, dass der Betroffene über sämtliche zu seiner Person verarbeiteten Daten und über seine Rechte informiert wird.

Verpflichtung (DSGVO Art 13): Verpflichtung zur Information der Betroffenen

Der Verantwortliche muss den Betroffenen folgende Mindestangaben mitteilen:

- *Namen und Kontaktdaten des für die Verarbeitung Verantwortlichen*
- *Zweck und Rechtsgrundlage*
- *Dauer der Speicherung, Kriterien für die Festlegung der Dauer*
- *Hinweis auf die Betroffenenrechte*
- *Hinweis auf das Beschwerderecht sowie die Kontaktdaten der Aufsichtsbehörde*
- *Empfänger oder Kategorien von Empfängern der personenbezogenen Daten*
- *Hinweis auf Profiling*
- *Logik einer automatisierten Datenverarbeitung*

Zusätzlich zu den Informationen in Abs 1 sind folgende weitere der betroffenen Person zur Verfügung zu stellen:

Im Fall des Art 6 Abs 1f

- *die berechtigten Interessen,*
- *Empfänger/Kategorien von Empfängern der Daten,*
- *etwaiger Empfänger in einem Drittland/in einer internationalen Organisation.*

Im Fall des Art 6 Abs 1a oder Art 9 Abs 2a

- *das Recht auf jederzeitige Widerrufbarkeit der Einwilligung,*
- *Beschwerderecht bei einer Aufsichtsbehörde,*
- *ob die Bereitstellung gesetzlich/vertraglich/für einen Vertragsabschluss erforderlich ist und ob die betroffene Person dazu verpflichtet ist, diese Daten bereitzustellen, mit etwaigen Folgen bei Verweigerung der Bereitstellung der Daten,*
- *automatisierte Entscheidungsfindung.*

Bei der Verarbeitung von Daten entgegen des angeführten Zweckes muss der Verantwortliche der betroffenen Person Informationen über die „wirklichen" Zwecke übermitteln. Des Weiteren ist über die Absicht, Daten in ein Drittland oder einer internationalen Organisation zu übermitteln, zu informieren.

Im Rahmen des DSG 2000 § 24 Abs 4 ist die Information des Betroffenen zu den Mindestangaben bei nicht meldepflichtigen Anwendungen nicht erforderlich.

DSG 2000

Verpflichtung (DSGVO Art 14): Verpflichtung zur Information des Betroffenen, auch wenn Daten nicht bei der betroffenen Person erhoben wurden

Sofern die Datenerhebung ohne Zustimmung des Betroffenen durchgeführt wurde, ist dieser hinsichtlich der Datenverarbeitung seiner personenbezogenen Daten zu verständigen.

Verpflichtung (DSGVO Art 21): Verpflichtung zum Hinweis auf das Widerspruchsrecht

Der Hinweis auf das Widerspruchsrecht muss in einfacher und klarer Sprache verständlich dem Betroffenen mitgeteilt werden und sich von anderen Informationen deutlich unterscheiden.

Verpflichtung (DSGVO Art 22 iVm Art 21): Verpflichtung zum deutlichen Hinweis auf das Widerspruchsrecht bei automatisierten Entscheidungen im Einzelfall einschließlich Profiling

Die DSGVO sieht ein „spezielles" Widerspruchsrecht für automatisierte Einzelentscheidungen und Profiling vor. In Übereinstimmung mit den Vorgaben des Art 21 ist auf dieses Widerspruchsrecht hinzuweisen. Das Widerspruchsrecht muss dem Betroffenen in deutlich sichtbarer Weise zur Kenntnis gebracht werden.

5.8.1 Kontrolluntergruppe: Widerspruchsrecht

PROZESS.61 Nachweis des Widerspruchsprozesses im Unternehmen zur Wahrnehmung des Widerspruchsrechts des Betroffenen

Referenz:	**Kontrollart:**	**Querverweis:**
DSGVO Art 21 ErwGr 69, 70	Einmalig	–

Ziel:

Das Unternehmen sollte durch interne Verfahren und Prozesse sicherstellen, dass eingehende Widersprüche ohne Zeitverzögerung behandelt werden. Hierzu sind bereits im Vorfeld Überlegungen im Zusammenhang mit der Datenverarbeitung anzustellen und zu dokumentieren, ob etwaige schutzwürdige Gründe vorliegen, die in Bezug auf die Interessen oder die Rechte/Freiheiten überwiegen. Der interne Prozess sollte somit sicherstellen, dass der Betroffene bei Geltendmachung des Widerspruchsrechts auf diese schutzwürdigen Gründe hingewiesen wird.

Die Organisation sollte für Datenverarbeitungsvorgänge und -systeme bereits im Vorfeld prüfen, inwieweit trotz rechtmäßigen Widerspruchs die weitere Verarbeitung von personenbezogenen Daten umgesetzt werden könnte. Hier sind insbesondere Aspekte der Rechtevergabe von Zugriffsrechten auf Daten in die Überlegung einzubeziehen. Letztendlich muss die Organisation über den gesamten Lebenszyklus von personenbezogenen Daten einer betroffenen Person den weiteren Zugriff und die Verarbeitung stoppen können. Hierbei darf auch nicht auf Sicherungs- oder Testsysteme vergessen werden.

Auditnachweise:

- Verfahrensbeschreibung für die Umsetzung des Widerspruchsrechts
- Verzeichnis der Verarbeitungstätigkeiten
- Datenflussdiagramm

PROZESS.62 Prüfung, ob Betroffener auf Widerspruchsrecht hingewiesen wird

Referenz:	Kontrollart:	Querverweis:
DSGVO Art 21 ErwGr 69	Regelmäßig	PROZESS.72

Ziel:

Die Organisation sollte nachweislich sicherstellen, dass die betroffene Person auf ihr Widerspruchsrecht hingewiesen wurde. Dies sollte im Rahmen der Erstinformation an den Betroffenen erfolgen.

Auditnachweise:

- Erstinformation
- Erhebungsbogen
- Website

PROZESS.63 Prüfung, ob die betroffene Person bei Durchführung von Profiling ausdrücklich auf das Widerspruchsrecht hingewiesen wurde

Referenz:	Kontrollart:	Querverweis:
DSGVO Art 22 iVm Art 21 Abs 4 und 5 ErwGr 71, 72	Anlassbezogen	PROZESS.61

Ziel:

Ausdrücklicher Hinweis auf das Widerspruchsrecht (spätestens zum Zeitpunkt der ersten Kommunikation)

Auditnachweise:

- Dokumentation des Hinweises auf das Widerspruchsrecht

PROZESS.64 Kontrolle, ob Hinweis auf Widerspruch verständlich formuliert wurde

Referenz:	Kontrollart:	Querverweis:
DSGVO Art 12 Abs 7 DSGVO Art 13 Abs 2 ErwGr 58, 60	Regelmäßig	PROZESS.61/PROZESS.63

Ziel:

Das Recht zum Widerspruch sollte für den Betroffenen verständlich formuliert werden. Hierzu wäre insofern die gewählte Sprache, die angemessene Verwendung von allgemein verständlichen Begriffen und die Art der Übermittlung zu berücksichtigen. Der Hinweis auf den Widerspruch sollte dem Betroffenen so übermittelt werden, dass dieser mit seinen technischen Mitteln diese Information jedenfalls erhalten und lesen kann. Außerdem sollte dem Betroffenen die Möglichkeit gegeben werden, allfällige Fragen an eine Kontaktperson des Verantwortlichen richten zu können.

Auditnachweise:

- Hinweis zum Widerspruch
- Website

PROZESS.65 Kontrolle, ob sich der Hinweis deutlich von anderen Informationen unterscheidet und hervorgehoben wird

Referenz: DSGVO Art 21 ErwGr 70	**Kontrollart:** Regelmäßig	**Querverweis:** PROZESS.63

Ziel:

Im Gegensatz zu den Mindestangaben in Bezug auf die Informationspflicht des Verantwortlichen muss sich der Hinweis zum Widerspruch im Falle von Direktwerbung in Schrift und Form von den anderen Angaben unterscheiden. Die Unterscheidung kann somit durch Erhöhung der Schriftgröße bzw durch Formatierungselemente wie Fettschrift oder farbliche Abgrenzung erfolgen. Auf der Website empfiehlt sich jedenfalls eine Schriftgröße zu verwenden, die allgemein als „barrierefrei" angesehen wird.

Auditnachweise:

- Hinweis zum Widerspruch
- Website

PROZESS.66 Prüfung, ob das Widerspruchsrecht verständlich formuliert wurde

Referenz: DSGVO Art 22 iVm Art 21 Abs 4 und 5 ErwGr 71, 72	**Kontrollart:** Anlassbezogen	**Querverweis:** PROZESS.61

Ziel:

Verständliche Formulierung des Hinweises auf das Widerspruchsrecht

Auditnachweise:

- Dokumentation des Hinweises auf das Widerspruchsrecht

PROZESS.67 Prüfung, ob Hinweis auf Widerspruchsrecht in von anderen Informationen getrennter Form erfolgt

Referenz: DSGVO Art 22 iVm Art 21 Abs 4 und 5 ErwGr 71, 72	**Kontrollart:** Anlassbezogen	**Querverweis:** PROZESS.61/PROZESS.63

Ziel:

Deutliche Hervorhebung des Hinweises auf das Widerspruchsrecht

Auditnachweise:

- Dokumentation des Hinweises auf das Widerspruchsrecht

PROZESS.68 Prüfung, wie Verbot der weiteren Nutzung organisatorisch und technisch durchgesetzt wird

Referenz:	**Kontrollart:**	**Querverweis:**
DSGVO Art 21 ErwGr 69, 70	Regelmäßig	IT.04/IT.29

Ziel:

Die Organisation muss dem Datenschutzbeauftragten oder Verantwortlichen für die Datenverarbeitung die Kompetenz erteilen, die Weiterverarbeitung von personenbezogenen Daten bei ordnungsgemäßem Eingang eines Widerspruchs zu unterbinden.

Es sollten im Rahmen des Verfahrens für die Umsetzung des Widerspruchsrechts Kontrolllisten oder Checklisten vorbereitet werden, die sicherstellen, dass sämtliche Systeme oder Datenbanken berücksichtigt werden.

Auditnachweise:

- Kompetenzbeschreibung für DSB
- Checklisten

PROZESS.69 Prüfung, ob das Unternehmen nachweisen kann, dass Daten nicht mehr verarbeitet werden

Referenz:	**Kontrollart:**	**Querverweis:**
DSGVO Art 21 ErwGr 69, 70	Regelmäßig	IT.04/IT.29

Ziel:

Die Organisation sollte mittels entsprechender Nachweise belegen können, dass keine Weiternutzung der personenbezogenen Daten nach Eingang des Widerspruchs eines Betroffenen erfolgt. Hierzu sollten entsprechende Logfiles generiert werden. Des Weiteren könnte im Rahmen von Zugriffsberechtigungslisten ein solcher Nachweis erfolgen.

Auditnachweise:

- Logfiles
- Zugriffsrechte
- Zugriffsprotokolle
- Löschungsnachweise

PROZESS.70 Nachweis der schriftlichen Dokumentation des Prozesses, dass keine weitere Nutzung mehr erfolgt

Referenz:	**Kontrollart:**	**Querverweis:**
DSGVO Art 21 ErwGr 69, 70	Anlassbezogen	IT.04/IT.29

Ziel:

Die Organisation sollte einerseits intern dokumentieren, welche Maßnahmen getroffen wurden, damit keine weitere Nutzung der personenbezogenen Daten bei einem Widerspruch mehr erfolgt, und andererseits dem Betroffenen mitteilen, dass dessen Daten ab sofort nicht mehr verarbeitet werden.

Der Datenschutzbeauftragte oder für den Datenschutz Verantwortliche sollte sich auch von Fachbereichen, wie zB IT, schriftlich zB im Ticketsystem oder per E-Mail bestätigen lassen, dass eine weitere Nutzung der Daten nicht mehr erfolgt bzw nicht mehr möglich ist.

Auditnachweise:

- Maßnahmendokumentation (zB Service Desk Ticket)
- Schriftliche Bestätigung Fachabteilung
- E-Mailverkehr
- Logfiles

5.8.2 Kontrolluntergruppe: Datenverarbeitung

PROZESS.71 Prüfung, ob Betroffener zum Zeitpunkt der Erhebung der Daten informiert wurde

Referenz:	**Kontrollart:**	**Querverweis:**
DSGVO Art 13 ErwGr 61	Anlassbezogen	RECHT.41

Ziel:

Die Organisation soll nachweisen, dass die betroffene Person zum Zeitpunkt der Erhebung ihrer Daten informiert wurde. Dieser Nachweis könnte zB durch Angabe der im Artikel 13 angeführten Informationsinhalte direkt auf dem Vertrag bzw Erhebungsbogen erfolgen. Hierbei muss dem Betroffenen jedenfalls ein Exemplar ausgehändigt werden. Im Falle einer Online-Erhebung (zB Website) sollte darauf geachtet werden, dass im Rahmen des Erhebungsprozesses die Informationen direkt im Prozess der Eingabe dargestellt werden und nicht zB in einer (nur) verlinkten Unterseite angeführt werden. Es empfiehlt sich im Zuge der Information auch die Zustimmung zur Verarbeitung vom Betroffenen einzuholen.

Auditnachweise:

- Erhebungsbogen
- Website des Unternehmens

PROZESS.72 Prüfung, ob Information an Betroffenen dokumentiert wurde (wer/was)

Referenz:	Kontrollart:	Querverweis:
DSGVO Art 13 ErwGr 60	Regelmäßig	RECHT.41

Ziel:

Die Organisation sollte nachweisen können, dass der Betroffene über die in Art 30 angeführten Inhalte informiert wurde. Es empfiehlt sich, dies von der betroffenen Person im Rahmen der Datenerhebung bestätigen (Unterschrift) zu lassen. Auf der Website empfiehlt sich das aktive Ankreuzen mittels Checkbox, dass die Information entsprechend erhalten und verstanden wurde.

Auditnachweise:

- Schriftliche Bestätigung des Betroffenen
- Erhebungsbogen
- Website

PROZESS.73 Prüfung, ob Mindestangaben bei Information an Betroffenen eingehalten wurden

Referenz:	Kontrollart:	Querverweis:
DSGVO Art 13 ErwGr 60	Einmalig	RECHT.41

Ziel:

Es sollte sichergestellt werden, dass dem Betroffenen mindestens folgende Informationen mitgeteilt werden:

- Name und Kontaktdaten des Verantwortlichen oder seines Vertreters
- Kontaktdaten des Datenschutzbeauftragten
- Verarbeitungszweck
- Rechtsgrundlage der Verarbeitung
- Empfänger und Kategorien von Empfängern der personenbezogenen Daten
- die Absicht, die erhobenen personenbezogenen Daten an ein Drittland oder eine internationale Organisation zu übermitteln
- die Dauer, wie lange die personenbezogenen Daten gespeichert werden, oder die Kriterien für die Festlegung der Dauer
- Widerrufmöglichkeit der Einwilligung des Betroffenen
- Beschwerderecht bei der Aufsichtsbehörde
- gesetzliche oder vertragliche Anforderungen für die Erhebung der personenbezogenen Daten auf Seiten des Verantwortlichen

- Methodische Auswertung der erhobenen Daten im Sinne von Profiling

Im Rahmen des DSG 2000 besteht keine Informationspflicht von Betroffenen bei nicht meldepflichtigen Datenanwendungen.

DSG 2000

Auditnachweise:

- Erhebungsbogen
- Website des Unternehmens
- Sonstige Unternehmensunterlagen

PROZESS.74 Prüfung, ob andere Zweckverwendung vorliegt

Referenz:	**Kontrollart:**	**Querverweis:**
DSGVO Art 13 Abs 3 ErwGr 61	Regelmäßig	RECHT.74

Ziel:

Es sollte organisationsintern geregelt sein, dass die Verarbeitung von personenbezogenen Daten nur dem Zweck entsprechend erfolgen darf. Hierzu sind der Datenschutzbeauftragte bzw der Verantwortliche mit periodischen Prüfungen zu beauftragen, ob die Zweckbindung gegeben ist. Es empfiehlt sich des Weiteren einen internen Prozess dafür einzuführen, sofern sich neue Anforderungen an die Verarbeitung der Daten ergeben. Im Rahmen des Projektmanagements könnte diese Abfrage auch bereits berücksichtigt werden, sodass letztendlich neue Anforderungen im Unternehmen immer in Bezug auf die Zweckbindung von Datenanwendungen geprüft werden.

Jedenfalls sollte die Organisation sicherstellen, dass die betroffene Person bei einer Zweckänderung noch vor der Verarbeitung zum geänderten Zweck darüber in Kenntnis gesetzt wird.

Auditnachweise:

- Interner Kontrollplan
- Auditplan
- Überprüfungsergebnisse des DSB oder Auditors
- Muster für Verständigung an Betroffenen

PROZESS.75 Prüfung, ob Daten in ein Drittland oder an eine internationale Organisation übermittelt werden (sollen)

Referenz:	**Kontrollart:**	**Querverweis:**
DSGVO Art 13 ErwGr 60, 61	Anlassbezogen	RECHT.22

Ziel:

Die Organisation sollte sicherstellen, dass bei geplanter Übermittlung von personenbezogenen Daten in ein Drittland oder an eine internationale Organisation geeignete

Garantien festgelegt werden, die jedenfalls jene Datenschutzvorschriften enthalten, denen der Verantwortliche unterliegt. Des Weiteren könnten von der Aufsichtsbehörde erlassenen Standarddatenschutzklauseln verwendet werden. Der Datenempfänger sollte jedenfalls ein ähnlich hohes Sicherheitsniveau wie der Verantwortliche haben. Zusätzlich sollte die Organisation mittels zugesichertem Auditrecht prüfen können, ob die Vorgaben vom Empfänger eingehalten werden. Bei etwaigen vorhandenen und datenschutzrechtlich anwendbaren Zertifizierungen könnte von einem selbständigen Audit abgesehen werden.

Die Prüfung der Datenübermittlung sollte jedenfalls auch die davon betroffenen Personen miteinbeziehen, um diese vor der Übermittlung entsprechend benachrichtigen zu können.

Auditnachweise:

- Verträge mit externen Datenempfängern/Auftragsverarbeitern
- Standarddatenschutzklauseln
- Vorliegende Zertifizierungen

PROZESS.76 Prüfung der übermittelten Information an den Betroffenen, wenn Daten nicht beim Betroffenen erhoben werden

Referenz:	**Kontrollart:**	**Querverweis:**
DSGVO Art 14 ErwGr 61	Anlassbezogen	RECHT.22

Ziel:

Die Organisation muss sicherstellen, dass der Betroffene bei der Verarbeitung seiner personenbezogenen Daten spätestens einen Monat nach Erhalt der Daten gem Art 13 DSGVO informiert wird. Dieser Zeitrahmen gilt jedoch nur dann, wenn die Daten des Betroffenen nicht direkt bei ihm erhoben wurden. Sofern die personenbezogenen Daten zur Kommunikation mit der betroffenen Person verwendet werden, sollte spätestens im Rahmen der ersten schriftlichen Kontaktaufnahme (Kommunikation) die Information erfolgen.

Sollte die Organisation beabsichtigen, die personenbezogenen Daten an einen anderen Empfänger offenzulegen, so wäre der Betroffene spätestens zum Zeitpunkt der ersten Offenlegung zu informieren.

Um einem unnötigen Aufwand zuvorzukommen, sollte die Organisation bereits vor Empfang der Daten beim Empfänger (wenn ein anderer Verantwortlicher) rückfragen, ob die betroffenen Personen bereits informiert wurden. Da auch bei einem unverhältnismäßigen Aufwand die Informationspflicht entfallen kann, sollte dieser Umstand jedenfalls gemeinsam mit der Aufwandsdarstellung (organisatorische, personelle und finanzielle Ressourcen) dokumentiert werden.

Auditnachweise:

- Vertrag mit Verantwortlichen
- Nachweis der Information (wenn obige Punkte nicht zutreffen)

5.9 Kontrollgruppe: Rechtmäßigkeit

Die Verarbeitung von personenbezogenen Daten setzt deren Rechtmäßigkeit voraus. Im Kontrollbereich Prozesse schließt diese Kontrollgruppe Verfahren ein, die sicherstellen, dass keine weitere Nutzung und Verarbeitung der Daten erfolgt, wenn der Betroffene der Datenverarbeitung widersprochen hat, bzw das Prüfungsverfahren von Seiten des Verantwortlichen die Rechtmäßigkeit gewährleistet.

Verpflichtung (DSGVO Art 21): Verbot der weiteren Nutzung im Falle eines Widerspruchs

Sofern der Betroffene der Verarbeitung seiner personenbezogenen Daten widerspricht, muss der Verantwortliche durch einen entsprechenden Prozess sicherstellen, dass die Verarbeitung im Unternehmen eingestellt wird, sofern der Verantwortliche nicht dringende schutzwürdige Gründe für die Verarbeitung nachweisen kann.

Verpflichtung (DSGVO Art 7): Der Widerruf der Einwilligung muss so einfach wie die Erteilung der Einwilligung sein

Die betroffene Person hat das Recht ihre Einwilligung jederzeit zu widerrufen. Hierfür muss der Verantwortliche Maßnahmen treffen, die den Widerruf auf einfachem Wege ermöglichen.

Verpflichtung (DSGVO Art 8): Verfahren zur Prüfung und Sicherstellung des Alters des Betroffenen

Der Verantwortliche muss in einem internen Prozess sicherstellen, dass vor Verarbeitung der personenbezogenen Daten das Alter entsprechend geprüft wird, um die Rechtmäßigkeit der Datenverarbeitung sicherzustellen (Stichwort: Daten von Kindern).

5.9.1 Kontrolluntergruppe: Einwilligung

PROZESS.77 Nachweis der Einwilligung des Betroffenen

Referenz:	**Kontrollart:**	**Querverweis:**
DSGVO Art 7 ErwGr 42	Regelmäßig	RECHT.60/RECHT.61

Ziel:

Die Einwilligung sollte aufgrund der Beweissicherung primär schriftlich erfolgen, kann aber laut DSGVO auch mündlich erteilt werden. Im Falle einer mündlichen Einwilligung sollte die Organisation Datum, Uhrzeit und zusammenhängende Umstände (zB Vor-Ort-Termin beim Kunden) dokumentieren.

Bei der Einwilligung auf einer Website sollte die Organisation die aktive Handlung des Betroffenen vorsehen. Dies könnte zB durch aktives Anklicken einer Checkbox (opt-in) erfolgen. Danach sollte dem Betroffenen auch nochmals dessen Einwilligung schriftlich (zB per E-Mail) bestätigt und übermittelt werden. Es sollte darauf geachtet werden, dass die Einwilligung im elektronischen Weg in klarer und knapper Form ohne unnötige mehrere Seitenaufrufe oder Bestätigungen erfolgt.

Auditnachweise:

- Verfahrensbeschreibung für die Umsetzung des Widerspruchsrechts
- Website
- Erhebungsbogen für Daten

PROZESS.78 Korrekte Ausgestaltung des Widerrufsmodus im Widerrufsprozess

Referenz:	**Kontrollart:**	**Querverweis:**
DSGVO Art 7 Abs 3 ErwGr 42	Einmalig	RECHT.61-RECHT.66

Ziel:

Die Organisation sollte für den Widerruf geeignete Möglichkeiten zur Verfügung stellen, die es dem Betroffenen ermöglichen, ohne Aufwand und rasch seinem Widerrufsrecht nachzukommen. Hierzu könnten entweder auf der Website des Unternehmens entsprechende Möglichkeiten geschaffen werden. In diesem Fall sollte die Organisation darauf achten, dass der Widerruf nur vom Betroffenen selbst begehrt werden kann (zB in einem nicht öffentlichen personalisierten Bereich).

Für den Widerruf sollten dem Betroffenen jedenfalls unterschiedliche technische Möglichkeiten angeboten werden (Brief, Fax, Online etc).

Auditnachweise:

- Verfahrensbeschreibung für die Umsetzung des Widerspruchsrechts
- Website

5.9.2 Kontrolluntergruppe: Prüfpflicht

PROZESS.79 Kontrolle, wie das Alter des Betroffenen geprüft und sichergestellt wird

Referenz:	**Kontrollart:**	**Querverweis:**
DSGVO Art 8 ErwGr 38	Regelmäßig	RECHT.67

Ziel:

Da die Verarbeitung von personenbezogenen Daten nur dann rechtmäßig ist, wenn der Betroffene das 16. Lebensjahr vollendet hat, sind entsprechende Prüfprozesse im Unternehmen einzuführen. Im Prüfprozess sollte auch berücksichtigt werden, dass bei jüngeren Personen die Zustimmung der Eltern erforderlich ist.

Die Organisation sollte somit im Rahmen der Prüfung der Rechtmäßigkeit einer Verarbeitung von personenbezogenen Daten das Alter des Betroffenen prüfen und sich entsprechende Nachweise vom Betroffenen vorlegen lassen, welche das korrekte Alter bestätigen (zB amtliche Ausweiskopie, soweit gesetzlich möglich).

Auditnachweise:

- Prüfprozess zur Altersbestimmung
- Ausweiskopie

5.10 Kontrollgruppe: Verantwortlichkeiten

Aus interner Prozesssicht ist es wesentlich, jene Verantwortlichen zu identifizieren, die für die Datenverarbeitung und die damit verbundenen Systeme sowie die Autorisierung von Zugriffsrechten etc zuständig sind. Bei der Definition von Verantwortlichen spricht man in der Praxis oftmals auch von Dateneigentümern oder Informationseigentümern. Diese sind meist auch die ersten Ansprechpersonen, wenn es um die Zweckbestimmung der Datenanwendung geht.

Verpflichtung (DSGVO Art 5): Festlegung eines Dateneigentümers/Informationseigentümers

Um die Verarbeitung von personenbezogenen Daten nach Treu und Glauben sicherzustellen, sind entsprechende verantwortliche Personen im Unternehmen festzulegen, die sich um wesentliche organisatorische Themen rund um die Verarbeitungstätigkeit von personenbezogenen Daten kümmern (zB Zweckbestimmung, Autorisierung von Zugriffen, Autorisierung von Datenübermittlung oder -verwendung).

5.10.1 Kontrolluntergruppe: Datenverarbeitung

PROZESS.80 Definierte System- oder Datenverantwortliche (Dateneigentümer)

Referenz:	Kontrollart:	Querverweis:
DSGVO Art 5 DSGVO Art 32 Abs 4 ErwGr 39, 83	Regelmäßig	IT.17

Ziel:

Damit personenbezogene Daten nach Treu und Glauben verarbeitet werden, sollte die Organisation sicherstellen, dass nur befugte und somit berechtigte Personen auf die Daten zugreifen können. Hierzu ist das „need-to-know"-Prinzip anzuwenden. Dabei sollen nur jene Mitarbeiter Zugriff erhalten, die die Daten für die Ausführung ihrer Arbeit nachweislich benötigen.

Für die Genehmigung von Zugriffsrechten sollten System- und Datenverantwortliche definiert werden. Die Datenverantwortlichen sollten mit dem Zweck der Datenverarbeitung vertraut sein und somit beurteilen können, ob ein Zugriff an einen Mitarbeiter erteilt werden darf. Die Systemverantwortlichen sollten die fachlichen und technischen Sicherheitsvorgaben definieren und sicherstellen bzw zusätzlich zu den Datenverantwortlichen gegebenenfalls Zugriffe auf Daten aus technischer Sicht autorisieren. Hierbei sind auch etwaige Datenübermittlungen und somit Übertragungen oder Zugriffe zu bzw über Externe einzubeziehen. Die Verarbeitung von klassifizierten Daten darf nur auf Anordnung der Dateneigentümer erfolgen.

Auditnachweise:

- Darstellung der Organisationsstruktur innerhalb des Unternehmens/Fachbereich/Gruppe
- Dokumentation der Systemlandschaft und Zuordnung der Systemverantwortlichen
- Liste der System- oder Datenverantwortlichen für Systeme, die personenbezogene Daten verarbeiten
- Genehmigungsprozess für Datenzugriff
- Nachweise für die ordnungsgemäße Durchführung der definierten Verantwortungen

6. Kontrollbereich Organisation

Die Datenschutzorganisation stellt in erster Linie sicher, dass für die datenschutzrechtlichen Anforderungen entsprechende Verantwortlichkeiten, Dokumentationsgrundlagen sowie Rollen, Aufgaben und Kompetenzen festgelegt werden. Ein wesentliches Element der Datenschutzorganisation kann hierbei das Datenschutz-Managementsystem (DSMS) darstellen. Mit einem solchen System können die wesentlichen Bausteine im Datenschutz – Recht, Organisation, Prozess und IT – nachvollziehbar abgebildet und gesteuert werden. Unabhängig von der rechtlichen Festlegung, wann ein Datenschutzbeauftragter benannt werden muss, macht es für Unternehmen jedenfalls Sinn, eine Person (Datenschutzbeauftragten) zu nominieren, die sich um die Einführung und das Management dieser komplexen Thematik kümmert und damit eine strukturierte Führung der Datenschutzagenden sicherstellt.

So wird der Datenschutzbeauftragte kritische Unternehmensbereiche im Sinne der Verarbeitungstätigkeiten von personenbezogenen Daten identifizieren und deren Risiken bewerten sowie zusätzliche Verantwortlichkeiten für zB dezentrale Koordinatoren oder auch Gremien etablieren.

Letztendlich kann eine funktionierende Datenschutzorganisation nur dann bestehen und effizient arbeiten, wenn alle wesentlichen Organisationseinheiten eingebunden werden. Ein Managementsystem stellt dafür die ideale Basis dar. So können das DSMS und die dahinterliegende Organisation aber auch auf bereits bestehende Managementsysteme (zB ein Informationssicherheits-Managementsystem nach ISO 27001) zurückgreifen bzw sich darin integrieren. In diesem Fall kann das Unternehmen ein integriertes Managementsystem betreiben, in dem sämtliche datenschutzrechtliche Anforderungen mitabgedeckt werden.

Die nachfolgenden Verpflichtungen und Kontrollen sind somit stark an Unternehmensorganisationen und -strukturen ausgerichtet und können in der Praxis einerseits eigens etabliert oder in bereits bestehende Strukturen integriert werden.

6.1 Kontrollgruppe: Datenschutzkonzept und -management

Das Datenschutzkonzept stellt einerseits den Startpunkt für die Etablierung von Datenschutz laut DSGVO im Rahmen eines Projektes im Unternehmen dar und wird in weiterer Folge der wesentliche Nachweis für die Datenschutzorganisation und alle damit verbundene Aufgaben und Prozesse sein. Mit dem Datenschutzkonzept können sich Unternehmen von der derzeit oft gelebten Praxis der unkoordinierten (Ad-hoc-)Vorgehensweise hin in Richtung einer neuen, strukturierten, ganzheitlichen Datenschutzkultur bewegen. Eine ganzheitliche Datenschutzkultur erfordert auch eine Verknüpfung der Unternehmensbereiche Recht, Organisation, Prozess und IT sowie eine regelmäßige Überprüfung, ob die genannten Bereiche die geforderten Standards und rechtlichen Anforderungen erfüllen („Audit").

Wesentliches zentrales Element kann das Datenschutz-Managementsystem sein, welches umfänglich im DSMS-Handbuch des Unternehmens vom Datenschutzbeauftragten do-

kumentiert und im Sinne des kontinuierlichen Verbesserungsprozesses (KVP) laufend ergänzt und optimiert wird.

Verpflichtung (DSG 2000 § 11 Abs 2): Geheimhaltungspflicht für Auftraggeber (Verantwortliche), Mitarbeiter und Dienstleister (Auftragsverarbeiter), sofern ein rechtlich zulässiger Grund für eine Übermittlung diese Pflicht ausschließt

DSG 2000

Der Auftraggeber (Verantwortliche) im Sinne des DSG 2000 muss sicherstellen, dass sämtliche Mitarbeiter als auch Dienstleister (Auftragsverarbeiter), die mit der Verarbeitung von personenbezogenen Daten vertraut sind, hinsichtlich der Geheimhaltung dieser Informationen verpflichtet werden.

Verpflichtung (DSGVO Art 37): Benennung eines Datenschutzbeauftragten (DSB)

In Fällen, in denen die Verarbeitung durch eine Behörde oder öffentliche Stelle – mit Ausnahme von Gerichten oder unabhängigen Justizbehörden –, im privaten Sektor durch einen Verantwortlichen, dessen Kerntätigkeit die Verarbeitung im Rahmen einer regelmäßigen und systematischen Überwachung von Betroffenen im großen Umfang ist, oder wenn die Verarbeitung personenbezogener Daten im Zusammenhang mit strafrechtlichen Verurteilungen oder Straftaten erfolgt, müssen der Verantwortliche sowie Auftragsverarbeiter einen Datenschutzbeauftragten ernennen. In anderen Fällen kann ein Datenschutzbeauftragter ernannt werden.

Verpflichtung (DSGVO Art 37): Veröffentlichung und Mitteilung der Kontaktdaten des Datenschutzbeauftragten

Die Kontaktdaten des Datenschutzbeauftragten sind vom Verantwortlichen oder Auftragsverarbeiter zu veröffentlichen und der Aufsichtsbehörde mitzuteilen.

Verpflichtung (DSGVO Art 38): Verantwortlicher und Auftragsverarbeiter müssen sicherstellen, dass der Datenschutzbeauftragte seinen Aufgaben unabhängig nachkommen kann und die für die Erfüllung dieser Aufgaben erforderlichen Ressourcen sowie Zugang zu personenbezogenen Daten zur Verfügung gestellt wird

Der Datenschutzbeauftragte muss organisatorisch so im Unternehmen eingegliedert werden, dass seine Unabhängigkeit gewahrt bleibt. Er muss über die Kompetenz und das Recht verfügen, Informationen zu und über personenbezogene Daten jederzeit zu erhalten. Des Weiteren sind entsprechende Ressourcen für die Ausübung seiner Tätigkeit vom Unternehmen bereitzustellen.

Verpflichtung (DSGVO Art 38): Festlegung von Rechten und Pflichten bzw Kompetenzen des Datenschutzbeauftragten

Rechte, Pflichten und Kompetenzen des Datenschutzbeauftragten müssen entsprechend festgelegt, dokumentiert und diesem sowie den Mitarbeitern zur Kenntnis gebracht werden.

Verpflichtung (DSGVO Art 38): Berichtspflicht an ein Mitglied der obersten Leitung (Geschäftsführung) über die Einhaltung der Bestimmungen der DSGVO

Der Datenschutzbeauftragte ist verpflichtet, periodisch an die Geschäftsführung (oberste Leitung) über Maßnahmen zur Einhaltung der Bestimmungen der DSGVO zu berichten.

Verpflichtung (DSGVO Art 38): Verpflichtung zur Unterstützung des Datenschutzbeauftragten bei der Erfüllung seiner Aufgaben

Der Datenschutzbeauftragte muss sowohl Kompetenzen als auch Hilfsmittel und personelle sowie finanzielle Ressourcen erhalten, um seine Aufgaben ordnungsgemäß erfüllen zu können.

Verpflichtung (DSGVO Art 39): Verpflichtung zur Festlegung der Aufgaben des Datenschutzbeauftragten

Unter den festgelegten Aufgaben des Datenschutzbeauftragten müssen jedenfalls die im Art 39 angeführten Aufgaben enthalten sein (Unterrichtung und Beratung des Verantwortlichen, Überwachung und Einhaltung der DSGVO und anderer Datenschutzvorschriften, Beratung iZm der Datenschutz-Folgenabschätzung und Überwachung der daraus folgenden Maßnahmen, Zusammenarbeit mit der Aufsichtsbehörde, Anlaufstelle für die Aufsichtsbehörde und deren Fragen).

Verpflichtung (DSGVO Art 39): Durchführung der Folgenabschätzung bzw Risikobewertung im Zusammenhang mit der Verarbeitung von personenbezogenen Daten

Um mögliche Folgen für die Betroffenen und für den Verantwortlichen aus der Verarbeitung von personenbezogenen Daten abzuschätzen, muss der Datenschutzbeauftragte entsprechende Risikobewertungen im Unternehmen vornehmen und die Maßnahmen daraus entsprechend dokumentieren und verfolgen.

6.1.1 Kontrolluntergruppe: Datenschutzbeauftragter

ORG.01 Prüfung, ob Gründe zur Benennung des Datenschutzbeauftragten geprüft wurden bzw vorliegen

Referenz:	Kontrollart:	Querverweis:
DSGVO Art 37 Abs 1 ErwGr 97	Einmalig	ORG.02

Ziel:

Die Organisation sollte sicherstellen, dass bei Vorliegen der Gründe für die Ernennung eines Datenschutzbeauftragten die Ernennung im Unternehmen jedenfalls erfolgt. Hierzu kann in Verbindung mit der Ernennung der Grund entsprechend angegeben werden. Sofern kein Grund für die Ernennung des DSB vorliegt, sollten das Unternehmen und der Verantwortliche dies jedenfalls mit einer entsprechenden Begründung dokumentieren.

Auditnachweise:

- DSMS-Handbuch
- Begründung für die Ernennung
- Begründung für den Verzicht auf einen DSB

ORG.02 Prüfung, ob ein Datenschutzbeauftragter ernannt wurde

Referenz:	**Kontrollart:**	**Querverweis:**
DSGVO Art 37 ErwGr 97	Einmalig	ORG.01

Ziel:

Der Datenschutzbeauftragte ist hauptverantwortlich für das operative Datenschutzmanagement. Er sollte somit entsprechende Prozesse und Strukturen schaffen, damit die Organisation ihren datenschutzrechtlichen Verpflichtungen effektiv nachkommen kann. Bei der Benennung des Datenschutzbeauftragten sollte darauf geachtet werden, dass dieser einerseits die Bestimmungen des Datenschutzrechts kennt und versteht und andererseits aber auch technische Zusammenhänge richtig interpretieren kann.

Ein Datenschutzbeauftragter, der innerhalb der Organisation aus den Bereichen Recht oder Organisation kommt, könnte diese Anforderungen gut erfüllen. Er ist Hauptansprechpartner sowohl für das Management der Organisation als auch für die Mitarbeiter in sämtlichen Datenschutzangelegenheiten.

Auditnachweise:

- Datenschutzorganisation (Org-Chart)
- Dienstvertrag des DSB
- Offizielle Bestellung (Beschluss der Geschäftsleitung)

ORG.03 Veröffentlichung der Kontaktdaten des Datenschutzbeauftragten

Referenz:	**Kontrollart:**	**Querverweis:**
DSGVO Art 37 Abs 7 ErwGr 97	Anlassbezogen	ORG.02/ORG.04

Ziel:

Sofern ein Datenschutzbeauftragter ernannt wurde, sind dessen Kontaktdaten den betroffenen Personen zur Kenntnis zu bringen. Die Information zum Datenschutzbeauftragten sollte jedenfalls zum Zeitpunkt der Erhebung der Daten von Betroffenen erfolgen bzw zu diesem Zeitpunkt den Betroffenen zur Kenntnis gebracht werden.

Auditnachweise:

- Nachweis der Veröffentlichung der Kontaktdaten, zB Unternehmenswebsite

ORG.04 Mitteilung der Kontaktdaten des Datenschutzbeauftragten an die Aufsichtsbehörde

Referenz: DSGVO Art 37 Abs 7 ErwGr 97	**Kontrollart:** Einmalig	**Querverweis:** ORG.02/ORG.03/ORG.23

Ziel:

Die Kontaktdaten des Datenschutzbeauftragten sollen der Datenschutzbehörde schriftlich per E-Mail oder Brief mitgeteilt werden. Zusätzlich sollten aber auch Informationen zur Erreichbarkeit des Datenschutzbeauftragten den Betroffenen in einfacher und jederzeit verfügbarer Form übermittelt werden. Dies kann im Rahmen der Erhebung von Daten auf einem Informationsblatt oder direkt auf dem Erhebungsbogen sowie auch auf der Website des Unternehmens erfolgen. Die Organisation sollte sicherstellen, dass die Daten aktuell sind.

Auditnachweise:

- Erhebungsbogen
- Website
- Informationsblatt

ORG.05 Kontrolle, ob die Aufgaben des Datenschutzbeauftragten schriftlich vereinbart wurden

Referenz: DSGVO Art 37 ErwGr 97	**Kontrollart:** Einmalig	**Querverweis:** ORG.12

Ziel:

Die Ernennung des Datenschutzbeauftragten sollte schriftlich erfolgen, etwa im Rahmen des Dienstvertrags. Des Weiteren sollte für die Ernennung des Datenschutzbeauftragten ein Beschluss der Geschäftsführung oder des Vorstandes vorliegen. Im Rahmen dieses Beschlusses sollten jedenfalls auch die Kompetenzen, Rechte und Pflichten des Datenschutzbeauftragten festgelegt werden.

Im Rahmen eines DSMS-Handbuchs sollten die einzelnen Aufgaben und die Rolle des Datenschutzbeauftragten festgelegt werden und könnten auch in der Organisationsrichtlinie entsprechend adressiert werden.

Auditnachweise:

- Dienstvertrag
- Vorstandsbeschluss, Gremialbeschluss
- DSMS-Handbuch

ORG.06 Prüfung, ob der Datenschutzbeauftragte über ausreichendes Fachwissen und berufliche Qualifikation verfügt

Referenz:	**Kontrollart:**	**Querverweis:**
DSGVO Art 37 Abs 5 ErwGr 97	Regelmäßig	–

Ziel:

Eine wesentliche Voraussetzung für die Erfüllung der Aufgaben des Datenschutzbeauftragten ist dessen fachliche, aber auch soziale Eignung. So sollte der Datenschutzbeauftragte über eine entsprechende Ausbildung in Bezug auf das Datenschutzrecht verfügen. Des Weiteren sollte der Datenschutzbeauftragte auch über technisches Verständnis verfügen, um die technischen Maßnahmen und deren Effektivität beurteilen zu können. Zusätzlich zur fachlichen Eignung sollte auch eine soziale Kompetenz in Bezug auf Kommunikationsfähigkeit und lösungsorientiertes Vorgehen bestehen. Vorteilhaft wären jedenfalls – insbesondere, wenn die Umsetzung mit einem Projekt begonnen wird – die Erfahrung oder Ausbildung zum Projektmanagement.

Auditnachweise:

- Zeugnisse
- Schulungsnachweise

ORG.07 Nachweis der Bereitstellung von erforderlichen Ressourcen für die Aufgaben des Datenschutzbeauftragten

Referenz:	**Kontrollart:**	**Querverweis:**
DSGVO Art 38 Abs 2 ErwGr 97	Regelmäßig	–

Ziel:

Es sollten dem Datenschutzbeauftragten zusätzlich zu den finanziellen Ressourcen, die er für die Erfüllung seiner Aufgaben benötigt, vor allem auch zeitliche und organisatorische Ressourcen bereitgestellt werden. Der Wille des Managements zur Bereitstellung von Ressourcen könnte entweder im DSMS-Handbuch oder in einer Datenschutzrichtlinie als Ziel festgelegt werden. In manchen Organisationen kann es Sinn machen, dem Datenschutzbeauftragten ein eigenes Budget zur Verfügung zu stellen bzw sollten jedenfalls in Schnittstellenbereichen wie IT- oder Rechtsabteilungen entsprechende Budgetposten vorbereitet werden.

Auditnachweise:

- DSMS-Handbuch
- Kennzahlen (KPIs) zu Ressourcen
- Budgetplanung

ORG.08 Nachweis des Rechts zur Einsichtnahme in alle für die Verarbeitung von personenbezogenen Daten relevanten Systeme und Dokumentationen

Referenz: DSGVO Art 38 Abs 1 ErwGr 97	**Kontrollart:** Regelmäßig	**Querverweis:** ORG.12

Ziel:

Zur ordnungsgemäßen Erfüllung der Aufgaben des Datenschutzbeauftragten sollte dieser über umfangreiche Kompetenzen zur Einsichtnahme in Dokumente, Unterlagen oder Systeme und Daten verfügen. Diese Kompetenzen sollten offiziell von Seiten der Geschäftsleitung erteilt werden und innerhalb des Unternehmens bekannt gemacht werden.

Es kann im Falle eines Datenvorfalls erforderlich sein, dass der Datenschutzbeauftragte zur Einschätzung des Schadens im Rahmen der Folgenabschätzung Einsicht in vertrauliche oder kritische Daten erhalten muss. Auch dies sollte im Vorfeld bereits geklärt werden, sodass es zu keiner Verzögerung in der Behandlung des Vorfalls kommt.

Auditnachweise:

- Kompetenzregelung
- Stellenbeschreibung
- DSMS-Handbuch
- Beschluss der Geschäftsleitung/Vorstandsbeschluss/Gremialbeschluss

ORG.09 Sicherstellung der Unabhängigkeit des Datenschutzbeauftragten

Referenz: DSGVO Art 38 Abs 3 und 6 ErwGr 97	**Kontrollart:** Regelmäßig	**Querverweis:** ORG.12

Ziel:

Der Datenschutzbeauftragte sollte unabhängig und somit weisungsfrei handeln können. Des Weiteren sollten entsprechende Regelungen vorliegen, die diese Weisungsfreiheit garantieren und des Weiteren auch sicherstellen, dass dem Datenschutzbeauftragten in korrekter Ausübung seiner Aufgaben keine Nachteile entstehen.

Im Rahmen der Unabhängigkeit des DSB sollte aber auch in der Organisation bei dessen Ernennung sichergestellt werden, dass es zu keiner Ausübung von mehreren Funktionen kommt, die miteinander in Konflikt stehen. So könnte zB die Funktion des DSB und des IT-Leiters oder auch des Compliance Officers in einer Person durchaus einen Interessenkonflikt ergeben.

Auditnachweise:

- Dienstvertrag des Datenschutzbeauftragten
- Stellenbeschreibung

ORG.10 Nachweis der dokumentierten und von der Geschäftsleitung autorisierten Rechte und Pflichten bzw Kompetenzen des Datenschutzbeauftragten

Referenz:	**Kontrollart:**	**Querverweis:**
DSGVO Art 38 ErwGr 97	Regelmäßig	ORG.12

Ziel:

Um während der Ausübung der datenschutzrechtlichen Verpflichtungen durch den Datenschutzbeauftragten keine Kompetenzstreitigkeiten aufkommen zu lassen, sollten sämtliche mit seiner Person verbundenen Rechte und Pflichten dokumentiert werden. Die Rechte und Pflichten sollten des Weiteren im gesamten Unternehmen und somit sämtlichen Mitarbeitern bekannt sein.

Die Geschäftsleitung sollte die Kompetenzen des DSB offiziell genehmigen.

Auditnachweise:

- Beschluss der GL/Vorstandsbeschluss
- Dienstvertrag

ORG.11 Prüfung, ob der Datenschutzbeauftragte in wesentliche interne Unternehmensprozesse (zB IT, PMO) eingebunden wird

Referenz:	**Kontrollart:**	**Querverweis:**
DSGVO Art 38 ErwGr 97	Regelmäßig	ORG.12

Ziel:

Damit der Datenschutzbeauftragte die ihm aufgetragenen Aufgaben ordnungsgemäß und uneingeschränkt wahrnehmen kann, sollte dieser in sämtliche relevante Unternehmensprozesse eingebunden werden. Hierbei sollte primär auf die wichtigen Stakeholder (Schnittstellenbereiche wie zum Beispiel Personalabteilung, IT-Abteilung, Facility Management etc) für das Datenschutzmanagement besonderes Augenmerk gelegt werden. So kann der Datenschutzbeauftragte auch im Projektmanagement bereits in der Projektstartphase eingebunden werden, um datenschutzrelevante Aspekte bereits bei Projektbeginn zu berücksichtigen.

Dem Datenschutzbeauftragten sollte jedenfalls auch ein Einsichtnahmerecht in alle mit seinen Aufgaben verbundenen Unterlagen gewährt werden.

Auditnachweise:

- Projektmanagementprozess
- Organisationshandbuch
- Organisationsrichtlinie
- DSMS-Handbuch
- Bestehende Projektdokumentation (E-Mails, Protokolle)

6.1.2 Kontrolluntergruppe: Leitende Organe

ORG.12 Nachweis der Festlegung und Dokumentation von Rollen und Verantwortlichkeiten im Datenschutzmanagement

Referenz:	**Kontrollart:**	**Querverweis:**
DSGVO Art 38 ErwGr 97	Regelmäßig	PROZESS.29/ORG.08-ORG.11/ ORG.16/ORG.17/ ORG.18/ORG.20

Ziel:

Neben der Funktion des Datenschutzbeauftragten sollte das Unternehmen jedenfalls auch zusätzliche Rollen und Verantwortlichkeiten festlegen. Dies werden in der Praxis sogenannte Schnittstellenfunktionen (Stakeholder) sein. Darunter versteht man sämtliche Organisationsbereiche wie zB die IT-Abteilung, die Rechts- und Compliance-Abteilung oder auch das Gebäudemanagement für sämtliche Agenden rund um die Datensicherheitsmaßnahmen für den physischen Zutritt. Auch der Betriebsrat wäre eine Funktion, die im Rahmen des DSMS insofern berücksichtigt werden sollte, um gegebenenfalls mögliche Widerstände bereits im Vorfeld zu reduzieren.

Die ordnungsgemäße Durchführung der Prozesse im Datenschutzmanagement sollte durch den Datenschutzbeauftragten regelmäßig geprüft werden.

Auditnachweise:

- DSMS-Handbuch (Organisation)
- Organisationsrichtlinie
- Organisationshandbuch (Org-Chart)

ORG.13 Nachweis der Unterzeichnung der Leitlinie oder des Datenschutzhandbuches (DSMS-Handbuch) durch die Geschäftsleitung

Referenz:	**Kontrollart:**	**Querverweis:**
DSGVO Art 38 ErwGr 97	Regelmäßig	–

Ziel:

Die Geschäftsleitung soll mit ihrer Kompetenz nachweislich die Wichtigkeit der Rolle des Datenschutzbeauftragten für das Unternehmen zum Ausdruck bringen. Dies sollte jedenfalls der Organisation als auch externen Parteien zur Kenntnis gebracht werden und kann durch die Unterzeichnung einer entsprechenden obersten Leitlinie für Datenschutz oder einem sonstigen verpflichtenden Dokument erfolgen.

Auditnachweise:

- Oberste Leitlinie Datenschutz
- DSMS-Handbuch

ORG.14 Nachweis zur Berichtsdurchführung an ein Mitglied der obersten Leitung und Prüfung, ob der Datenschutzbeauftragte die oberste Leitung unterstützt

Referenz:	Kontrollart:	Querverweis:
DSGVO Art 38 Abs 3 DSGVO Art 39 a ErwGr 97	Regelmäßig	–

Ziel:

Der Datenschutzbeauftragte sollte in periodischen Abständen einen Bericht direkt an die oberste Leitung (Geschäftsleitung, Vorstand) übermitteln. Dieser Bericht sollte im Wesentlichen Informationen über die Effektivität des Datenschutz-Managementsystems (DSMS) beinhalten. Die Beratung des Verantwortlichen wird insbesondere bei der Übermittlung der Ergebnisse aus der Datenschutz-Folgenabschätzung erforderlich sein, da sich eventuell Restrisiken ergeben, deren Behandlung oder Akzeptanz vom Verantwortlichen entschieden werden muss. Hierzu sollten dem Verantwortlichen auch entsprechende Vorschläge unterbereitet werden.

Es empfiehlt sich, entsprechende Kennzahlen (KPIs) im DSMS zu entwickeln, die dem Management vergleichbare Werte über mehrere Berichte hinweg liefern, sodass dieses beurteilen kann, ob sich das DSMS rechtskonform und wirtschaftlich weiterentwickelt.

Neben der periodischen Berichterstellung empfiehlt sich jedenfalls eine Ad-hoc-Berichterstattung bei eingetretenen Datenschutzvorfällen.

Auditnachweise:

- Bericht an die oberste Leitung
- Risikobehandlungsplan (DS-Folgenabschätzung)

ORG.15 Nachweis der Verpflichtung des Datenschutzbeauftragten zur Vertraulichkeit

Referenz:	Kontrollart:	Querverweis:
DSGVO Art 39	Einmalig	ORG.05

Ziel:

Die Organisation sollte bereits bei der Bestellung und damit verbunden im Dienstvertrag eine erweiterte Vertraulichkeitsregelung mit dem Datenschutzbeauftragten treffen. Diese Notwendigkeit ergibt sich vor allem daraus, da der Datenschutzbeauftragte zur Erfüllung seiner Aufgaben umfangreiche Möglichkeiten der Einsichtnahme in Dokumente und Daten (darunter auch vertrauliche Daten) erlangt.

Auditnachweise:

- Dienstvertrag
- Vertraulichkeitsvereinbarung

ORG.16 Prüfung, ob Weisungsbefugnis des Datenschutzbeauftragten besteht

Referenz: DSGVO Art 39	**Kontrollart:** Einmalig	**Querverweis:** ORG.05/ORG.12

Ziel:

Zur Überwachung und Einhaltung der datenschutzrechtlichen Vorgaben benötigt der Datenschutzbeauftragte auch das Recht, fachliche Weisungen an Mitarbeiter, aber auch an leitende Angestellte zu erteilen. Dies ermöglicht ihm einerseits die Einsichtnahme in relevante Informationen und Daten, die er benötigt, als auch die verlässliche Einbringung von datenschutzrechtlichen Aspekten in Richtlinien sämtlicher Organisationsbereiche des Unternehmens.

Auditnachweise:

- Kompetenzregelung
- Stellenbeschreibung
- DSMS-Handbuch
- Organisationsrichtlinie

ORG.17 Prüfung der nachweislichen Zur-Kenntnis-Bringung von Pflichten des für die Verarbeitung Verantwortlichen

Referenz: DSGVO Art 39	**Kontrollart:** Regelmäßig	**Querverweis:** ORG.12

Ziel:

Der Datenschutzbeauftragte sollte sicherstellen, dass sämtliche datenschutzrechtlichen Pflichten für das Unternehmen dem Verantwortlichen nachweislich zur Kenntnis gebracht werden, sodass dieser entsprechende Einschätzungen (zB für Ressourcenbereitstellung) vornehmen kann.

Auditnachweise:

- Bericht oberste Leitung
- Protokoll

ORG.18 Nachweis von durchgeführten Schulungen und Sensibilisierungsmaßnahmen durch den Datenschutzbeauftragten für Mitarbeiter

Referenz: DSG 2000 § 15 DSGVO Art 32 Abs 4 DSGVO Art 39 Abs 1	**Kontrollart:** Regelmäßig	**Querverweis:** ORG.12

Ziel:

Damit sowohl die Geschäftsleitung als auch sämtliche mit Datenverarbeitungsvorgängen vertraute Mitarbeiter über die datenschutzrechtlichen Anforderungen unterrichtet werden, soll der Datenschutzbeauftragte entsprechende Schulungen durchführen. Ziel solcher Schulungen wäre jedenfalls auch die Sensibilisierung der Mitarbeiter im Zusammenhang mit Bedrohungen und Gefahren, die von innerhalb als auch von außerhalb der Organisation ausgehen können.

Die Schulungen sollten in periodischen Abständen wiederholt werden, um sicherzustellen, dass die Inhalte auch nicht in Vergessenheit geraten. Die Teilnahme an Schulungen sollte nachweislich dokumentiert werden und es könnte zur Prüfung der Effektivität der Schulung zB ein Quiz einige Zeit nach der Schulung durchgeführt werden.

Auditnachweise:

- Schulungsinhalte
- Schulungsprogramm
- Teilnahmeliste
- Test, Quiz-Ergebnisse

ORG.19 Prüfung, ob Unternehmensstrategie mit datenschutzrechtlichen Vorgaben abgestimmt wurde

Referenz:	Kontrollart:	Querverweis:
DSGVO Art 39	Einmalig	–

Ziel:

Im Rahmen der Festlegung von Datenschutzzielen als wesentlicher Teil des Datenschutz-Managementsystems sollte die Organisation auch die Unternehmensziele berücksichtigen. So könnten die Ziele im Datenschutzmanagement eine Unterstützung zur Erreichung der Unternehmensziele sein und sollten diesen zumindest nicht entgegenstehen.

Auditnachweise:

- Zieldefinition
- DSMS-Handbuch

ORG.20 Laufende Überwachung der Einhaltung von datenschutzrechtlichen Vorgaben

Referenz:	Kontrollart:	Querverweis:
DSGVO Art 39 Abs 1	Regelmäßig	ORG.12

Ziel:

Um sicherzustellen, dass die Vorgaben für den Datenschutz im Unternehmen auch umgesetzt und eingehalten werden, sollte das Unternehmen entsprechende Prozesse bzw

Prozesskontrollen umsetzen. So könnten im Rahmen des internen Kontrollsystems (IKS) einzelne Kontrollschritte auf den Anforderungen des Datenschutzmanagements basieren. Außerdem sollte der Datenschutzbeauftragte auch stichprobenweise Überprüfungen durchführen, ob dessen Richtlinien und interne Vorgaben eingehalten werden. Hierbei sollte jedoch abgeklärt werden, für welche der Maßnahmen eine Zustimmung des Betriebsrats (Stichwort Betriebsvereinbarung) erforderlich ist.

Für Verstöße gegen Richtlinien und Regelungen sollte ein Disziplinar- bzw Maßregelungsverfahren etabliert werden und den Mitarbeitern entsprechend präventiv zur Kenntnis gebracht werden.

Auditnachweise:

- IKS-Kontrollen
- Ergebnisse aus internen Datenschutzüberprüfungen
- Disziplinar-/Maßregelungsprozess

ORG.21 Prüfung der Integration des Datenschutzbeauftragten in technische (IT) Aktivitäten/Maßnahmen

Referenz:	**Kontrollart:**	**Querverweis:**
DSGVO Art 39	Regelmäßig	IT.13

Ziel:

Viele Maßnahmen zur Erhaltung des Datenschutzes und der damit verbundenen Datensicherheit können technisch umgesetzt werden. Der Datenschutzbeauftragte sollte jedenfalls im engen Kontakt mit dem IT-Leiter und dessen Mitarbeitern stehen und in sämtliche technische Maßnahmen im Zusammenhang mit Datenschutz rechtzeitig eingebunden werden.

Es sollten Checklisten etabliert werden, die im Rahmen von technischen (IT) Projekten auch den Datenschutz berücksichtigen und garantieren, dass bei Notwendigkeit der DSB kontaktiert und eingebunden wird.

Auditnachweise:

- Projektorganisation für IT-Projekte
- Etwaige Checklisten
- E-Mailverkehr
- Besprechungsprotokolle

ORG.22 Prüfung, ob der Datenschutzbeauftragte die Folgenabschätzung von Verantwortlichen und Auftragsverarbeitern überwacht

Referenz:	**Kontrollart:**	**Querverweis:**
DSGVO Art 39	Regelmäßig	RECHT.07/IT.18

Ziel:

Die Durchführung der Datenschutz-Folgenabschätzung und die damit verbundene Risikobehandlung müssen laufend überwacht werden. In der Praxis sollte aus dem Ergebnis der Folgenabschätzung ein Risikobehandlungsplan erarbeitet werden. Es sollte für jedes Risiko, das nicht akzeptiert oder übertragen wird – also behandelt werden muss –, ein Risikoeigentümer festgelegt werden. Der Datenschutzbeauftragte soll periodisch den Stand der Umsetzung und etwaige Verzögerungen prüfen.

Auditnachweise:

- Risikobehandlungsplan
- DS-Folgenabschätzung

ORG.23 Kontrolle der Zusammenarbeit des Datenschutzbeauftragten mit der Aufsichtsbehörde

Referenz:	**Kontrollart:**	**Querverweis:**
DSGVO Art 39	Regelmäßig	ORG.04

Ziel:

Neben der Bekanntgabe der Kontaktdaten des Datenschutzbeauftragten an die Aufsichtsbehörde sollte sich dieser bei Bedarf mit der Behörde abstimmen. Hierzu sollte der Datenschutzbeauftragte mit der Aufsichtsbehörde Kontakt aufnehmen, wenn er Fragen zur Interpretation bzw Umsetzung von datenschutzrechtlichen Anforderungen hat.

Der Datenschutzbeauftragte sollte auch Kontaktpersonen bei der Aufsichtsbehörde identifizieren, mit denen er zB bei Datenschutzvorfällen rasch in Verbindung treten kann bzw sich fachlich austauschen kann.

Auditnachweise:

- E-Mailverkehr
- Schriftverkehr
- Termine

6.1.3 Kontrolluntergruppe: Risikobewertung

ORG.24 Nachweis zur definierten und dokumentierten Methodik zur Risikobewertung

Referenz:	**Kontrollart:**	**Querverweis:**
DSGVO Art 24 DSGVO Art 32 Abs 2 ErwGr 76, 83	Regelmäßig	ORG.25-ORG.27/IT.18

Ziel:

Die Organisation sollte für die Identifikation von Risiken, die sich für Rechte und Freiheiten von natürlichen Personen ergeben, eine entsprechende Bewertungsmethodik entwickeln. Damit kann die Datenschutz-Folgenabschätzung im Rahmen eines Risikobewertungstools durchgeführt werden. Es sollten folgende Überlegungen für die Gestaltung der Methodik in Betracht gezogen werden:

- Bewertung nach Gefährdungen und Schwachstellen
- Bewertung basierend auf Informationswerten, Systemen und Daten (Asset-basierender Ansatz)
- Abbildung der Datenschutzorganisation samt Stakeholdern (technische, organisatorische Aspekte)
- Berücksichtigung der besonderen Kategorien von personenbezogenen Daten
- Risikoklassifizierung
- Risikoakzeptanzkriterien
- Risikobehandlungspläne

Auditnachweise:

- Risikomanagementhandbuch
- Risikobewertungstool
- Verantwortungen und Aufgaben im Zusammenhang mit der Risikoanalyse
- Vorgaben zur Durchführung der Risikoanalyse und Beschreibung der Methodik
- Vorgaben zur Behandlung und Nachverfolgung von Risiken

ORG.25 Definition von Risikoakzeptanzkriterien und Prüfung, ob diese von der Leitung genehmigt wurden

Referenz:	**Kontrollart:**	**Querverweis:**
DSGVO Art 24 ErwGr 75, 76	Regelmäßig	–

Ziel:

Im Rahmen der Risikobewertung sollten gemeinsam mit der Geschäftsführung Risikoakzeptanzkriterien festgelegt werden. Diese Kriterien garantieren, dass in erster Linie nur die wesentlichen Risiken (zB hohe und sehr hohe Risiken) behandelt werden und somit eine Priorisierung vorgenommen werden kann.

Es wird letztendlich vom Unternehmensgegenstand und der -strategie sowie der Komplexität der Organisation abhängen, ab welchem Risiko ein solches akzeptiert wird. Die Risikoakzeptanzkriterien sollten jedenfalls nachweislich dokumentiert werden.

Auditnachweise:

- Risikomanagementhandbuch
- Risikobewertungstool

ORG.26 Dokumentation von Berichterstattungsverfahren für Risiken sowie des Risikomanagementprozesses

Referenz:	Kontrollart:	Querverweis:
DSGVO Art 24 ErwGr 77	Regelmäßig	–

Ziel:

Die Verfahren für die Datenschutz-Folgenabschätzung und somit für das Risikomanagement sollten dokumentiert werden. In der Dokumentation wären insbesondere Verantwortlichkeiten, Bewertungsmethodik, Berichterstattung, Art der Risikobehandlung und Risikoakzeptanzkriterien festzulegen.

Der Risikomanagementprozess soll sämtlichen mit der Risikobewertung betrauten Mitarbeitern der Organisation zur Kenntnis gebracht werden und, soweit erforderlich, auch geschult werden.

Identifizierte Risiken, die nicht automatisch aufgrund der mit dem Verantwortlichen abgestimmten Risikoakzeptanzkriterien akzeptiert werden, müssen jedenfalls der obersten Leitung und somit dem Verantwortlichen zur Kenntnis gebracht werden. Der Datenschutzbeauftragte sollte Hintergründe zur Beurteilung anführen und dem Verantwortlichen Maßnahmen zur Risikobehandlung vorschlagen.

Die Berichterstattung von Risiken sollte vom DSB direkt an den Verantwortlichen und somit unverändert erfolgen und entsprechend dokumentiert werden.

Auditnachweise:

- Risikomanagementhandbuch
- Ergebnisbericht zur Risikobewertung (DS-Folgenabschätzung)
- Prozess zur Berichterstattung an die oberste Leitung
- DSMS-Handbuch

ORG.27 Nachweis zur Maßnahmenverfolgung

Referenz:	Kontrollart:	Querverweis:
DSGVO Art 24 Abs 1 und 2 DSGVO Art 32 Abs 2 ErwGr 74, 77	Regelmäßig	–

Ziel:

Sämtliche Risiken, die nicht akzeptiert oder übertragen werden, müssen nachweislich behandelt und damit einhergehend reduziert werden. Die identifizierten Risiken sowie deren Maßnahmen zur Risikoreduktion sollten in einem Risikobehandlungsplan erfasst und dokumentiert werden. Des Weiteren sollten je Risiko entsprechende fachlich zugehörige Risikoeigentümer zugeordnet werden. Die Risikoeigentümer sind für die ordnungsgemäße Umsetzung der Maßnahme verantwortlich.

Der Datenschutzbeauftragte sollte sicherstellen, dass die Behandlung von Risiken mit einem geplanten Endzeitpunkt versehen wird und den rechtzeitigen Abschluss der Maßnahme prüfen.

Auditnachweise:

- Risikobehandlungsplan
- Gegenüberstellung der identifizierten Risiken und der davon abgeleiteten Maßnahmen
- Abstimmung des Risikobehandlungsplans mit den Risikoeigentümern
- Maßnahmenplanung (inklusive Verantwortung und Umsetzungsplanung)

6.1.4 Kontrolluntergruppe: Verschwiegenheit

ORG.28 Prüfung, ob Mitarbeiter zur Einhaltung des Datenschutzrechts verpflichtet wurden

Referenz:	**Kontrollart:**	**Querverweis:**
DSGVO Art 32 Abs 4 DSG 2000 § 15	Regelmäßig	–

Ziel:

Sämtliche Personen, die innerhalb der Organisation Zugriff auf personenbezogene Daten haben, sollten über entsprechende nachweisliche Genehmigungen von Seiten des Verantwortlichen verfügen. Hierzu sollten Kontrollen festgelegt werden, die einen Zugriff auf personenbezogene Daten nur durch entsprechende Autorisierung ermöglichen.

Auftraggeber (Verantwortliche), Mitarbeiter und Dienstnehmer sollten Geheimhaltungserklärungen, die auf das Datenschutzgesetz verpflichten, schriftlich zur Kenntnis nehmen. Diese Erklärungen können auch bei neuen Mitarbeitern bereits in den Dienstvertrag mitaufgenommen werden.
Im Zuge der Unterzeichnung einer Geheimhaltungserklärung sollte darauf hingewiesen werden, dass diese auch nach Beendigung des Dienst- oder Auftragsverhältnisses weiter gilt.

DSG 2000

Auditnachweise:

- Dienstvertrag
- Geheimhaltungsverpflichtung
- Berechtigungsprozess für Datenzugriff
- Regelmäßiger Abgleich des Mitarbeiterverzeichnisses mit der Liste jener Personen, die bereits eine Datenschutz-Unterweisung erhalten haben
- Auswertung der Teilnahmebestätigung von den durchgeführten Datenschutzschulungen

ORG.29 Nachweis von unterfertigten Geheimhaltungsvereinbarungen (NDA) mit Auftragsverarbeitern

Referenz:	**Kontrollart:**	**Querverweis:**
DSGVO Art 29 DSGVO Art 32 Abs 4 ErwGr 85	Anlassbezogen	RECHT.33

Ziel:

Der Verantwortliche sollte mit dem Auftragsverarbeiter schriftlich festlegen, dass sämtliche von ihm verarbeiteten personenbezogenen Daten der Geheimhaltung unterliegen und nicht weitergegeben werden dürfen. In einer solchen Vereinbarung soll auch geregelt werden, dass der Auftragsverarbeiter auch seine Mitarbeiter unterweisen und zur Geheimhaltung verpflichten soll.

Auditnachweise:

- Dienstleistervertrag
- NDA, Geheimhaltungsvereinbarung
- Liste der aktuellen Auftragsverarbeiter und Abgleich dieser Liste mit den unterzeichneten Geheimhaltungsvereinbarungen
- Verifikation der übermittelten Datenarten an den jeweiligen Auftragsverarbeiter

6.2 Kontrollgruppe: Verantwortlichkeiten

Im Rahmen der Datenverarbeitung gilt es im Unternehmen mehrere Verantwortlichkeiten zu definieren. Insbesondere, wenn es um den Zugriff und die Verwendung bzw auch Weitergabe von personenbezogenen Daten geht, sind Autorisierungsprozesse einzuführen. Die Autorisierung darf nur durch definierte Verantwortliche gemäß den Vorgaben aus der DSGVO als auch gemäß sonstiger interner Vorgaben (Informationssicherheit, Internes Kontrollsystem etc) unter Berücksichtigung einer dokumentierten Begründung erfolgen. Des Weiteren muss das Unternehmen auch Verantwortlichkeiten für Prüfungstätigkeiten im Rahmen des Datenschutzmanagements (zB fachliche Vertragsprüfung oder auch Audit des DSMS) definieren.

Verpflichtung (DSGVO Art 27): Verpflichtung zur Benennung eines Vertreters in der Europäischen Union

Ein nicht in der Union niedergelassener Verantwortlicher oder Auftragsverarbeiter hat schriftlich einen Vertreter in der Union zu benennen, der in einem der Mitgliedstaaten niedergelassen sein muss, in denen sich die betroffenen Personen, deren personenbezogene Daten für die ihnen angebotene Ware oder Dienstleistung verarbeitet werden, befinden. Dieser ist als Anlaufstelle für die Aufsichtsbehörde und die betroffenen Personen zu beauftragen. Diese Pflicht besteht nicht, wenn die Ausnahmen des Abs 2 erfüllt sind (gelegentliche Verarbeitung, nicht umfangreiche Verarbeitung besonderer Datenkategorien gem Art 9, 10, kein Risiko für Rechte und Freiheiten natürlicher Personen, Behörden oder öffentliche Stellen).

Verpflichtung (DSGVO Art 28): Verpflichtung zur sorgfältigen Auswahl eines Auftragsverarbeiters

Bei der Auswahl von Auftragsverarbeitern, die Verarbeitungstätigkeiten durchführen sollen, muss der Verantwortliche Kriterien (Fachwissen, Ressourcen, technische und organisatorische Sicherheitsmaßnahmen etc) heranziehen, die die Zuverlässigkeit des Auftragsverarbeiters sicherstellen.

Verpflichtung (DSGVO Art 28): Verpflichtung zum Abschluss eines Vertrages oder eines Rechtsinstruments, basierend auf Unionsrecht oder dem Recht des betreffenden Mitgliedstaats, mit dem Auftragsverarbeiter

Bei der Auswahl von Auftragsverarbeitern, die Verarbeitungstätigkeiten durchführen sollen, muss der Verantwortliche mit diesen einen Vertrag, in dem Dauer/Art/Zweck der Verarbeitung sowie die Art der Daten, Kategorien der betroffenen Personen und die Rechte und Pflichten des Auftragsverarbeiters enthalten sind, abschließen.

Verpflichtung (DSGVO Art 28): Einhaltung der Mindestanforderungen/Voraussetzungen für die Vertragsgestaltung mit Auftragsverarbeitern

Bei der Ausgestaltung des Vertrags müssen jedenfalls folgende Themen behandelt werden:

- *Datenverarbeitung erfolgt nur auf Weisung des Verantwortlichen*
- *Einhaltung von Datensicherheitsmaßnahmen*
- *Auftragsverarbeiter ergreift alle gem Art 30 erforderlichen Maßnahmen (DSG 2000 § 14)*
- *Unterstützung des Verantwortlichen bei Einhaltung seiner Pflichten*
- *Rückstellungspflicht bzw Löschungsverpflichtung des Auftragsverarbeiters nach Beendigung der Verarbeitungsleistung*

Im Rahmen des DSG 2000 muss der Dienstleister (Auftragsverarbeiter) bei der Verarbeitung von personenbezogenen Daten des Auftraggebers (Verantwortlichen) zur Einhaltung der Datensicherheitsmaßnahmen gem § 14 verpflichtet werden.

DSG 2000

Verpflichtung (DSGVO Art 28): Die Vertragsgestaltung muss in Schriftform erfolgen

Der Vertrag zwischen Verantwortlichem und Auftragsverarbeiter muss in Schriftform erfolgen, wobei dies auch in elektronischer Form möglich ist. Die Vereinbarung kann gem DSGVO Art 28 auch auf die Standardvertragsklauseln der Kommission (Abs 7) oder der Aufsichtsbehörde (Abs 8) Bezug nehmen.

6.2.1 Kontrolluntergruppe: Auftragsverarbeitung

ORG.30 Prüfung des Prozesses für den Umgang mit Drittparteien

Referenz:	**Kontrollart:**	**Querverweis:**
DSGVO Art 28 ErwGr 81	Regelmäßig	RECHT.32/ORG.31/ORG.33-ORG.36

Ziel:

Die Organisation sollte für die Zusammenarbeit mit Lieferanten oder Drittparteien (Auftragsverarbeiter) einen entsprechenden Prozess etablieren, der sicherstellt, dass sowohl datenschutzrechtliche als auch sicherheitsrelevante Vorgaben und Regelungen von der Drittpartei eingehalten werden.

In einem solchen Prozess sollten jedenfalls Vorgaben für Geheimhaltungsvereinbarungen bestehen. Der Prozess sollte innerhalb der Organisation bekannt sein und von sämtlichen Mitarbeitern, die mit Lieferanten und Drittparteien zusammenarbeiten, eingehalten werden.

Auditnachweise:

- Leitlinie zum Umgang mit Lieferanten und Drittparteien
- Einkaufsprozess
- Geheimhaltungsvereinbarung
- Lieferantenverträge

ORG.31 Nachweis interner Regelungen für den Umgang mit Drittparteien (Drittparteienrichtlinie)

Referenz:	**Kontrollart:**	**Querverweis:**
DSGVO Art 28 ErwGr 81	Einmalig	RECHT.32/ORG.30

Ziel:

Für den Umgang mit Lieferanten, Drittparteien oder Auftragsverarbeitern sollen Regelungen getroffen werden, die eine Konformität mit dem Datenschutzrecht und den Sicherheitsanforderungen garantieren.

So könnten im Rahmen eines dafür etablierten Prozesses Vorgaben für die Einkaufsabteilung getroffen werden, die sich aus den Anforderungen des Datenschutzes ergeben (zB verpflichtende Geheimhaltungsvereinbarung, Risikobewertung des Auftragsverarbeiters, vertragsrechtliche Vorgaben wie Auditrecht von Seiten des Verantwortlichen beim Auftragsverarbeiter etc).

Die Organisation sollte jedenfalls sicherstellen, dass keine personenbezogenen Daten an Externe übermittelt werden, sofern diese nicht über eine vertragliche oder gesetzliche

Ermächtigung verfügen. Diese und jene Voraussetzungen gem Art 28 Abs 3 DSGVO wären somit im Vorfeld zu prüfen.

Auditnachweise:

- Leitlinie zum Umgang mit Lieferanten und Drittparteien (Auftragsverarbeiter)

ORG.32 Nachweis für Garantien des Auftragsverarbeiters zur Einhaltung datenschutzrechtlicher Anforderungen und zum Schutz der personenbezogenen Daten

Referenz:	**Kontrollart:**	**Querverweis:**
DSGVO Art 28 ErwGr 81	Anlassbezogen	RECHT.32

Ziel:

Der Verantwortliche und dessen Organisation sollten sicherstellen, dass die in Art 28 Abs 3 DSGVO angeführten Voraussetzungen von Seiten des Auftragsverarbeiters erfüllt werden. Hierzu sollte sich der Verantwortliche ein Auditrecht zusichern, um selbst oder durch einen von ihm beauftragten Sachkundigen die Prüfung direkt beim Auftragsverarbeiter vornehmen zu können.

Wenn möglich sollten weitere Nachweise wie zB Zertifikate, die einen sorgfältigen Umgang mit Daten und die Einhaltung datenschutzrechtlicher Anforderungen garantieren, eingeholt werden. Dadurch kann zumindest durch ein periodisches Audit von Seiten einer unabhängigen Zertifizierungsstelle das eigene Auditrecht übertragen werden. Als Zertifizierungsnachweis könnte zB eine Zertifizierung nach ISO 27001 passend sein.

Bei Zertifikaten als Nachweis sollte jedenfalls die Gültigkeitsdauer des Zertifikats geprüft werden und eine Wiedervorlage nach der Re-Zertifizierung vereinbart werden.

Auditnachweise:

- Zertifikat
- Interne Leitlinien/Richtlinien des Auftragsverarbeiters
- Interne Schulungsunterlagen des Auftragsverarbeiters
- Vertragliche Zusicherung und Bestätigung der Maßnahmen

ORG.33 Prüfung des Genehmigungsverfahrens für die Auswahl von Auftragsverarbeitern

Referenz:	**Kontrollart:**	**Querverweis:**
DSGVO Art 28 ErwGr 81	Regelmäßig	ORG.30

Ziel:

Im Prozess für die Auswahl von Auftragsverarbeitern (Lieferanten, Drittparteien, Dienstleister) soll eine formale Genehmigung der Zusammenarbeit festgelegt werden. Hierfür sollten die Voraussetzungen für die Zusammenarbeit (insb jene des Art 28) auf Erfüllung geprüft werden.

Auditnachweise:

- Leitlinie für den Umgang mit Lieferanten und Drittparteien
- Lieferantenprozess/Einkaufsprozess
- Einkaufsbedingungen

ORG.34 Nachweis einer Liste von Auftragsverarbeitern und übermittelte Daten an diese

Referenz: DSGVO Art 28 ErwGr 81	**Kontrollart:** Regelmäßig	**Querverweis:** ORG.30

Ziel:

Die Organisation sollte eine Übersicht von allen Auftragsverarbeitern führen, die für das Unternehmen tätig sind bzw personenbezogene Daten verarbeiten. Eine solche Liste sollte auch beim Datenschutzbeauftragten aufliegen, sodass dieser die Information im DSMS und hier insbesondere im Rahmen der Datenschutz-Folgeabschätzung verwenden kann.

Zu jedem Auftragsverarbeiter sollte erfasst werden, welche personenbezogenen Daten in welcher Form an diesen übermittelt werden bzw mit welchen Aufgaben dieser beauftragt wurde.

Auditnachweise:

- Liste über Auftragsverarbeiter
- Dokumentation der übermittelten personenbezogenen Daten an Auftragsverarbeiter
- Verzeichnis der Verarbeitungstätigkeiten

ORG.35 Prüfung auf Einspruchsrecht gegen weitere Sub-Auftragsverarbeiter

Referenz: DSGVO Art 28 ErwGr 81	**Kontrollart:** Anlassbezogen	**Querverweis:** ORG.30

Ziel:

Die Organisation sollte sicherstellen, dass die von ihr beauftragten Auftragsverarbeiter keine weiteren Auftragsverarbeiter (Dienstleister) in Anspruch nehmen dürfen und können, solange keine Zustimmung des Verantwortlichen vorliegt. Hierzu sind entsprechende Vertragsklauseln aufzunehmen.

Auditnachweise:

- Auftragsverarbeitervertrag

ORG.36 Inhaltliche Prüfung des Vertrags auf Mindestanforderungen/Voraussetzungen (Zertifizierung)

Referenz:	Kontrollart:	Querverweis:
DSGVO Art 28 Abs 3 ErwGr 81	Anlassbezogen	ORG.30

Ziel:

Der Verantwortliche und seine Organisation sollen mit dem Auftragsverarbeiter schriftlich regeln und somit eine Vereinbarung treffen, dass dieser an den Verantwortlichen gebunden ist und die an ihn übermittelten personenbezogenen Daten nur zweckgemäß und für die vereinbarte Dauer verarbeiten darf.

Des Weiteren soll geregelt werden, dass der Auftragsverarbeiter folgende Punkte sicherstellt:

- Personenbezogene Daten sollen nur auf schriftliche Weisung verarbeitet werden
- Mitarbeiter sollen zur Vertraulichkeit und Verschwiegenheit verpflichtet werden
- Entsprechende Datensicherheitsmaßnahmen sollen ergriffen werden
- Die technischen und organisatorischen Maßnahmen sollen insbesondere in Bezug auf die Betroffenenrechte umgesetzt werden
- Nach Vertragsbeendigung sollen sämtliche personenbezogene Daten dem Verantwortlichen retourniert werden bzw sollen diese nachweislich vernichtet werden
- Dem Verantwortlichen sollen sämtliche Informationen bereitgestellt werden, die er braucht, um seinen datenschutzrechtlichen Pflichten nachzukommen
- Die Anwendbarkeit von Standardvertragsklauseln soll geprüft werden

Im Rahmen des DSG 2000 soll der Vertrag in schriftlicher Form und nicht elektronisch vorliegen.

DSG 2000

Auditnachweise:

- Dienstleistervertrag

6.2.2 Kontrolluntergruppe: Datenverarbeitung

ORG.37 Prüfung, ob ein Vertreter in der Union zu benennen ist

Referenz:	Kontrollart:	Querverweis:
DSGVO Art 27 ErwGr 80	Anlassbezogen	–

Ziel:

Organisationen, die nicht in der Europäischen Union ihren Firmensitz haben, aber Daten zu Betroffenen verarbeiten, die in der Europäischen Union wohnhaft sind, sollten im Vorfeld prüfen, ob sie einen Vertreter in der Europäischen Union benennen müssen.

Das Prüfverfahren zur Ernennung eines Vertreters des Verantwortlichen in der EU soll jedenfalls berücksichtigen, ob Betroffenen in der EU Waren und/oder Dienstleistungen angeboten werden und/oder ob das Verhalten von Betroffenen in der EU im Rahmen der Datenverarbeitung beobachtet wird.

Zusätzlich sollen die Ausnahmegründe in Art 27 DSGVO geprüft werden.

Jedenfalls ist bei der Benennung eines Vertreters sicherzustellen, dass dieser seinen Sitz in jenem Land der EU hat, in dem die personenbezogenen Daten der Betroffenen verarbeitet werden.

Die Organisation sollte dafür entsprechende Prüfprozesse etablieren, sofern sie nicht in der Europäischen Union niedergelassen ist.

Auditnachweise:

- Dokumentation der erfolgten Bestellung des Vertreters
- Nachweis der ausdrücklichen Bestellung und schriftlichen Beauftragung
- Prüfungsergebnis (bei nicht in der EU niedergelassenen Unternehmen)
- Liste von Vertretern in der EU

ORG.38 Prüfung, ob eine Ausnahme von der Pflicht zur Benennung eines Vertreters vorliegt

Referenz:	**Kontrollart:**	**Querverweis:**
DSGVO Art 27 Abs 2 ErwGr 80	Anlassbezogen	ORG.37

Ziel:

Klärung, ob Vertreter notwendig ist

Auditnachweise:

- Dokumentation der Nicht-Notwendigkeit
- Liste der Vertreter

ORG.39 Prüfung, ob die Vorgaben für einen Vertreter (Niederlassung in MS, Beauftragung) erfüllt werden

Referenz:	**Kontrollart:**	**Querverweis:**
DSGVO Art 27 Abs 3, 4 ErwGr 80	Anlassbezogen	RECHT.29/ORG.37

Ziel:

Sobald ein Vertreter in der Europäischen Union für den Verantwortlichen ernannt werden muss, da der Verantwortliche selbst nicht in der EU niedergelassen ist, sollte die Organisation prüfen, ob der oder die Vertreter in einem Land niedergelassen sind, in denen die Betroffenen, deren personenbezogene Daten verarbeitet werden, wohnhaft sind. Der Vertreter und dessen Kontaktdaten sind der Aufsichtsbehörde bekannt zu geben.

Behörden oder öffentlichen Stellen sollte bewusst sein, dass die Ernennung eines Vertreters für sie nicht verpflichtend ist.

Auditnachweise:

- Dokumentation der Erfüllung der Vorgaben
- Bestätigung der Niederlassung und Beauftragung
- Information zum Vertreter
- Vertrag mit dem Vertreter

7. Kontrollbereich IT

Dem Fachbereich „IT" wird im Rahmen der Datenschutzanforderungen eine wesentliche Rolle zuteil. Generelle Datensicherheitsmaßnahmen werden nicht von den jeweiligen Fachbereichen oder Systemverantwortlichen ergriffen, sondern müssen zentral durch den Fachbereich „IT" umgesetzt werden. Insbesondere wo eine automatisierte Verarbeitung von Daten erfolgt, ist der Fachbereich „IT" besonders gefordert, entsprechende Maßnahmen, wie beispielsweise Benutzerverwaltung oder Access-Management, zu etablieren.

Mithilfe der Kontrollen in diesem Kontrollbereich werden Anforderungen der Datenschutzgrundverordnung an den Fachbereich „IT" präzisiert. Darüber hinaus werden diese durch zusätzliche Anforderungen aus dem Datenschutzgesetz 2000, die während der Übergangsfrist von zwei Jahren Gültigkeit haben, ergänzt.

Die beschriebenen Verpflichtungen bzw Kontrollen sind großteils technisch orientiert und richten sich vor allem an die Mitarbeiter der IT-Abteilung und sollten in Abstimmung mit dem Datenschutzbeauftragten evaluiert und umgesetzt werden. Mithilfe dieser Kontrollen sollte eine ausreichende Grundlage für Datensicherheit iS des gültigen Datenschutzgesetzes geschaffen werden.

Zur Umsetzung der in diesem Kapitel jeweils beschriebenen Verpflichtungen und Kontrollen, empfehlen wir die Anwendung von anerkannten Standards und „Good Practice" wie beispielsweise ISO 27001/27002, ITIL[25] oder BSI[26] IT-Grundschutz-Kataloge.

7.1 Kontrollgruppe: Aufbewahrung von Daten

Wie bereits in Kapitel 3.2.3 erwähnt, dürfen Daten nur so lange aufbewahrt werden, wie es für die Zwecke, für die sie verarbeitet werden, erforderlich ist. Mithilfe von technischen oder organisatorischen Maßnahmen sollte sichergestellt werden, dass die erforderlichen Mindestaufbewahrungsfristen nicht unterschritten und gleichzeitig die Verfügbarkeitsanforderungen sichergestellt werden können. Insbesondere sieht das Datenschutzgesetz 2000 eine definierte Mindestaufbewahrungsfrist bei Protokoll- und Dokumentationsdaten von drei Jahren vor, die während der Übergangsfrist von zwei Jahren, in der das bestehende Datenschutzgesetz weiterhin Gültigkeit hat, berücksichtigt werden muss.

Verpflichtung (DSG 2000 § 14): Verpflichtung zur Aufbewahrung von Protokoll- und Dokumentationsdaten

DSG 2000

Sofern gesetzlich nicht ausdrücklich anderes angeordnet, müssen Protokoll- und Dokumentationsdaten drei Jahre lang aufbewahrt und die Verfügbarkeit und Lesbarkeit sichergestellt werden. Sofern der betroffene Datenbestand rechtmäßig früher gelöscht wurde, sind auch die zugehörigen Protokoll- und Dokumentationsdaten zu löschen. Gemäß DSG 2000 § 14 Abs 2 Z 7 ist auch ein Protokoll über die tatsächlich durchgeführten

[25] IT Infrastructure Library.
[26] Bundesamt für Sicherheit in der Informationstechnik.

Verwendungsvorgänge, wie insbesondere Änderungen, Abfragen und Übermittlungen, zu führen.

Verpflichtung (DSGVO Art 17): Recht auf Löschung

Sofern die in der DSGVO angeführten Gründe zutreffend sind, ist der Verantwortliche bzw der Datenverarbeiter verpflichtet, die personenbezogenen Daten unverzüglich zu löschen. Dabei sollte der Verantwortliche, unter Berücksichtigung der verfügbaren Technologien und der ihm zur Verfügung stehenden Mittel, angemessene Maßnahmen treffen, um die Verantwortlichen, die diese personenbezogenen Daten verarbeiten, über den Antrag der betroffenen Person zu informieren.

Verpflichtung (DSGVO Art 18): Einschränkung der Verarbeitung

Sofern eine Datenlöschung aus den in der DSGVO angeführten Gründen nicht möglich ist, müssen entsprechende Vorkehrungen zur Einschränkung der Verarbeitung durch den Verantwortlichen getroffen werden. Auf die Tatsache, dass die Verarbeitung der personenbezogenen Daten beschränkt wurde, muss unmissverständlich hingewiesen werden.

Verpflichtung (DSGVO Art 19): Mitteilungspflicht im Zusammenhang mit der Datensperrung oder -löschung

Die Durchführung von rechtmäßig beantragten Datensperrungen oder -löschungen muss durch den Verantwortlichen an die betroffenen Personen in geeigneter Art und Weise kommuniziert werden.

Verpflichtung (DSGVO Art 24 Abs 1): Verpflichtung zum Nachweis geeigneter Datenschutzvorkehrungen

Die Einhaltung der Datenschutzvorkehrungen kann gegebenenfalls überprüft werden. Aus diesem Grund müssen Nachweise für geeignete Datenschutzvorkehrungen beispielsweise in Form von genehmigten Verhaltensregeln, einem Datenschutzkonzept, genehmigten Zertifizierungsverfahren, Leitlinien oder Hinweisen eines Datenschutzbeauftragten vorhanden sein.

Verpflichtung (DSGVO Art 25 Abs 2): Sicherstellung, dass Daten nicht länger als nötig gespeichert werden

Der Verantwortliche muss geeignete und wirksame Maßnahmen treffen und nachweisen können, dass die verarbeiteten Daten nur solange gespeichert werden, wie sie für den eigentlichen Verwendungszweck erforderlich sind. Dazu sind geeignete Verfahren zu entwickeln, um nicht erforderliche Daten sicher zu löschen bzw den Zugriff zu sperren.

Verpflichtung (DSGVO Art 32 Abs 1d): Verfahren zur regelmäßigen Überprüfung der Wirksamkeit

Der Verantwortliche muss ein Verfahren zur regelmäßigen Überprüfung, Bewertung und Evaluierung der Wirksamkeit der technischen und organisatorischen Maßnahmen zur Gewährleistung der Sicherheit der Verarbeitung vorsehen. Zu diesem Zweck sind geeignete Nachweise (zB Protokolle) zu erstellen.

7.1.1 Kontrolluntergruppe: Aufbewahrungszeiten

IT.01 Klassifizierung von Daten

Referenz:	Kontrollart:	Querverweis:
DSG 2000 § 14 Abs 5 DSGVO Art 18 DSGVO Art 25 Abs 2 ErwGr 67, 78	Anlassbezogen	PROZESS.80/IT.02

Ziel:

Die Verarbeitung von personenbezogenen Daten soll gem DSG 2000 protokolliert und die Aufzeichnungen sicher aufbewahrt werden. Um den Anforderungen des Datenschutzgesetzes gerecht zu werden, sollen demnach sowohl die verarbeiteten Daten als auch die zugehörigen Protokolldaten entsprechend den Ursprungsdaten klassifiziert werden. Es soll ein direkter Zusammenhang zwischen verarbeiteten Daten (Ursprungsdaten) und der entsprechenden Dokumentation herstellbar sein. Anhand der Datenklassifikation sollen entsprechende Maßnahmen zur Aufbewahrung (Umgang mit klassifizierten Daten) ableitbar sein.

Auditnachweise:

- Vorgaben zu Datenklassifikation und Umgang mit klassifizierten Daten
- Vorgaben zur Kennzeichnung von klassifizierten Daten
- Gekennzeichnete klassifizierte Daten bzw Verzeichnisse mit klassifizierten Daten

IT.02 Dokumentation der erforderlichen Aufbewahrungspflichten von klassifizierten Daten

Referenz:	Kontrollart:	Querverweis:
DSG 2000 § 14 Abs 5 DSGVO Art 18 DSGVO Art 25 Abs 2 ErwGr 67, 78	Anlassbezogen	PROZESS.80/IT.01

Ziel:

Die Aufbewahrung der verarbeiteten personenbezogenen Daten soll an den tatsächlichen Verarbeitungszweck gebunden sein und jeder Verarbeitungszweck dokumentiert werden.

Gemäß DSG 2000 sollen Protokoll- und Dokumentationsdaten, sofern gesetzlich nicht ausdrücklich anderes angeordnet, drei Jahre lang aufbewahrt werden. Die Vorgaben der DSGVO sehen keine derartige zeitliche Regelung der erforderlichen Aufbewahrungszeiten vor.

Mithilfe der vorhandenen Aufzeichnungen sollen die Aufbewahrungspflichten im Zusammenhang mit Protokoll- und Dokumentationsdaten nachvollziehbar erfasst werden.

Auditnachweise:

- Auflistung der erstellten Protokoll- und Dokumentationsdaten sowie der zugehörigen Verarbeitungszwecke
- Dokumentation der erforderlichen Aufbewahrungsfristen und Kontrolle der Einhaltung
- Dokumentation der Verarbeitung von personenbezogenen Daten

7.1.2 Kontrolluntergruppe: Sperr- und Löschkonzept

IT.03 Erstellung von Datenflussdiagrammen zur Identifikation der relevanten Daten und Systeme

Referenz: DSGVO Art 25 Abs 2 ErwGr 78	**Kontrollart:** Einmalig	**Querverweis:** IT.04/IT.05

Ziel:

Um alle Speicherorte von personenbezogenen Daten zu identifizieren, sollen die einzelnen Verarbeitungsschritte sowie der zugehörige Datenfluss im Rahmen der Datenverarbeitung bereits im Vorfeld identifiziert und dokumentiert werden. Mithilfe dieser Maßnahme soll in weiterer Folge sichergestellt werden, dass im Anlassfall alle vorhandenen Kopien oder Verarbeitungsergebnisse von personenbezogenen Daten sicher gelöscht bzw der Zugriff entsprechend gesperrt wird.

Auditnachweise:

- Dokumentation der Datenflüsse im Rahmen der Datenverarbeitung
- Nachweis der übermittelten Daten zwischen den unterschiedlichen Systemen
- Klassifizierung der Systeme anhand der Datenflüsse

IT.04 Sperrverfahren von nicht mehr benötigten Daten

Referenz: DSGVO Art 18 DSGVO Art 25 Abs 2 ErwGr 67, 78	**Kontrollart:** Anlassbezogen	**Querverweis:** IT.07

Ziel:

Gemäß den Vorgaben der DSGVO dürfen Daten nur solange aufbewahrt werden, wie sie für den eigentlichen Verarbeitungszweck erforderlich sind. Allerdings ist eine Löschung der Daten häufig nicht unmittelbar durchführbar. Für diese Zwecke soll ein Sperrkonzept der betroffenen Daten entwickelt werden, mit dessen Hilfe der Zugriff unterbunden werden kann. Alle durchgeführten Zugriffssperren und die Prüfung der Wirksamkeit sollen nachweislich dokumentiert werden.

Auditnachweise:

- Nachvollziehbare Dokumentation mit tatsächlichem Zeitpunkt der durchgeführten Zugriffssperren
- Prüfung der durchgeführten Zugriffssperren
- Dokumentation der autorisierten Zugriffe auf gesperrte Daten

IT.05 Entwicklung eines Datenlöschkonzeptes

Referenz:	Kontrollart:	Querverweis:
DSGVO Art 17 DSGVO Art 25 Abs 2 ErwGr 66, 78	Anlassbezogen	IT.07

Ziel:

Der Verantwortliche trifft geeignete technische und organisatorische Maßnahmen, die sicherstellen, dass durch Voreinstellung grundsätzlich nur personenbezogene Daten zugänglich sind, für die ein entsprechender Verarbeitungszweck vorhanden ist. Nicht mehr benötigte Daten sollen anhand von dem Stand der Technik entsprechenden Methoden sicher gelöscht werden.

Auditnachweise:

- Vorgaben zur sicheren Löschung bzw Vernichtung von Daten und Datenträgern
- Nachweisliches Löschen bzw Vernichtung von Daten oder Datenträgern
- Prüfung des angewendeten Löschverfahrens im Hinblick auf Effektivität

IT.06 Nachweis und Dokumentation der Datenlöschung und -sperrung

Referenz:	Kontrollart:	Querverweis:
DSGVO Art 17–19 DSGVO Art 25 Abs 2 ErwGr 66, 67, 78	Anlassbezogen	IT.04/IT.05

Ziel:

Zum Nachweis der Umsetzung des Löschungsbegehrens soll dieses entsprechend dokumentiert werden. Es empfiehlt sich, in der Dokumentation sowohl den Antrag als auch die daraus folgenden Maßnahmen festzuhalten. In der Datenanwendung sollte ein entsprechender Löschungsvermerk angebracht werden.

Der Verantwortliche ist verpflichtet, allen Empfängern, deren personenbezogene Daten offengelegt wurden, jede Berichtigung, Löschung oder Einschränkung der Verarbeitung in angemessener Art und Weise mitzuteilen.

Auditnachweise:

- Verfahrensbeschreibung
- Antrag zur Löschung

- Workflow bezüglich der Löschung
- Ausgefüllte Löschungs-Checkliste
- Löschungshinweis in Datenbank
- Archivsystem, Backup

IT.07 Abstimmung Backup-Konzept auf die Aufbewahrungszeiten

Referenz:	**Kontrollart:**	**Querverweis:**
DSG 2000 § 14 Abs 5 DSGVO Art 18 DSGVO Art 25 Abs 2 ErwGr 67, 78	Anlassbezogen	IT.04/IT.05/IT.06

Ziel:

Sofern der Verarbeitungszweck und eventuelle vertragliche oder gesetzliche Verpflichtungen nicht mehr vorliegen, sollen auch die gesicherten personenbezogenen Daten nach dem in Kontrolle IT.05 definierten Löschkonzept sicher gelöscht werden. Sofern dies technisch nicht umsetzbar ist, sollen kompensierende Maßnahmen, wie das in Kontrolle IT.04 dargelegte Sperrverfahren, auf gesicherte Daten angewandt werden.

Zu diesem Zweck sollte bereits bei der Konfiguration des Backups auf eine eventuell erforderliche Datenlöschung Rücksicht genommen werden, um diese im Anlassfall mit vertretbarem Aufwand durchführen zu können.

Auditnachweise:

- Datenlösch- bzw Sperrkonzept für gesicherte Daten (Backup)
- Überprüfung der Effektivität bei den gesperrten Datensicherungen
- Dokumentation der erforderlichen Aufbewahrungszeiten für die Datensicherungen

7.1.3 Kontrolluntergruppe: Protokollierung (Logdaten)

IT.08 Sicherstellung von Protokollen bei Tool-unterstützter Verarbeitung

Referenz:	**Kontrollart:**	**Querverweis:**
DSG 2000 § 14 Abs 2 DSGVO Art 24 Abs 1 DSGVO Art 32 Abs 1d ErwGr 83	Einmalig	IT.54-IT.57

Ziel:

Gemäß DSG 2000 § 14 Abs 2 Z 7 ist ein Protokoll zu führen, um die tatsächlich durchgeführten Verwendungsvorgänge nachvollziehen zu können. Diese Protokollierung ist, unter Berücksichtigung der Ausnahmefälle, drei Jahre lang aufzubewahren. Mithilfe dieser

Kontrolle sollen die Verarbeitungsschritte mithilfe der vorhandenen Logdaten für Dritte nachvollziehbar dokumentiert werden.

Darüber hinaus sollten Logging-Maßnahmen zur Überprüfung, Bewertung und Evaluierung der Wirksamkeit der technischen und organisatorischen Maßnahmen gem DSGVO Art 24 zur Gewährleistung der Sicherheit der Verarbeitung in Erwägung gezogen werden.

Auditnachweise:

- Auszug aus den Tool-Logdaten
- Exemplarische Darstellung eines Verarbeitungsschrittes und des zugehörigen Logdaten-Eintrages
- Verifikation der Logdaten-Einstellungen im verwendeten Tool

IT.09 Sicherstellung der Lesbarkeit und der Inhalte von Protokollen

Referenz:	**Kontrollart:**	**Querverweis:**
DSG 2000 § 14 Abs 2 DSGVO Art 24 Abs 1 DSGVO Art 32 Abs 1d ErwGr 83	Einmalig	IT.54-IT.57

Ziel:

Datenverarbeitende Tools produzieren Logdaten, die allerdings nicht in allen Fällen mit herkömmlichen Mitteln interpretiert werden können. Um die Lesbarkeit der Logdaten sicherzustellen, soll bei Inbetriebnahme der Datenverarbeitung bzw bei Anschaffung des datenverarbeitenden Tools die Lesbarkeit der Logdaten verifiziert werden. Darüber hinaus sollen im Rahmen dieser Kontrolle auch die aufgezeichneten Inhalte abgestimmt werden, um die Nachvollziehbarkeit der Verarbeitungsschritte gewährleisten zu können.

Auditnachweise:

- Auszug aus den Tool-Logdaten
- Abstimmung der Loginhalte mit internen und externen Interessenspersonen
- Exemplarische Darstellung eines Verarbeitungsschrittes und des zugehörigen Logdaten-Eintrages

IT.10 Sicherstellung der Verfügbarkeit der Aufzeichnungen auch nach Abschluss der Tätigkeiten

Referenz:	**Kontrollart:**	**Querverweis:**
DSG 2000 § 14 Abs 2 DSGVO Art 24 Abs 1 DSGVO Art 32 Abs 1d ErwGr 83	Einmalig	IT.45/IT.54-IT.57

Ziel:

Sowohl während der Datenverarbeitung als auch nach Abschluss der Datenverarbeitung soll sichergestellt werden, dass die vorhandenen Logdaten für den vorgesehenen Aufbewahrungszeitraum (siehe DSG 2000 § 14 Abs 5) sicher aufbewahrt werden. Es sollen Maßnahmen zur Sicherstellung der Verfügbarkeit (zB Datensicherung) gesetzt werden, die auch bei der verpflichtenden Löschung berücksichtigt werden müssen.

Auditnachweise:

- Verifikation des Backup-Konzeptes
- Abstimmung des Backup-Konzeptes mit dem Datenschutzbeauftragten bzw System-Owner
- Prüfung von bereits durchgeführten Wiederherstellungstests

IT.11 Technische Sicherstellung der Aufbewahrungspflicht von Protokolldaten

Referenz:	**Kontrollart:**	**Querverweis:**
DSG 2000 § 14 Abs 5 DSGVO Art 24 Abs 1 DSGVO Art 32 Abs 1d ErwGr 83	Einmalig	IT.54-IT.57

Ziel:

Gemäß DSG 2000 sind Protokoll- und Dokumentationsdaten, sofern gesetzlich nicht ausdrücklich anderes angeordnet, drei Jahre lang aufzubewahren. Die Einhaltung dieser Aufbewahrungszeit soll durch technische Maßnahmen, in Abhängigkeit von der jeweiligen Klassifizierung, sichergestellt werden. Mithilfe der getroffenen Maßnahmen soll die Aufbewahrungszeit keinesfalls unterschritten werden können.

Sofern technische Maßnahmen aus nachvollziehbaren Gründen nicht umgesetzt werden können, sollten ausreichend kompensierende Maßnahmen getroffen werden, um die Aufbewahrungszeiten sicherstellen zu können. Die Effektivität dieser Maßnahmen sollte anhand von Nachweisen entsprechend bestätigt werden können.

Auditnachweise:

- Nachweise zur revisionssicheren Aufbewahrung
- Protokolle der Archivierungslösung bzw der Effektivitätsprüfung
- Technische Konfiguration bzw Beschreibung der getroffenen Einstellungen beim Archivsystem

IT.12 Sicherstellung der Exportmöglichkeiten für die Logdaten

Referenz:	**Kontrollart:**	**Querverweis:**
DSG 2000 § 14 Abs 2 DSGVO Art 24 Abs 1 DSGVO Art 32 Abs 1d ErwGr 83	Einmalig	IT.54-IT.57

Ziel:

Um die vorhandenen Logdaten zur Prüfung der Nachvollziehbarkeit für die Aufsichtsbehörde bereitstellen zu können, sollen bereits vor der Datenverarbeitung die Möglichkeiten für einen Export der Logdaten geprüft werden. Mithilfe dieser Kontrolle soll sichergestellt werden, dass ausreichend Möglichkeiten bestehen, wie die Logdaten für Dritte im Anlassfall bereitgestellt werden können. Darüber hinaus sollen Möglichkeiten zur Prüfung der Vollständigkeit bereitgestellt werden.

Auditnachweise:

- Exemplarischer Export von ausgewählten Logdaten (Einschränkung des Betrachtungszeitraums)
- Evaluierung der Möglichkeiten zur Sicherstellung und Prüfung der Vollständigkeit
- Prüfung der Datenkompatibilität zu anderen Systemen (Standardformat)

7.2 Kontrollgruppe: Datenschutzkonzept und -management

Mithilfe des Datenschutzkonzeptes bzw Datenschutzmanagements sollen die erforderlichen technischen Rahmenbedingungen zur ordnungsgemäßen Verarbeitung von personenbezogenen Daten geschaffen werden. Dieses Datenschutzkonzept soll mithilfe von organisatorischen (zB Informationsmanagementsystem, Beschaffungsprozess) und technischen Maßnahmen (zB Zugriffskonzept) die technischen Anforderungen der Datenschutz-Grundverordnung abbilden. Die technischen Anforderungen bzw das Sicherheitskonzept ist im Regelfall eine Sicherheitsbetrachtung mit Risikoanalyse auf der Basis einer Bedrohungsanalyse.

Verpflichtung (DSGVO Art 24): Verpflichtung zur Durchführung geeigneter Maßnahmen, dass personenbezogene Daten in Übereinstimmung mit dieser Verordnung verarbeitet werden.

Der Verantwortliche muss geeignete und wirksame Maßnahmen treffen und nachweisen können, dass die Verarbeitungstätigkeiten im Einklang mit der Verordnung stehen und die Maßnahmen wirksam sind. Dabei muss er die Art, den Umfang, die Umstände und die Zwecke der Verarbeitung und das Risiko für die Rechte und Freiheiten natürlicher Personen berücksichtigen.

7.2.1 Kontrolluntergruppe: Richtlinien und Nachweise

IT.13 Erstellung von technischen Datenschutzvorgaben und Leitlinien (Datenschutzkonzept)

Referenz:	**Kontrollart:**	**Querverweis:**
DSGVO Art 24 ErwGr 74–77	Regelmäßig	IT.14/ORG.21

Ziel:

Es sollen interne Vorgaben und Handlungsanweisungen erstellt werden, anhand derer die datenschutzkonforme Verarbeitung von personenbezogenen Daten sichergestellt werden kann. Die in den Leitlinien beschriebenen technischen und organisatorischen Maßnahmen und Prozesse sollen die Schwere des Risikos für die Rechte und Freiheiten der betroffenen Person berücksichtigen. Die Vorgaben sollen sowohl vom Verantwortlichen freigegeben als auch regelmäßig auf Aktualität überprüft werden.

Auditnachweise:

- Freigegebene Datenschutz-Leitlinien und Richtlinien
- Regelmäßige Überarbeitung und Prüfung der Vorgaben
- Schulungen zu Datenschutzvorgaben bzw Kenntnisnahme der Mitarbeiter

IT.14 Interne Prüfung der Einhaltung von technischen und organisatorischen Maßnahmen

Referenz:	Kontrollart:	Querverweis:
DSGVO Art 24 ErwGr 74–77	Regelmäßig	ORG.20

Ziel:

Der Datenschutzbeauftragte soll in regelmäßigen Abständen Überprüfungen durchführen, um die Effektivität und Angemessenheit der gewählten Datenschutzmaßnahmen sicherstellen und nachweisen zu können. Zu diesem Zweck sollte ein interner Auditprozess zur Überprüfung von ausgewählten Kontrollen und Vorgaben (Sicherheitsmaßnahmen) etabliert werden.

Auditnachweise:

- Datenschutzschulungen
- Ergebnisse und Maßnahmen aus durchgeführten internen Datenschutz-Audits
- Verbesserungsprozess zur Weiterentwicklung von Datenschutzmaßnahmen

IT.15 Prüfung der Einhaltung der Pflichten des für die Verarbeitung Verantwortlichen

Referenz:	Kontrollart:	Querverweis:
DSGVO Art 24 ErwGr 74–77	Anlassbezogen	IT.14

Ziel:

Der Verantwortliche soll unter Berücksichtigung der verarbeiteten Daten, entsprechende organisatorische und technische Maßnahmen zur Einhaltung der Datenschutzvorgaben vorsehen. Diese Maßnahmen sollten erforderlichenfalls auch durch Externe überprüft werden. Zum Nachweis der Datenschutzvorkehrungen sollten daher, neben den in Kontrolle IT.14 genannten internen Audits, auch unabhängige Überprüfungen und Nachweise (zB ISAE 3000)[27] in Betracht gezogen werden.

Auditnachweise:

- Freigegebene Datenschutz-Leitlinie
- Datenschutzschulungen
- Unabhängige Überprüfung der Datenschutzvorkehrungen durch Dritte (zB ISAE 3000)

7.3 Kontrollgruppe: Datensicherheitsmaßnahmen

Basierend auf dem zuvor beschriebenen Datenschutzkonzept sollen organisatorische (zB Informationsmanagementsystem, Beschaffungsprozess) und technische Maßnahmen (zB Zugriffskonzept) zur Umsetzung der technischen Anforderungen entwickelt werden. Die Datensicherheitsmaßnahmen umfassen jene organisatorischen und technischen Maßnahmen, die vom Fachbereich „IT" zur Sicherstellung der Datensicherheit umgesetzt werden.

Verpflichtung (DSG 2000 § 15): Festlegung der Aufgabenverteilung

DSG 2000

Die Aufgabenverteilung bei der Datenverwendung ist zwischen den Organisationseinheiten und zwischen den Mitarbeitern ausdrücklich festzulegen.

Verpflichtung (DSG 2000 § 14 Abs 2): Information und Belehrung der Mitarbeiter über Datensicherheitsvorschriften

DSG 2000

Jeder Mitarbeiter ist über seine nach dem Datenschutzgesetz und nach innerorganisatorischen Datenschutzvorschriften einschließlich der Datensicherheitsvorschriften bestehenden Pflichten zu belehren.

Verpflichtung (DSG 2000 § 14 Abs 2): Dokumentation der Verwendungsvorgänge

DSG 2000

Die tatsächlich durchgeführten Verwendungsvorgänge, wie insbesondere Änderungen, Abfragen und Übermittlungen, müssen ausreichend und für Dritte nachvollziehbar dokumentiert werden.

Verpflichtung (DSGVO Art 24 Abs 1): Verpflichtung zum Nachweis geeigneter Datenschutzvorkehrungen

Die Einhaltung der Datenschutzvorkehrungen kann gegebenenfalls überprüft werden. Aus diesem Grund müssen Nachweise für geeignete Datenschutzvorkehrungen beispielsweise in Form von genehmigten Verhaltensregeln, einem Datenschutzkonzept, genehmigten Zertifizierungsverfahren oder Leitlinien eines Datenschutzbeauftragten vorhanden sein.

---

[27] ISAE 3000 – Assurance Engagements Other Than Audits or Reviews of Historical Financial Information (https://www.iaasb.org/projects/assurance-engagements-completed).

Verpflichtung (DSGVO Art 25 Abs 1, 2): Sicherstellung von Zugangs- und Zugriffseinschränkungen

Es müssen Maßnahmen ergriffen werden, die insbesondere die Grundsätze des Datenschutzes durch Technik (data protection by design) und durch datenschutzfreundliche Voreinstellungen (data protection by default) unterstützen. Ein wesentlicher Bestandteil dieses Konzeptes ist die Implementierung eines wirkungsvollen und nach dem „need-to-know"-Prinzip ausgerichteten Berechtigungskonzepts.

Verpflichtung (DSGVO Art 32 Abs 1): Verpflichtung zum Treffen von angemessenen Datensicherheitsmaßnahmen

Zur Aufrechterhaltung der Sicherheit und zur Vorbeugung gegen eine gegen diese Verordnung verstoßende Verarbeitung muss der Verantwortliche oder der Auftragsverarbeiter geeignete und angemessene Maßnahmen zur Sicherstellung der Datensicherheit treffen. Diese Maßnahmen müssen unter Berücksichtigung des Stands der Technik und der Implementierungskosten ein Schutzniveau gewährleisten, das den von der Verarbeitung ausgehenden Risiken und der Art der zu schützenden personenbezogenen Daten angemessen ist.

Verpflichtung (DSGVO Art 32 Abs 2): Berücksichtigung der Risiken, die mit Datenverarbeitung verbunden sind (IT-Risikoanalyse)

Zur Aufrechterhaltung der Sicherheit und zur Vorbeugung gegen eine gegen die DSGVO verstoßende Verarbeitung muss der Verantwortliche oder der Auftragsverarbeiter die mit der Verarbeitung verbundenen Risiken ermitteln und Maßnahmen zu ihrer Eindämmung, wie etwa eine Verschlüsselung, treffen. Bei dieser Risikoanalyse sind die von der Verarbeitung ausgehenden Risiken und die Art der zu schützenden personenbezogenen Daten entsprechend zu bewerten.

Verpflichtung (DSGVO Art 32 Abs 4): Verpflichtung zur Durchführung von Schritten, um sicherzustellen, dass unterstellte Personen Daten nur auf Anweisung des für die Verarbeitung Verantwortlichen verarbeiten.

Der Verantwortliche und der Auftragsverarbeiter unternehmen Schritte, um sicherzustellen, dass ihnen unterstellte natürliche Personen, die Zugang zu personenbezogenen Daten haben, diese nur auf Anweisung des Verantwortlichen verarbeiten, es sei denn, sie sind nach dem Recht der Union oder der Mitgliedstaaten zur Verarbeitung verpflichtet. Die Verarbeitung erfolgt in diesem Fall jedoch auch wiederum nur nach Anweisung des Datenschutzbeauftragten.

7.3.1 Kontrolluntergruppe: Aufgabenzuordnung und Belehrung

IT.16 Zuweisung von Aufgaben zwischen den Organisationseinheiten

Referenz:	Kontrollart:	Querverweis:
DSG 2000 § 14	Anlassbezogen	PROZESS.29/ORG.12/ORG.28

Ziel:

Die unterschiedlichen Aufgaben bei der Datenverarbeitung sollen zwischen den einzelnen Organisationseinheiten bzw Fachbereichen und deren Mitarbeitern eindeutig und ausdrücklich geregelt werden. Es sollte sichergestellt werden, dass der Zugriff auf die personenbezogenen Daten nur nach dem „need-to-know"-Prinzip und basierend auf der jeweiligen Aufgabe erfolgt.

Auditnachweise:

- Prozess- und Datenflussdiagramm zwischen den Anwendungen und Fachbereichen
- Prozess- und Aufgabenbeschreibungen für die einzelnen Organisationseinheiten
- Datenschutzkonzept für die jeweiligen Anwendungen

7.3.2 Kontrolluntergruppe: Risikobewertung

IT.17 Identifikation von Assets, die mit der Datenverarbeitung verbunden sind

Referenz:	**Kontrollart:**	**Querverweis:**
DSGVO Art 32 Abs 2 ErwGr 83	Anlassbezogen	IT.03/PROZESS.80/ORG.24-ORG.27

Ziel:

Als Ausgangsbasis der Risikoanalyse sollen alle Assets, die mit der Verarbeitung von personenbezogenen Daten in Verbindung stehen (zB anhand eines Datenflussdiagramms), ermittelt und bei der Risikoanalyse betrachtet werden.

Auditnachweise:

- Datenflussdiagramm zu bestimmten Services, die personenbezogene Daten verarbeiten
- Auflistung eines Hardware-Inventars (Asset-Register)
- Klassifikation der Systeme anhand der unterschiedlichen Datenarten

IT.18 Bewertung der Datensicherheitsrisiken

Referenz:	**Kontrollart:**	**Querverweis:**
DSGVO Art 32 Abs 2	Anlassbezogen	ORG.22/ORG.24

Ziel:

Bei der Bewertung der Datensicherheitsrisiken sollen die mit der Verarbeitung personenbezogener Daten verbundenen Risiken berücksichtigt werden, wie etwa Vernichtung, Verlust, Veränderung oder unbefugte Offenlegung von oder unbefugter Zugang zu personenbezogenen Daten, die übermittelt, gespeichert oder auf sonstige Weise verarbeitet wurden, insbesondere wenn dies zu einem physischen, materiellen oder immateriellen Schaden führen könnte. Die Risikoanalyse sollte zumindest vor der erstmaligen Verarbeitung von Daten durchgeführt werden und die danach ergriffenen Maßnahmen sicherstellen, dass die Verarbeitung den Anforderungen der DSGVO folgt.

Auditnachweise:

- Verifikation, dass die Risikoanalyse vor der erstmaligen Verarbeitung der betroffenen personenbezogenen Daten durchgeführt wurde
- Ergebnisse der durchgeführten Risikoanalysen
- Auflistung der kompensierenden Maßnahmen

IT.19 Schriftliche Dokumentation von Risikoanalysen

Referenz:	**Kontrollart:**	**Querverweis:**
DSGVO Art 32 Abs 2	Anlassbezogen	ORG.24

Ziel:

Die durchgeführten Risikoanalysen sollen für Dritte nachvollziehbar dokumentiert werden. Zu diesem Zweck sollten geeignete Werkzeuge (zB Excel-Worksheets) zur einheitlichen Bewertung herangezogen werden. Die Ergebnisse der Risikoanalyse sollten entsprechend den Aufbewahrungsfristen, zumindest jedoch für die Dauer der Datenverarbeitung aufbewahrt werden.

Auditnachweise:

- Verifikation, dass die Risikoanalyse vor der erstmaligen Verarbeitung der betroffenen personenbezogenen Daten durchgeführt wurde
- Ergebnisse der durchgeführten Risikoanalysen
- Kommunikation der Ergebnisse aus den Risikoanalysen an die betroffenen Personen

IT.20 Ableitung und Dokumentation von Maßnahmen zur Behandlung der Risiken

Referenz:	**Kontrollart:**	**Querverweis:**
DSGVO Art 32 Abs 2	Anlassbezogen	ORG.24

Ziel:

Der Verantwortliche soll einen Prozess für die Risikobehandlung festlegen, um angemessene Optionen für die Risikobehandlung unter Berücksichtigung der Ergebnisse der Risikobeurteilung auszuwählen und alle Maßnahmen, die zur Implementierung erforderlich sind, zu definieren.

Darüber hinaus soll bei den Risikoeigentümern eine Genehmigung des Risikobehandlungsplans für die Risikobehandlung bzw die Risikoakzeptanz bestätigt werden. Im Rahmen der Risikobehandlung sollten dokumentierte Informationen über den Risikobehandlungsprozess aufbewahrt werden.

Auditnachweise:

- Gegenüberstellung der identifizierten Risiken und der davon abgeleiteten Maßnahmen
- Abstimmung des Risikobehandlungsplans mit den Risikoeigentümern
- Maßnahmenplanung (inklusive Verantwortung und Umsetzungsplanung)

7.3.3 Kontrolluntergruppe: Datenklassifikation

IT.21 Implementierung einer Datenklassifikation zur Identifikation von personenbezogenen Daten

Referenz:	Kontrollart:	Querverweis:
DSGVO Art 25 DSGVO Art 32 ErwGr 78, 83	Einmalig	IT.01

Ziel:

Zur eindeutigen Identifikation von personenbezogenen Daten sollen im Unternehmen entsprechende Vorgaben und Anleitungen entwickelt werden, auf deren Basis die Datenklassifikation iS des gültigen Datenschutzgesetzes (aktuell DSG 2000 und DSGVO) durchgeführt werden kann. Es muss sichergestellt werden, dass bei jedem Mitarbeiter das gleiche Verständnis von personenbezogenen Daten herrscht. Klassifikationen und damit verbundene Maßnahmen für Informationen sollen sicherstellen, dass die Geschäftsanforderungen für die gemeinsame oder eingeschränkte Nutzung von Informationen sowie die mit solchen Anforderungen verbundenen geschäftlichen Folgen berücksichtigt werden.

Auditnachweise:

- Datenklassifikationsrichtlinie
- Klassifizierte Beispieldokumente
- Erläuterung der personenbezogenen Daten durch ausgewählte Mitarbeiter

IT.22 Kennzeichnung von klassifizierten Daten

Referenz:	Kontrollart:	Querverweis:
DSGVO Art 25 DSGVO Art 32 ErwGr 78, 83	Anlassbezogen	IT.01/IT.21

Ziel:

Es sollen Verfahren für die Kennzeichnung von physischen und elektronischen Informationen vorgesehen werden. Die Verfahren sollen darüber Aufschluss geben, wo und wie die Kennzeichnungen angebracht werden sollen. Die Vorgehensweise bei der Kennzeichnung soll den Mitarbeitern kommuniziert werden.

Auditnachweise:

- Klassifizierte und gekennzeichnete Informationen
- Verfahren und Vorgaben für die Kennzeichnung von klassifizierten Informationen
- Klassifizierte Systeme, die personenbezogene Daten verarbeiten

IT.23 Regelungen für den Umgang mit klassifizierten Daten

Referenz:	Kontrollart:	Querverweis:
DSGVO Art 25 DSGVO Art 32 ErwGr 78, 83	Anlassbezogen	IT.01/IT.53

Ziel:

Es sollen Verfahren und Vorgehensweisen für die Handhabung, Verarbeitung, Speicherung und Kommunikation der personenbezogenen Informationen erarbeitet werden. Es muss sichergestellt werden, dass die klassifizierten Daten nur anhand der definierten Vorgangsweisen verarbeitet werden.

In diesem Zusammenhang sollte auch die Anwendung von Verschlüsselungsmaßnahmen (siehe Kontrolle IT.53) in Betracht gezogen werden.

Auditnachweise:

- Datenklassifikationsrichtlinie
- Regelungen für den Umgang mit personenbezogenen Daten
- Schulungen für den Umgang mit klassifizierten Daten

7.3.4 Kontrolluntergruppe: Zugriffskonzept

IT.24 Sichere Anmeldeverfahren

Referenz:	Kontrollart:	Querverweis:
DSGVO Art 25 DSGVO Art 32 ErwGr 78, 83	Einmalig	–

Ziel:

Es soll ein geeignetes Authentifizierungsverfahren zur Bestätigung der Identität des Benutzers und des jeweiligen Benutzerkontos gewählt werden. In Abhängigkeit von den gewährten Zugriffsrechten bzw des Schutzbedarfes sollten auch starke Authentifizierungsmechanismen oder Zwei-Faktor-Authentifizierungen in Betracht gezogen werden. Die Stärke einer Benutzerauthentifizierung soll der Klassifizierung der Daten entsprechen, auf die zugegriffen werden soll. Es soll jedenfalls durch das gewählte Authentifizierungsverfahren sichergestellt werden, dass kein unautorisierter Zugriff unbemerkt stattfinden kann.

Auditnachweise:

- Auflistung der Anwendungen, die nicht an das zentrale Benutzermanagementsystem (zB Active Directory[28]) angebunden sind
- Dokumentation der unterschiedlichen Anmeldeverfahren von den jeweiligen Applikationen
- Dokumentation von kompensierenden Maßnahmen für Anwendungen mit lokaler Authentifikation

IT.25 Registrierung und Deregistrierung von Benutzern

Referenz:	**Kontrollart:**	**Querverweis:**
DSGVO Art 25 DSGVO Art 32 ErwGr 78, 83	Anlassbezogen	PROZESS.80

Ziel:

Für den Zugriff auf personenbezogene Daten sollen die einzelnen Mitarbeiter ausschließlich ein eindeutig zugeordnetes Benutzerkonto verwenden. Jeder Mitarbeiter soll über ein persönliches Benutzerkonto verfügen und die Verwendung von Gruppenkonten soll weitestgehend vermieden werden. Sofern diese jedoch notwendig sind, sollten kompensierende Maßnahmen implementiert werden, um die Verwendung des Gruppenkontos wieder eindeutig einem Mitarbeiter zuordnen zu können.

Bei Ausscheiden eines Mitarbeiters soll geprüft werden, inwieweit das Benutzerkonto noch für die Nachvollziehbarkeit der Zugriffe erforderlich ist und gegebenenfalls lediglich deaktiviert werden. Die Wiederverwendung von bereits vorhandenen Benutzerkonten sollte vermieden werden.

Auditnachweise:

- Auflistung der aktiven Benutzerkonten und Abgleich mit dem Active Directory
- Prozessbeschreibung für die Zuordnung bzw Deaktivierung von Benutzerkonten
- Abgleich der deaktivierten Benutzerkonten mit der aktuellen Austrittsliste

IT.26 Prozess zur Vergabe von Passwörtern

Referenz:	**Kontrollart:**	**Querverweis:**
DSGVO Art 25 DSGVO Art 32 ErwGr 78, 83	Einmalig	IT.27

[28] Active Directory (AD) ist ein Windows-basierter Verzeichnisdienst.

Ziel:

Die Vergabe von sicheren Passwörtern (siehe Kontrolle IT.27) und die damit verbundene Übergabe des Initialpasswortes an den jeweiligen Benutzer soll Sicherheitsvorkehrungen vorsehen, dass

- Initialpasswörter die Passwortkomplexitätsanforderungen erfüllen,
- Initialpasswörter auf sichere Art und Weise an den jeweiligen Benutzer übergeben werden,
- Initialpasswörter bei der Erstanmeldung verpflichtend geändert werden,
- die Änderung bzw Rücksetzung von Passwörtern eine ausreichende Identifikation des Anforderers voraussetzt.

Auditnachweise:

- Prozessbeschreibung für die Vergabe und Rücksetzung von Passwörtern
- Systemwerkzeuge oder sonstige Mechanismen zur Erstellung von Initialpasswörtern
- Dokumentation der aktuellen Passwortsicherheitsvorgaben

IT.27 System zur Handhabung von Passwörtern

Referenz:	**Kontrollart:**	**Querverweis:**
DSGVO Art 25 DSGVO Art 32 ErwGr 78, 83	Einmalig	IT.26

Ziel:

Passwortmanagementsysteme sollen interaktiv sein und starke Passwörter erfordern. Die erforderlichen Passwörter für den Zugriff auf personenbezogene Daten sollen dem Stand der Technik entsprechen und gegebenenfalls auch die Verwendung von Alternativen wie beispielsweise die Verwendung von digitalen Token (zB SMS-Token) in Betracht ziehen.

Die Verwaltung von zugewiesenen Passwörtern liegt in der Verantwortung eines jeweiligen Benutzers. Für die sichere Handhabung sollen sichere Systeme zur Speicherung und Verwaltung von Passwörtern (zB digitaler Passwortsafe) verpflichtend vorgegeben werden.

Auditnachweise:

- Passwortrichtlinie mit der verpflichtenden Vorgabe der Verwendung eines digitalen Passwortsafes
- Technische Dokumentation und Konfiguration der Passwortkomplexitätsanforderungen
- Vorgaben für den sicheren Umgang mit Passwörtern

IT.28 Implementierung eines Freigabeverfahrens für den Zugriff auf Informationen

Referenz:	Kontrollart:	Querverweis:
DSGVO Art 25 Abs 2 DSGVO Art 32 ErwGr 78, 83	Einmalig	IT.32

Ziel:

Für den Zugriff auf personenbezogene Daten soll im Unternehmen ein einheitliches Freigabeverfahren implementiert werden. Dieses Freigabeverfahren soll zumindest die nachweisliche Freigabe des Informationseigentümers vorsehen. Dieser ist für die ordnungsgemäße und vor allem zweckgebundene Verarbeitung der ihm zugeordneten Informationen verantwortlich. Das Verfahren soll zudem eine regelmäßige Überprüfung der bereits erteilten Freigaben vorsehen (siehe Kontrolle IT.32).

Das Freigabeverfahren soll auch die verpflichtende Verwendung eines Rollenkonzeptes für den Zugriff vorsehen. Einzelberechtigungen auf Basis der jeweiligen Mitarbeiter sollten vermieden werden. Darüber hinaus sollte das Rollen- und Berechtigungskonzept durch den Datenschutzbeauftragten freigegeben werden. Jede Änderung dieses Konzeptes bedarf auch der Freigabe durch den Datenschutzbeauftragten.

Auditnachweise:

- Dokumentation des Freigabeverfahrens und Autorisierung durch den Verantwortlichen
- Nachweis zur Einhaltung des Freigabeverfahrens bei erteilten Berechtigungen
- Regelmäßige Überprüfung der erteilten Berechtigungen durch den Informationseigentümer

IT.29 Zuteilung, Entzug oder Anpassung von Benutzerzugriffen

Referenz:	Kontrollart:	Querverweis:
DSGVO Art 25 Abs 2 DSGVO Art 32 ErwGr 78, 83	Anlassbezogen	PROZESS.80

Ziel:

Die Zuteilung der Zugriffsrechte soll anhand des in Kontrolle IT.28 beschriebenen Freigabeverfahrens durchgeführt werden. Die Anpassung der Zugriffsrechte soll der Vorgangsweise für die initiale Vergabe (Zuteilung) von Benutzerberechtigungen folgen. Somit ist bei jeder Anpassung der Benutzerberechtigungen auch die Freigabe des Informationseigentümers erforderlich.

Das Verfahren für die Anpassung der Zugriffsrechte soll die unterschiedlichen Veränderungsmöglichkeiten eines Mitarbeiters im Unternehmen berücksichtigen und Vorgaben für den Wechsel im Unternehmen bzw das Ausscheiden aus dem Unternehmen vorsehen. Es soll sichergestellt werden, dass die jeweiligen Mitarbeiter auch bei einem Wechsel innerhalb des Unternehmens nur über die unbedingt erforderlichen und ihrer Rolle zugeordneten Berechtigungen verfügen.

Auditnachweise:

- Prozess- oder Verfahrensbeschreibung für den Mitarbeiterwechsel und -austritt
- Nachweis für die Durchführung von Berechtigungsänderungen anhand der definierten Vorgangsweisen
- Abgleich der Berechtigungen mit der Liste der zuletzt ausgetretenen Mitarbeiter

IT.30 Verwaltung besonderer Zugriffsrechte

Referenz: DSGVO Art 25 Abs 2 DSGVO Art 32 ErwGr 78, 83	**Kontrollart:** Anlassbezogen	**Querverweis:** IT.28

Ziel:

Die Vergabe von besonderen Zugriffsrechten (zB lokale Administrationsberechtigungen) soll auf einen eingegrenzten und unbedingt erforderlichen Personenkreis reduziert werden. Die Zuteilung dieser Sonderrechte soll ebenfalls nach dem in Kontrolle IT.28 festgelegten Freigabeverfahren erfolgen. Es sollten ein Genehmigungsprozess und eine aktuelle Aufstellung aller gewährten Sonderrechte existieren. Sonderzugangsrechte sollen darüber hinaus nicht vor Abschluss des Genehmigungsprozesses gewährt werden.

Sonderzugangsrechte sollten einem anderen Benutzerkonto als dem für die normalen Geschäftsaktivitäten verwendeten zugewiesen werden. Dieses Benutzerkonto sollte nur für administrative Zwecke herangezogen werden.

Aufgrund der erhöhten Zugriffsrechte ist auch ein erweitertes Monitoring für die Benutzerkonten mit Sonderrechten in Erwägung zu ziehen.

Auditnachweise:

- Liste der Benutzer mit Sonderrechten
- Verifikation der Notwendigkeit für die Vergabe von Sonderrechten
- Regelmäßige Kontrolle der Liste der Benutzer mit Sonderrechten

IT.31 Dokumentation der Zugriffe auf personenbezogene Daten

Referenz: DSGVO Art 25 Abs 2 DSGVO Art 32 ErwGr 78, 83	**Kontrollart:** Anlassbezogen	**Querverweis:** IT.02/IT.08

Ziel:

Der Zugriff auf personenbezogene Daten soll, basierend auf den zugeordneten persönlichen Benutzerkonten, für Dritte nachvollziehbar dokumentiert und aufgezeichnet werden. Die Aufbewahrung der hierfür erforderlichen Logdaten oder vergleichbarer Dokumentation soll jedenfalls so lange gewährleistet werden, bis eine rechtmäßige Löschung der personenbezogenen Daten erfolgen kann. In diesem Zusammenhang sind jedoch auch die gesetzlichen und vertraglichen Aufbewahrungsfristen (siehe Kontrolle IT.02) zu berücksichtigen.

Auditnachweise:

- Aufzeichnungen der Zugriffe auf personenbezogene Daten
- Auswertung der Zugriffe auf personenbezogene Daten
- Abgleich der Liste mit der autorisierten Personengruppe für den Zugriff auf personenbezogene Daten

IT.32 Regelmäßige Auswertung der erforderlichen Benutzergruppen

Referenz: DSGVO Art 25 DSGVO Art 32 ErwGr 78, 83	**Kontrollart:** Regelmäßig	**Querverweis:** PROZESS.80

Ziel:

Die System- bzw Dateneigentümer (siehe Kontrolle PROZESS.80) sollen in regelmäßigen Abständen die bereits vorhandenen Freigaben für den Zugriff auf personenbezogene Daten verifizieren und hinsichtlich Notwendigkeit prüfen. Es soll sichergestellt werden, dass der Zugriff auf das Notwendigste beschränkt wird. Darüber hinaus stellt diese Maßnahme auch die Einhaltung des Mitarbeiteraustrittsprozesses sicher, sofern im Rahmen dieses Prozesses eventuelle Freigaben nicht berücksichtigt und deaktiviert worden sind.

Die Durchführung der jeweiligen Überprüfung sollte zentral durch den Datenschutzbeauftragten überwacht werden. Somit sollte jedenfalls die Rückmeldung der System- bzw Dateneigentümer an diesen erfolgen.

Auditnachweise:

- Nachweis für die Durchführung der Prüfung von Benutzerzugriffsberechtigungen
- Rückmeldung an den Datenschutzbeauftragten
- Durchgeführte Anpassungen der Freigabeberechtigungen

IT.33 Regelmäßige Auswertung der erteilten Benutzerzugriffsrechte

Referenz: DSGVO Art 25 DSGVO Art 32 ErwGr 78, 83	**Kontrollart:** Regelmäßig	**Querverweis:** PROZESS.80

Ziel:

Die System- bzw Dateneigentümer (siehe Kontrolle PROZESS.80) sollen in regelmäßigen Abständen die bereits vorhandene Freigabeberechtigung für die einzelnen Benutzerkonten sowie das zugrundeliegende Berechtigungskonzept verifizieren. Die Vergabe von Einzelberechtigungen auf Benutzerbasis soll vermieden werden, um eventuelle Rollen- oder Funktionskonflikte zu vermeiden. Alle Abweichungen vom autorisierten Rollenkonzept sollen gesondert durch den Datenschutzbeauftragten freigegeben werden.

Auditnachweise:

- Auswertung der Rollenzuordnung von einzelnen Mitarbeitern
- Abgleich der Rollenzuordnung mit der Funktionsbeschreibung bzw Zuordnung zu Fachbereichen
- Auswertung der auf Benutzerbasis erteilten Zugriffsrechte (anstelle von Rollen- oder Gruppenbasis)

IT.34 Zeitliche Beschränkung der Verbindung

Referenz:	**Kontrollart:**	**Querverweis:**
DSGVO Art 25 DSGVO Art 32 ErwGr 78, 83	Regelmäßig	–

Ziel:

Inaktive Sitzungen (interne und externe) sollen nach einer vorgegebenen inaktiven Zeitspanne beendet werden, insbesondere an risikobehafteten Standorten wie in öffentlichen oder externen Bereichen, die nicht dem Sicherheitsmanagement der Organisation unterstehen, oder auf Mobilgeräten. Es soll sichergestellt werden, dass Verbindungen zu Serversystemen oder sonstigen zentralen Verzeichnissen (Shares) bei Inaktivität des Benutzers (zB bei Verlassen des Arbeitsplatzes) automatisch geschlossen werden.

Darüber hinaus sollte in Erwägung gezogen werden, ob der Datenzugriff auf personenbezogene Daten auch zeitlich (zB Bürozeiten) eingeschränkt werden kann.

Auditnachweise:

- Maßnahmen zur automatischen Trennung von Verbindungen (Session Timeout)[29]
- Technische oder organisatorische Maßnahmen zum Sperren des Arbeitsplatzes (zB Bildschirmschoner)
- Auswertung der Remotezugriffe auf kritische Systeme

[29] Als eine Session wird eine aktive Verbindung zwischen zwei IT-Systemen bezeichnet.

7.3.5 Kontrolluntergruppe: Netzwerksicherheit

IT.35 Netzwerksegmentierung (Trennung von Netzwerken)

Referenz:	**Kontrollart:**	**Querverweis:**
DSGVO Art 25 DSGVO Art 32 ErwGr 78, 83	Einmalig	–

Ziel:

Das vorhandene Unternehmensnetzwerk soll in Abhängigkeit der verarbeiteten Daten in unterschiedliche Netzwerkbereiche unterteilt werden. Ausgangspunkt dieser Unterteilung sollen die verarbeiteten Daten sowie die erforderlichen Zugriffsanforderungen sein. Zwischen den einzelnen Netzwerkbereichen sollen lediglich die unbedingt erforderlichen Netzwerkdienste und Zugriffsmöglichkeiten freigeschalten werden („need-to-know"-Prinzip).

Auditnachweise:

- Netzwerkstrukturplan mit Aufteilung in unterschiedliche Netzwerksegmente (VLANS)
- Dokumentation und Nachweis über die Prüfung der aktiven Firewall-Regeln (ACL)
- Dokumentation der Zugriffsmöglichkeiten zwischen den einzelnen Netzwerksegmenten

IT.36 Netzwerkkontrollen

Referenz:	**Kontrollart:**	**Querverweis:**
DSGVO Art 25 DSGVO Art 32 ErwGr 78, 83	Einmalig	–

Ziel:

Der Zugriff auf die unterschiedlichen Netzwerke oder Teile des Unternehmensnetzwerks (zB LAN, WLAN) soll durch ausreichende Netzwerkkontrollen (zB IEEE 802.1x,[30] MAC-Adressen[31] Filter, Deaktivierung von unbenutzten Netzwerkdosen) für den Zugriff ausgestattet sein. Es sollte sichergestellt werden, dass ausschließlich autorisierte Personen auf das Netzwerk bzw auf die darin befindlichen Systeme zugreifen können.

Auditnachweise:

- Dokumentation des Zugriffkonzeptes
- Prüfung über die Effektivität der ergriffenen Netzwerkkontrollen
- Dokumentation der Systeme und Zugriffsmöglichkeiten innerhalb eines Netzwerksegmentes

[30] IEEE 802.1x ist ein sicheres Authentifizierungsverfahren für Zutrittskontrollen in lokalen Netzwerken.
[31] Media-Access-Control-Adresse ist die Hardware-Adresse jedes einzelnen Netzwerkadapters.

IT.37 Externe Verbindungsmöglichkeiten

Referenz:	**Kontrollart:**	**Querverweis:**
DSGVO Art 25 DSGVO Art 32 ErwGr 78, 83	Einmalig	–

Ziel:

Für den Zugriff außerhalb des Unternehmensnetzwerkes (zB Home-Office oder Teleworking) sollen durch das Unternehmen ausreichende Sicherheitsmaßnahmen ergriffen werden, um die Sicherheit von personenbezogenen Daten auch außerhalb des Unternehmens sicherstellen zu können. Es soll sichergestellt werden, dass die ergriffenen Maßnahmen ausreichend Schutz gegen Datenverlust (zB Erstellen von unautorisierten Datenkopien), unautorisierten Zugriff (Authentifizierungsmaßnahmen) und Vertraulichkeit (Verschlüsselungsmaßnahmen) bieten.

Auditnachweise:

- Zugriffs- und Sicherheitskonzept für den externen Zugriff
- Liste der Personen mit externem Zugriff und Begründung für den Zugriff
- Regelmäßige Auswertung der Zugriffsprotokolle

7.3.6 Kontrolluntergruppe: Zutrittskonzept

IT.38 Physische Sicherheitszonen und Zutrittskontrollen

Referenz:	**Kontrollart:**	**Querverweis:**
DSGVO Art 25 DSGVO Art 32 ErwGr 78, 83	Einmalig	–

Ziel:

Physische Sicherheitszonen sollen festgelegt werden, wobei Ort und Sicherheitsanforderung der einzelnen Zonen von den verarbeiteten Daten sowie den Ergebnissen einer Risikoeinschätzung abgeleitet werden soll. Die Sicherheitsbereiche sollen durch angemessene Zutrittskontrollen geschützt werden. Es sollte sichergestellt werden, dass ausschließlich autorisiertes Personal Zutritt zu den entsprechenden Sicherheitsbereichen erhält.

Auditnachweise:

- Ergebnisse der Risikoeinschätzung
- Gebäudeplan mit eingezeichneten Sicherheitsbereichen
- Liste mit autorisierten Personen für den Zutritt zu den einzelnen Sicherheitsbereichen

IT.39 Sicherheitsmaßnahmen für Büros, Räume und Einrichtungen

Referenz:	Kontrollart:	Querverweis:
DSGVO Art 25 DSGVO Art 32 ErwGr 78, 83	Einmalig	IT.38

Ziel:

Bereiche, in denen sensible Daten verarbeitet werden oder auf solche zugegriffen wird (zB Fachbereich „IT", Personalabteilung), sollen einen ausreichenden Schutz bei den einzelnen Büros vorsehen. Mithilfe von technischen oder organisatorischen Maßnahmen soll sichergestellt werden, dass personenbezogene Daten von Dritten nicht eingesehen werden können. Beispiele solcher technischen und organisatorischen Maßnahmen sind:

- Automatisches Versperren des Büros unter der Verwendung von digitalen Token[32]
- Verpflichtendes Versperren des Arbeitsplatzes bei längerem Verlassen
- Clear Screen oder Clean Desk Richtlinie

Auditnachweise:

- Zutrittskonzept für Büros und sonstige Räume
- Clear Screen oder Clean Desk Richtlinie
- Nachweis für die regelmäßige Überprüfung der Einhaltung von Vorgaben durch das interne Audit

IT.40 Implementierung eines Freigabeverfahrens für den Zutritt zu sensiblen Bereichen

Referenz:	Kontrollart:	Querverweis:
DSGVO Art 25 DSGVO Art 32 ErwGr 78, 83	Einmalig	IT.32/IT.38

Ziel:

Für die Bereitstellung von Zutrittsberechtigungen soll im Unternehmen ein einheitliches Freigabeverfahren implementiert werden. Dieses Freigabeverfahren soll zumindest die nachweisliche Freigabe des Informationseigentümers vorsehen. Dieser ist für die ordnungsgemäße und vor allem zweckgebundene Verarbeitung der ihm zugeordneten Informationen verantwortlich. Das Freigabeverfahren sollte zudem eine regelmäßige Überprüfung der bereits erteilten Zutrittsberechtigungen und gegebenfalls auch zeitliche Beschränkungen des Zutritts vorsehen.

---

[32] Ein Security-Token ist eine Hardwarekomponente zur Identifizierung und Authentifizierung von Benutzern für den Zutritt zu Bereichen.

Auditnachweise:

- Liste der erteilten Zutrittsberechtigungen zu den einzelnen Sicherheitsbereichen
- Dokumentierte Freigabe von Zutrittsberechtigungen
- Nachweis zur regelmäßigen Kontrolle der erteilten Zutrittsberechtigungen

IT.41 Protokollierung und Auswertung der tatsächlich erfolgten Zutritte

Referenz:	**Kontrollart:**	**Querverweis:**
DSGVO Art 25 Abs 2 DSGVO Art 32 ErwGr 78, 83	Regelmäßig	IT.02

Ziel:

Der Zutritt zu Bereichen oder Systemen, die personenbezogene Daten verarbeiten, soll, basierend auf den zugeordneten persönlichen Benutzerkonten, für Dritte nachvollziehbar dokumentiert und aufgezeichnet werden. Die Aufbewahrung der hierfür erforderlichen Logdaten oder vergleichbarer Dokumentation soll, unter Berücksichtigung der gesetzlichen und vertraglichen Aufbewahrungsfristen, mit den Anforderungen des Unternehmens übereinstimmen (siehe Kontrolle IT.02).

Auditnachweise:

- Aufzeichnungen der Zutritte zu Bereichen oder Systemen, in denen personenbezogene Daten verarbeitet werden
- Schriftliche Freigabe der Zutritte für Dritte in besonders kritischen Bereichen
- Regelmäßige Auswertung der aufgezeichneten Zutritte anhand definierter Risikofaktoren (zB Zutritte außerhalb der Geschäftszeiten)

IT.42 Schutz vor externen und umweltbedingten Bedrohungen

Referenz:	**Kontrollart:**	**Querverweis:**
DSGVO Art 25 Abs 2 DSGVO Art 32 ErwGr 78, 83	Einmalig	IT.18

Ziel:

Basierend auf einer Risikoanalyse sollen entsprechende Maßnahmen gegen Naturkatastrophen (zB Brand, Überschwemmung, Erdbeben), vorsätzliche Angriffe oder Unfälle konzipiert und angewendet werden. Die gewählten Maßnahmen sollen einerseits Vorkehrungen zur Identifikation (zB Brandmeldeanlage) der Bedrohungen als auch Erstmaßnahmen zur Bekämpfung (zB Brandlöschanlage) dieser bereitstellen.

Auditnachweise:

- Ergebnisse der Risikoanalyse zur Betrachtung von umweltbedingten Bedrohungen

- Sicherheitskonzept der tatsächlich umgesetzten Sicherheitsvorkehrungen
- Wartungsmaßnahmen bei den Sicherheitsvorkehrungen zur Sicherstellung der Funktionalität

7.3.7 Kontrolluntergruppe: Verfügbarkeit

IT.43 Identifikation von Verfügbarkeitsanforderungen

Referenz:	Kontrollart:	Querverweis:
DSGVO Art 25 Abs 2 DSGVO Art 32 ErwGr 78, 83	Einmalig	IT.44

Ziel:

Abgeleitet von den Geschäftsanforderungen sollen die Verfügbarkeitsanforderungen für die zugrunde liegenden Systeme definiert werden. Der Dateneigentümer soll jedenfalls bei der Definition dieser Verfügbarkeitsanforderungen einbezogen werden. Darauf aufbauend sollen die in Kontrolle IT.44 definierten Maßnahmen zur Sicherstellung dieser Anforderungen umgesetzt und regelmäßig auf Effektivität geprüft werden.

Auditnachweise:

- Gegenüberstellung der Geschäftsanforderungen zu den Verfügbarkeitsanforderungen im Fachbereich „IT"
- Definition von Verfügbarkeitsanforderungen
- Einteilung der vorhandenen IT-Systeme in unterschiedliche Verfügbarkeitsklassen

IT.44 Maßnahmen zur Sicherstellung der Verfügbarkeit

Referenz:	Kontrollart:	Querverweis:
DSGVO Art 25 Abs 2 DSGVO Art 32 ErwGr 78, 83	Einmalig	IT.43

Ziel:

Die in Kontrolle IT.43 definierten Verfügbarkeitsanforderungen sollen durch entsprechende technische oder organisatorische Maßnahmen sichergestellt werden. Zu diesem Zweck sollen die vorhandenen IT-Systeme in unterschiedliche Verfügbarkeitsklassen eingeteilt und dementsprechende Verfügbarkeitsmaßnahmen ergriffen werden. Wenn die Verfügbarkeit nicht mittels der bestehenden Systemarchitektur gewährleistet werden kann, sollten redundante Komponenten oder Architekturen (zB Cluster-Lösung[33]) in Betracht gezogen werden.

[33] Als Cluster wird in der IT eine logische Zusammenfassung mehrerer Systeme mit den gleichen Aufgaben bezeichnet.

Auditnachweise:

- Einteilung der vorhandenen IT-Systeme in unterschiedliche Verfügbarkeitsklassen
- Maßnahmenzuordnung zu den Verfügbarkeitsklassen
- Dokumentierte Verfügbarkeits- und Wiederherstellungszeiten (RTO, RPO)

IT.45 Datensicherung

Referenz:	Kontrollart:	Querverweis:
DSGVO Art 25 Abs 2 DSGVO Art 32 ErwGr 78, 83	Regelmäßig	IT.43/IT.44

Ziel:

Es soll eine Sicherungsleitlinie erstellt werden, in der die Anforderungen des Unternehmens in Bezug auf die Sicherung von Daten festgelegt sind. Die Anforderungen an die Datensicherung leiten sich von den Verfügbarkeitsanforderungen und den darin definierten Wiederherstellungszeiten sowie dem maximal tolerierbaren Datenverlust ab. Es soll sichergestellt werden, dass angemessene Sicherungseinrichtungen vorhanden sind und entsprechende Sicherungen regelmäßig durchgeführt werden, um zu gewährleisten, dass alle wichtigen Informationen nach einem Schaden oder Systemausfall zeitgerecht wiederhergestellt werden können.

Die Effektivität des Datensicherungskonzeptes sowie die Wiederherstellbarkeit der gesicherten Daten sollte zudem auf regelmäßiger Basis geprüft werden.

Auditnachweise:

- Datensicherungskonzept
- Wiederherstellungstests von gesicherten Daten
- Aufzeichnungen zu den Wiederherstellungszeiten

IT.46 Desaster Recovery Konzept

Referenz:	Kontrollart:	Querverweis:
DSGVO Art 25 Abs 2 DSGVO Art 32 ErwGr 78, 83	Einmalig	IT.43/IT.44

Ziel:

Die Verfügbarkeit von personenbezogenen Daten soll nach einem physischen oder technischen Zwischenfall rasch wiederhergestellt werden. Zu diesem Zweck müssen zu den bereits genannten Maßnahmen in den Kontrollen IT.43 und IT.44 die verifizierten Vorgangsweisen für die Wiederherstellung im Desaster-Fall dokumentiert werden. Es muss sichergestellt werden, dass alle erforderlichen Schritte von der Datenwiederherstellung bis zur produktiven Übernahme des wiederhergestellten Systems nachvollziehbar für fachkundige Dritte dokumentiert werden. Darüber hinaus sollten diese Arbeitsschritte regelmäßig durch einen fachkundigen Dritten auf Anwendbarkeit und Verständlichkeit praktisch geprüft werden.

Auditnachweise:

- Dokumentierte Szenarien für einen Ausfall von Systemen und die ergriffenen Maßnahmen
- Praktische Überprüfung der dokumentierten Maßnahmen zur Wiederherstellung
- Regelmäßige Überprüfung und gegebenenfalls Anpassung der Wiederherstellungspläne

IT.47 Überwachung der Verfügbarkeit

Referenz:	Kontrollart:	Querverweis:
DSGVO Art 25 Abs 2 DSGVO Art 32 ErwGr 78, 83	Regelmäßig	IT.43/IT.44

Ziel:

Die Verfügbarkeit von Systemen bzw erforderlichen Ressourcen und Dienste soll durch ausreichende Maßnahmen überwacht werden. Die ergriffenen Maßnahmen sollen sicherstellen, dass im Fehlerfall eine angemessene und zeitgerechte Benachrichtigung erfolgt.

Es sollten Ereignisprotokolle angefertigt, aufbewahrt und regelmäßig geprüft werden, in denen Aktivitäten der Benutzer, Ausnahmen, Fehler und Informationssicherheitsereignisse aufgezeichnet werden, um bereits proaktiv auf mögliche Störungen reagieren zu können.

Auditnachweise:

- Überwachungskonzept
- Regelmäßige Auswertung von Aufzeichnungen (Logdaten)
- Dokumentation von proaktiven Maßnahmen zur Sicherstellung der Verfügbarkeit

IT.48 Maßnahmen für Notfälle (alternative Geschäftsabwicklung)

Referenz:	Kontrollart:	Querverweis:
DSGVO Art 25 Abs 2 DSGVO Art 32 ErwGr 78, 83	Einmalig	IT.43/IT.44

Ziel:

In Abhängigkeit von der Risikoanalyse (insbesondere Business Impact Analyse – BIA) sollen für Prozesse bzw Systeme, bei denen eine sehr hohe Auswirkung auf den Geschäftsbetrieb besteht, alternative Vorgehensweisen für die Abwicklung des Prozesses ohne Verwendung der im Normalfall vorhandenen IT-Systeme entwickelt werden. Im Rahmen eines Business Continuity Managements sollen einzelne Notfallpläne für die einzelnen Geschäftsprozesse entwickelt und regelmäßig auf deren Anwendbarkeit geprüft werden.

Auditnachweise:

- Ergebnisse der Business Impact Analyse
- Definition von Ausfallsszenarien
- Umsetzung von Maßnahmen zu den Ausfallsszenarien

IT.49 Regelmäßige Überprüfung von Notfallmaßnahmen

Referenz: DSGVO Art 25 Abs 2 DSGVO Art 32 ErwGr 78, 83	**Kontrollart:** Regelmäßig	**Querverweis:** IT.43/IT.44

Ziel:

Die zuvor genannten Maßnahmen in den Kontrollen IT.44 bis IT.48 sollen regelmäßig auf Effektivität geprüft werden. Zu diesem Zweck können unterschiedliche Herangehensweisen zur Überprüfung herangezogen werden (zB Paper-based-Überprüfung der Notfallpläne, Szenarien-basierte Workshops, praktische Überprüfung einzelner Szenarien, Totalausfall Rechenzentrum).

Auditnachweise:

- Planung der regelmäßigen Überprüfung
- Ergebnisse der unterschiedlichen Überprüfungen
- Ergriffene Maßnahmen zur Verbesserung der Notfallpläne („lessons learned")

7.3.8 Kontrolluntergruppe: Integrität

IT.50 Maßnahmen zur Sicherstellung und Prüfung der Datenintegrität

Referenz: DSGVO Art 25 Abs 2 DSGVO Art 32 ErwGr 78, 83	**Kontrollart:** Regelmäßig	**Querverweis:** –

Ziel:

Es sollen Maßnahmen zur Sicherstellung der Integrität bei der Datenverarbeitung und Datenübermittlung getroffen werden. Mithilfe dieser Maßnahmen soll sichergestellt werden, dass im Rahmen der Datenverarbeitung keine unautorisierten Veränderungen an den personenbezogenen Daten vorgenommen werden. Darüber hinaus sollten diese Maßnahmen auch andere unautorisierte Veränderungen identifizieren können. Diese Integrität kann beispielsweise mithilfe von Prüfsummen (Hashes) oder Message Authentication Codes (MAC) erreicht werden.

Speziell bei jeder Datenübermittlung sollen diese Maßnahmen zum Einsatz kommen, um sicherzustellen, dass die übermittelten Daten auch mit den Ursprungsdaten übereinstimmen.

Auditnachweise:

- Konzept bzw Maßnahmen zur Sicherstellung der Integrität
- Automatische oder manuell durchgeführte Kontrollen der Integrität (zB Überprüfung von Prüfsummen – Hashes)
- Auflistung der Maßnahmen bzw Tätigkeiten, wenn Integritätsfehler nachgewiesen wurden

7.3.9 Kontrolluntergruppe: Belastbarkeit (Performance)

IT.51 Identifikation und Entwicklung von Performanceparametern (Service Level Agreements – SLA)

Referenz: DSGVO Art 32 ErwGr 83	**Kontrollart:** Einmalig	**Querverweis:** IT.52

Ziel:

Es sollen Performanceparameter bei der Leistungserbringung im Rahmen der Verarbeitung von personenbezogenen Daten definiert werden. Es soll sichergestellt werden, dass die Verarbeitung von personenbezogenen Daten anhand von definierten Leistungsparametern (zB Antwortzeiten von Systemen, Übertragungsgeschwindigkeit oder Verarbeitungsgeschwindigkeit) erfolgt.

Auditnachweise:

- Definition von Leistungsparametern beispielsweise anhand von Service Level Agreements (SLA) oder Operational Level Agreement (OLA)
- Interne Abstimmung und Dokumentation von Leistungsparametern (zB Meetingprotokolle)
- Definition von Auswertungsmöglichkeiten zur Messung der Einhaltung von Performanceparametern

IT.52 Überwachung und Dokumentation der definierten Performanceparameter

Referenz: DSGVO Art 32 ErwGr 83	**Kontrollart:** Regelmäßig	**Querverweis:** IT.51

Ziel:

Die zuvor in Kontrolle IT.51 definierten Leistungsparameter sollen anhand von geeigneten Überwachungsmaßnahmen aufgezeichnet und in weiterer Folge regelmäßig (zB monatliche Auswertung) ausgewertet werden. Anhand der Aufzeichnungen soll die Einhaltung der vereinbarten Leistungsparameter nachgewiesen und gegebenenfalls Maßnahmen zur Sicherstellung der vereinbarten Leistungsparameter angepasst werden.

Auditnachweise:

- Aufzeichnung der Leistungsparameter
- Auswertung der aufgezeichneten Leistungsparameter und Abgleich mit den Vereinbarungen
- Durchgeführte Verbesserungsmaßnahmen zur Sicherstellung der Einhaltung von vereinbarten Leistungsparametern

7.3.10 Kontrolluntergruppe: Kommunikationssicherheit

IT.53 Verschlüsselungsmaßnahmen

Referenz:	**Kontrollart:**	**Querverweis:**
DSGVO Art 25 Abs 2 DSGVO Art 32 ErwGr 78, 83	Regelmäßig	IT.23/IT.59

Ziel:

Sowohl für die Speicherung von personenbezogenen Daten als auch als Sicherheitsmaßnahme bei der Übermittlung von personenbezogenen Daten sollen für das Unternehmen geeignete Verfahren für die Datenverschlüsselung in Form einer verpflichtenden Richtlinie definiert und entsprechend der Regelungen für klassifizierte Daten (siehe Kontrolle IT.23) angewendet werden. Mithilfe von Authentifizierungs- und Verschlüsselungsmaßnahmen (zB TLS-Verschlüsselung) soll die Vertraulichkeit der übermittelten Daten sichergestellt werden. Die Auswahl von geeigneten Maßnahmen sollte risikoorientiert erfolgen.

Zu diesem Zweck sollten durch das Unternehmen entsprechende technische Möglichkeiten zur Umsetzung der Verschlüsselungsmaßnahmen zur Verfügung gestellt werden.

Auditnachweise:

- Richtlinie zur Vorgabe von autorisierten Verschlüsselungsalgorithmen und Verschlüsselungsstärken
- Nachweis zur Anwendung von Verschlüsselungsmaßnahmen anhand von tatsächlichen Voreinstellungen
- Protokolle zum Nachweis der verschlüsselten Übermittlung

7.3.11 Kontrolluntergruppe: Protokollierung (Logging)

IT.54 Entwicklung von Protokollierungs- und Überwachungsmaßnahmen sowie Aufzeichnung der Verwendungsvorgänge

Referenz:	Kontrollart:	Querverweis:
DSG 2000 § 14 Abs 2 DSGVO Art 24 Abs 1 DSGVO Art 25 Abs 2 DSGVO Art 32 ErwGr 78, 83	Regelmäßig	IT.08-IT.12

Ziel:

Es sollen Vorgaben zur Erstellung von Protokollierungsanforderungen bei der Verarbeitung von personenbezogenen Daten entwickelt werden. Darüber hinaus sollen Vorgaben für die angemessene Protokollierung sowie Möglichkeiten zur Umsetzung (siehe Kontrolle IT.08) definiert werden. Es sollte sichergestellt werden, dass die durchgeführten Verarbeitungsschritte ausreichend dokumentiert und für Dritte nachvollziehbar sind.

Auditnachweise:

- Dokumentierte Protokollierungsmaßnahmen für die Verarbeitung von personenbezogenen Daten
- Vorhandene Aufzeichnungen für die Verarbeitung von personenbezogenen Daten
- Auswertung der aufgezeichneten und dokumentierten Verarbeitungsvorgänge

IT.55 Prüfung der Protokolldaten hinsichtlich der enthaltenen Daten

Referenz:	Kontrollart:	Querverweis:
DSG 2000 § 14 Abs 2 DSGVO Art 24 Abs 1 DSGVO Art 25 Abs 2 DSGVO Art 32 ErwGr 78, 83	Regelmäßig	IT.08-IT.12/IT.59

Ziel:

Um die erstellten Aufzeichnungen wie in Kontrolle IT.01 gefordert entsprechend klassifizieren zu können, sollen die Protokolle hinsichtlich enthaltener personenbezogener Daten analysiert werden. Die Voreinstellungen bei der Erstellung von Aufzeichnungen sollen die Verwendung von personenbezogenen Daten in Protokollen vermeiden.

Um dies zu ermöglichen, sollten die in Kontrolle IT.59 geforderten Maßnahmen in Betracht gezogen werden.

Auditnachweise:

- Voreinstellungen für die Erstellung von Aufzeichnungen (Logdaten)

- Prüfung der Aufzeichnungen hinsichtlich personenbezogener Daten
- Klassifikation der Aufzeichnungen auf Basis der identifizierten Datentypen

IT.56 Kontrollverbot

Referenz:	**Kontrollart:**	**Querverweis:**
DSG 2000 § 14 Abs 2 DSGVO Art 24 Abs 1 DSGVO Art 25 Abs 2 DSGVO Art 32 ErwGr 78, 83	Einmalig	IT.08-IT.12

Ziel:

Die erstellten Aufzeichnungen sollen nicht zur Auswertung und Kontrolle der Tätigkeiten von Personen herangezogen werden können. Protokolldaten unterliegen ebenso einer Zweckbindung und dürfen nur zu den Zwecken genutzt werden, die Anlass für ihre Speicherung waren. Es sollen demnach entsprechende Maßnahmen vorgesehen werden, dass eine direkte Zuordnung der Tätigkeiten zu Personen anhand der Protokolle nicht unmittelbar möglich ist (zB Prüfung auf Pseudonymisierung und Anonymisierung).

Auditnachweise:

- Voreinstellungen für die Erstellung von Aufzeichnungen (Logdaten)
- Prüfung der Aufzeichnungen hinsichtlich der Zuordnung zu einzelnen Personen
- Zugriffsberechtigung zu den Aufzeichnungen

IT.57 Zugriffschutz für Protokolldaten

Referenz:	**Kontrollart:**	**Querverweis:**
DSG 2000 § 14 Abs 2 DSGVO Art 24 Abs 1 DSGVO Art 25 Abs 2 DSGVO Art 32 ErwGr 78, 83	Einmalig	IT.08-IT.12/IT.24-IT.34/IT.50

Ziel:

Die erstellten Aufzeichnungen sollen vor unautorisierten Veränderungen mithilfe der in Kontrolle IT.50 angeführten Maßnahmen geschützt werden. Darüber hinaus sollen Maßnahmen ergriffen werden, die den Zugriff auf diese Aufzeichnungen auf einen stark reduzierten Personenkreis einschränkt (siehe Kontrollen IT.24 bis IT.34). Insbesondere sollte der Zugriff nicht für Personen möglich sein, deren Tätigkeiten in den Logdaten aufgezeichnet werden (Funktionstrennung). Im Idealfall sollte der schreibende Zugriff ausschließlich durch die erforderlichen Systeme und der lesende Zugriff ausschließlich durch den Datenschutzbeauftragten erfolgen.

Auditnachweise:

- Zugriffskonzept für Logdaten
- Liste der berechtigen Benutzerkonten für den lesenden und schreibenden Zugriff auf Logdaten
- Auswertung der tatsächlich erfolgten Zugriffe auf die Logdaten

7.4 Kontrollgruppe: Datensparsamkeit

Mithilfe von technischen Maßnahmen soll die Verarbeitung von personenbezogenen Daten auf ein Minimum reduziert werden. In diesem Zusammenhang sollen auch Verfahren in Betracht gezogen werden, die einen direkten Personenbezug vermeiden. Die tatsächlich verarbeiteten personenbezogenen Daten sollen dem eigentlichen Verwendungszweck entsprechen und mit dem Dateneigentümer abgestimmt werden.

Verpflichtung (DSGVO Art 25 Abs 2): Sicherstellung, dass nur unbedingt erforderliche Daten erhoben und verarbeitet werden

Der Verantwortliche muss geeignete und wirksame Maßnahmen treffen und nachweisen können, dass nur jene Daten erhoben werden, wie sie für den eigentlichen Verwendungszweck erforderlich sind. Dazu sind geeignete Verfahren zu entwickeln, um die Verarbeitung auf das Notwendigste zu reduzieren.

Verpflichtung (DSGVO Art 25 Abs 2 und DSGVO Art 32 Abs 1): Anwendung von Verfahren zur Pseudonymisierung bzw Datenminimierung, sofern anwendbar

Der Verantwortliche muss im Rahmen der Verarbeitung alle Maßnahmen ergreifen, um die Menge und Art der verarbeiteten Daten auf ein Minimum zu reduzieren. In diesem Zusammenhang sind Maßnahmen in Form von Pseudonymisierung oder Datenminimierung zu prüfen. Die Anwendbarkeit der Maßnahmen muss jedoch in einem vertretbaren Ausmaß erfolgen.

IT.58 Dokumentation der verarbeiteten Datenklassen je Datenanwendung

Referenz:	**Kontrollart:**	**Querverweis:**
DSGVO Art 25 Abs 2 ErwGr 78	Einmalig	RECHT.74/PROZESS.22

Ziel:

Gemäß DSGVO Art 25 Abs 2 dürfen nur jene Daten verarbeitet werden, die für den jeweiligen bestimmten Verarbeitungszweck (siehe Kontrolle RECHT.74) unbedingt erforderlich sind. Zu diesem Zweck sollen die tatsächlich verarbeiteten Datenklassen je Datenanwendung dokumentiert und in einem weiteren Schritt mit den erforderlichen Datenklassen des tatsächlichen Verarbeitungszweckes abgeglichen werden.

Es soll sichergestellt werden, dass im Rahmen der Datenverarbeitung für alle verarbeiteten Datenklassen ein spezifischer Verarbeitungszweck erforderlich ist.

Auditnachweise:

- Dokumentation der Datenklassen je Datenanwendung
- Durchgeführter Abgleich der verarbeiteten Datenklassen mit den Datenklassen des Verarbeitungszweckes
- Umgesetzte Maßnahmen zur spezifischen Auswahl bestimmter Datenklassen zur Verarbeitung

IT.59 Definition von Verfahren für Datenpseudonymisierung oder -anonymisierung

Referenz:	**Kontrollart:**	**Querverweis:**
DSGVO Art 25 Abs 1 DSGVO Art 32 Abs 1 ErwGr 78, 83	Einmalig	PROZESS.43/IT.53/IT.60

Ziel:

Gemäß DSGVO Art 25 Abs 1 sollen Maßnahmen zur Unterstützung der Datenschutzgrundsätze wie beispielsweise die Datenminimierung umgesetzt werden. Zu diesem Zweck sollen dem Stand der Technik entsprechende und für das Unternehmen umsetzbare Verfahren zur Anwendung von Pseudonymisierung[34] und Anonymisierung von Daten definiert werden. Bei der Auswahl der Verfahren ist jedoch der Umsetzungsaufwand im Verhältnis zum Schutzzweck zu beachten. Darüber hinaus ist auch die tatsächliche Wirksamkeit der Verfahren für die Pseudonymisierung näher zu beachten.

Auditnachweise:

- Verfahren bzw Richtlinien zur Anwendung von Anonymisierung und Pseudonymisierung von Daten
- Prüfung der tatsächlichen Wirksamkeit der angewendeten Verfahren
- Prüfung der tatsächlichen Anwendung der definierten Verfahren bzw Prüfung der genehmigten Ausnahmen

IT.60 Prüfung Anwendbarkeit Datenpseudonymisierung oder -anonymisierung

Referenz:	**Kontrollart:**	**Querverweis:**
DSGVO Art 25 Abs 1 DSGVO Art 32 Abs 1 ErwGr 78, 83	Anlassbezogen	IT.53/IT.59/RECHT.49-RECHT.51/ PROZESS.42

[34] Eine Pseudonymisierung liegt vor, wenn ein Name oder ein anderes Identifikationsmerkmal durch ein Kennzeichen ersetzt und damit die Bestimmung des Betroffenen ausgeschlossen oder wesentlich erschwert wird.

Ziel:

Die in Kontrolle IT.59 definierten Verfahren und Vorgaben zur Anwendung der Datensparsamkeit sollen vor Aufnahme der Datenverarbeitung auf Anwendbarkeit geprüft werden. Sofern kein direkter Personenbezug erforderlich ist, um den Verarbeitungszweck erfüllen zu können, soll die autorisierte Verarbeitung zur Anonymisierung oder Pseudonymisierung angewendet werden.

Die Prüfung der Anwendbarkeit sowie die Begründung für eine Aus- oder Abwahl der vorgegebenen Verfahren zur Anonymisierung oder Pseudonymisierung sollten für Dritte nachvollziehbar dokumentiert werden.

Auditnachweise:

- Prüfung der Anwendbarkeit der in Kontrolle IT.59 definierten Verfahren
- Begründung für die Aus- bzw Abwahl der in Kontrolle IT.59 definierten Verfahren
- Dokumentation von kompensierenden Maßnahmen im Falle der Abwahl von vorgegebenen Verfahren

7.5 Kontrollgruppe: Datenübermittlung

Der Verantwortliche soll definierte Informationen bei Datenübermittlungen dokumentieren und gegebenenfalls die entsprechenden Daten für die Weitergabe aufbereiten. Zu diesem Zweck sollen im Vorfeld entsprechende technische Maßnahmen implementiert werden, die sowohl die Dokumentations- als auch Exportanforderungen erfüllen.

Verpflichtung (DSG 2000 § 14 Abs 3): Nicht registrierte Übermittlungen aus Datenanwendungen

DSG 2000

Nicht registrierte Übermittlungen aus Datenanwendungen, die einer Verpflichtung zur Auskunftserteilung gem DSG 2000 § 26 unterliegen, sind in einer angemessenen und ausreichenden Form zu protokollieren. Mithilfe der vorhandenen Protokolldaten muss sichergestellt werden, dass dem Betroffenen die nach DSG 2000 § 26 erforderliche Auskunft zeitgerecht erteilt werden kann.

Verpflichtung (DSGVO Art 15 Abs 1): Pflicht zur Dokumentation von Empfängern oder Kategorien von Empfängern, gegenüber denen die personenbezogenen Daten offengelegt worden sind

Eine betroffene Person muss ihr Auskunftsrecht hinsichtlich der sie betreffenden personenbezogenen Daten wahrnehmen können. Zu diesem Zweck müssen alle Empfänger von übermittelten personenbezogenen Daten ausreichend dokumentiert werden.

Verpflichtung (DSGVO Art 20 Abs 1): Pflicht zur Bereitstellung der Daten in strukturierter, gängiger und maschinenlesbarer Form zur Weitergabe an weitere zur Verarbeitung Verantwortliche

Um im Fall der Verarbeitung personenbezogener Daten mit automatischen Mitteln eine bessere Kontrolle über die eigenen Daten zu haben, muss die betroffene Person die Möglichkeit haben, die sie betreffenden personenbezogenen Daten, die sie einem Verantwortlichen bereitgestellt hat, in einem strukturierten, gängigen, maschinenlesbaren und interoperablen Format zu erhalten und sie einem anderen Verantwortlichen übermitteln zu lassen.

IT.61 Bereitstellung von Exportmöglichkeiten von personenbezogenen Daten in maschinenlesbarer Form

Referenz:	**Kontrollart:**	**Querverweis:**
DSGVO Art 20 Abs 1 ErwGr 68	Einmalig	–

Ziel:

Das Recht auf Datenübertragbarkeit sieht die Übermittlung von personenbezogenen Daten von einem Verantwortlichen an einen anderen Verantwortlichen vor. Zu diesem Zweck sollen interoperable Formate bzw Standardformate für die Verarbeitung von personenbezogenen Daten bevorzugt herangezogen werden.

Darüber hinaus sollen je Datenanwendung auch die Möglichkeiten für den Datenexport (Format) dokumentiert und auf Kompatibilität mit interoperablen Exportformaten geprüft werden. Sofern möglich, sollten selbstentwickelte Formate vermieden werden.

Auditnachweise:

- Dokumentation der Exportmöglichkeiten je Datenanwendung
- Prüfung auf Kompatibilität mit interoperablen Formaten für den Datenexport
- Dokumentation der durchgeführten Datenexporte

IT.62 Prüfung auf Vollständigkeit der exportierten Daten

Referenz:	**Kontrollart:**	**Querverweis:**
DSGVO Art 20 Abs 1 ErwGr 68	Anlassbezogen	IT.50

Ziel:

Im Rahmen eines möglichen Datenexportes für Datenübermittlungen sollen die Schnittstellen bzw die angewendeten Verfahren auch Möglichkeiten zur Prüfung der Vollständigkeit vorsehen. Die Verfahren sollen so gestaltet werden, dass auch Dritten die Prüfung des vollständigen Datenexportes nachvollziehbar ist (zB anhand von Prüfsummen – siehe Kontrolle IT.50).

Auditnachweise:

- Definition von Verfahren für die Prüfung auf Vollständigkeit
- Dokumentation der Prüfsummen für den jeweiligen Datenexport
- Bearbeitung von aufgetretenen Fehlern im Rahmen des Datenexportes

IT.63 Prüfung auf personenbezogene Daten anderer betroffener Personen

Referenz:	**Kontrollart:**	**Querverweis:**
DSGVO Art 20 Abs 1 ErwGr 68	Anlassbezogen	–

Ziel:

Im Rahmen des Datenexportes für Datenübermittlungen dürfen die Grundrechte und Grundfreiheiten anderer betroffener Personen nicht verletzt werden. Zu diesem Zweck sollen die exportierten Daten auf die jeweils betroffene Person eingeschränkt und der exportierte Datensatz auf andere betroffene Personen geprüft werden. Es soll sichergestellt werden, dass der exportierte Datensatz lediglich personenbezogene Daten des anfordernden Betroffenen enthält.

Auditnachweise:

- Definition von Prüfverfahren für die Prüfung auf Datensätze von anderen Betroffenen
- Dokumentation von Maßnahmen, die sicherstellen, dass ausschließlich Datensätze eines Betroffenen exportiert werden
- Dokumentation der Prüfungsergebnisse

IT.64 Dokumentation der durchgeführten Datenexporte für Übermittlungstätigkeiten

Referenz:	**Kontrollart:**	**Querverweis:**
DSGVO Art 20 Abs 1 DSGVO Art 15 Abs 1 ErwGr 63, 68	Anlassbezogen	IT.62/IT.63/IT.65

Ziel:

Die tatsächlich durchgeführten Datenexporte für Datenübermittlungen von personenbezogenen Daten sollen in ausreichender Form und für Dritte nachvollziehbar dokumentiert werden. Im Rahmen dieser Dokumentation sollen auch die zuvor angeführten Kontrollen IT.62 und IT.63 sowie im Speziellen die Kontrollen in Bezug auf das DSG 2000 § 26 (siehe Kontrolle IT.65) berücksichtigt werden.

Auditnachweise:

- Liste der durchgeführten Datenexporte je Datenanwendung
- Dokumentation aller bislang durchgeführten Datenexporte zur Datenübermittlung
- Dokumentation der Maßnahmen für die Kontrollen IT.62, IT.63 und IT.65

IT.65 Protokollierungspflicht der Datenübermittlungen, die den Anforderungen aus DSG 2000 § 26 unterliegen

Referenz:	**Kontrollart:**	**Querverweis:**
DSG 2000 § 14 Abs 3	Anlassbezogen	IT.64

Ziel:

Nicht registrierte Übermittlungen aus Datenanwendungen, die einer Verpflichtung zur Auskunftserteilung gem DSG 2000 § 26 (Auskunftsrecht) unterliegen, sollen ausreichend protokolliert werden, damit dem Betroffenen Auskunft gem DSG 2000 § 26 gegeben werden kann.

Auditnachweise:

- Liste der durchgeführten Datenexporte für Datenübermittlungen
- Vorgabe der Dokumentationsvorgaben gem DSG 2000 § 26
- Dokumentation aller bislang durchgeführten Datenexporte zur Datenübermittlung

8. Verhaltensregeln und Zertifizierungen

Die DSGVO bekräftigt ua durch die Verwendung von Begrifflichkeiten wie beispielsweise „gewährleisten", „vergewissern" oder „sicherstellen" die Notwendigkeit von Datenschutzkontrollen. Zudem wird für die in Art 5 DSGVO aufgelisteten Datenschutzgrundsätze (Rechtmäßigkeit, Transparenz, Zweckgebundenheit, Datensparsamkeit, Integrität usw) eine Rechenschaftspflicht gefordert. Art 5 Abs 2 DSGVO legt hierfür fest, dass der für die Verarbeitung Verantwortliche die Einhaltung der Datenschutz-Grundsätze nachweisen können muss. Als Basis solcher Nachweise können die in der DSGVO vorgesehenen Verhaltensregeln oder Zertifizierungen herangezogen werden (siehe Art 24 Abs 3 DSGVO). Durch sachkundige Personen durchgeführte Datenschutz-Audits können einen Nachweis für die Einhaltung der Anforderungen aus der DSGVO liefern.

Beispiele für gesetzliche Anwendungsfälle solcher Nachweise in der Form von Verhaltensregeln oder einer Zertifizierung finden sich an unterschiedlichen Stellen der DSGVO:

- Art 24 Abs 3 DSGVO: Nachweis Erfüllung der Pflichten des Verantwortlichen
- Art 25 Abs 3/Art 32 Abs 3 DSGVO: Nachweis für die Einhaltung technischer und organisatorischer Maßnahmen (ToM)
- Art 28 Abs 5 DSGVO: Nachweis Erfüllung der Anforderungen an Auftragsverarbeiter
- Art 46 Abs 2 DSGVO: Legimitation der Übermittlung von personenbezogenen Daten in einen unsicheren Drittstaat durch genehmigte Verhaltensregeln oder Zertifizierungen
- Art 83 Abs 2 DSGVO: Haftungserleichterungsgrund bei der Entscheidung über die Verhängung einer Geldbuße

Die in der Art 40 DSGVO beschriebenen Verhaltensregelungen sollen in Zukunft bei der Auslegung und Anwendung der DSGVO unterstützen und etwaige Anforderungen wie beispielsweise die Pseudonymisierung konkretisieren. Die von Verbänden und anderen Vereinigungen definierten Verhaltensregelungen müssen von den national zuständigen Aufsichtsbehörden bzw vom europäischen Datenschutzausschuss (siehe Art 68 DSGVO) genehmigt und in weiterer Folge veröffentlicht werden. Die praktische Anwendbarkeit dieser Verhaltensregeln lässt jedoch einige Zweifel offen, da beispielsweise die Harmonisierung der Verhaltensregeln zwischen den unterschiedlichen Verbänden bzw zwischen den unterschiedlichen EU-Mitgliedstaaten sichergestellt werden muss.

Die Einhaltung der genehmigten Verhaltensregeln ist in weiterer Folge durch die Aufsichtsbehörden oder durch entsprechend akkreditierte Stellen zu überwachen. Letztere müssen ua unabhängig sein, über Fachkunde bezüglich des Gegenstands der Verhaltensregeln verfügen und geeignete Überprüfungsverfahren festgelegt haben.

Art 42 der DSGVO und der Erwägungsgrund Nr 100 sehen die Einführung von Zertifizierungsverfahren sowie Datenschutzsiegeln und -prüfzeichen vor, um die Transparenz zu erhöhen und die Einhaltung dieser Verordnung zu verbessern. Art 42 der DSGVO sieht dabei etablierte Prüfungs- und Zertifizierungsprozesse aus bereits etablierten Zertifizierungen wie beispielsweise ISO 27001 vor. Jedoch muss die Zertifizierung freiwillig, über ein transparentes Verfahren zugänglich und für maximal drei Jahre gültig sein.

Die Zertifizierung kann in weiterer Folge durch die Zertifizierungsstellen nach Art 43 der DSGVO oder durch die zuständige Aufsichtsbehörde erteilt werden. Damit wird klargestellt, dass das Datenschutz-Zertifikat nicht zwingend behördlich vergeben werden muss.

Die nachfolgend beschriebenen Verfahren sind Möglichkeiten, um die Einhaltung von Datenschutzanforderungen nachzuweisen. Die tatsächlich anerkannten Verfahren müssen in weiterer Folge im Rahmen der nationalen und europäischen Zusammenarbeit zwischen Gesetzgeber und Kommission geregelt und festgelegt werden.

8.1 ISAE 3000

ISAE 3000 ist ein prinzipienbasierter Standard, der für die Berichterstellung im Rahmen der Überprüfung der Verlässlichkeit interner Kontrollen herangezogen werden kann. Durch diesen Standard werden das Berichtsformat und die verpflichtenden Inhalte des Berichtes sowie die Verantwortungsbereiche zwischen dem Unternehmen, das die Prüfung durchführen lässt, und dem Prüfer geregelt.

Der Standard beschreibt, wie geprüft wird und in welcher Form das Reporting zu erfolgen hat. Der Standard beschreibt hingegen nicht, was geprüft wird. Die Ausformulierung der entsprechenden Kontrollen, die im Rahmen dieser Überprüfung verifiziert werden sollen, obliegt dem jeweiligen Unternehmen. Somit sind einzelne ISAE 3000 Berichte auch nicht vergleichbar, da die geprüften Kontrollen von Unternehmen zu Unternehmen unterschiedlich sein werden.

Wichtig bei der Auswahl der Kontrollen ist zunächst die Definition von Kontrollzielen, was also mit den definierten Zielen sichergestellt werden soll. Diese Themengebiete können beispielsweise die klassischen IT-Sicherheitsthemen wie Vertraulichkeit, Integrität, Verfügbarkeit oder speziell auch das Thema Datenschutz abdecken. Bei der Auswahl bzw Definition der einzelnen Kontrollen sollte man auf unterschiedliche Vorgaben oder „Good Practice" wie beispielsweise ISO 27001 und ISO 27002, Cobit oder GAPP[35] zurückgreifen, die einen gewissen Katalog von Kontrollen liefern und in weiterer Folge durch eigene Kontrollen ergänzt werden können.

Die ausgewählten Kontrollen müssen durch das Unternehmen in ausreichender Art und Weise dokumentiert werden. Denn auf Basis der Dokumentation und der Beschreibung der einzelnen Kontrollen werden diese durch den unabhängigen Prüfer im Hinblick auf Effektivität geprüft.

[35] Generally Accepted Privacy Principles – AICPA Datenschutzgrundsätze.

Allgemeine Beschreibung der Kontrolle		
Kontrollname	M001	Begehung der Serverräume
Additional IDs		M002
Kontrollbeschreibung		Monatliche Kontrolle der Begehungsprotokolle
Kontrollziel	Warum?	Der Zutritt zu Datenverarbeitungsanlagen, mit denen personenbezogene Daten verarbeitet oder genutzt werden, ist nur autorisiertem Personal zu gewähren. Es müssen entsprechende Kontrollen vorgesehen werden, die unautorisierte Personen identifizieren können.
Wichtigkeit		Hauptkontrolle
		Prüfungsaktivitäten
Durchführende Person		Mitarbeiter der Systemabteilung
Kontrollverantwortlicher	Wer?	Teamleiter IT
Eskalation		Chief Operating Officer (CISO)
Aktivität	Was? Wie?	Es finden wöchentliche Begehungen der Serverräume statt. Dabei wird auf optische Hardwarefehler, angemessene Temperatur, Einbruchsspuren und sonstige Gefahren- und Fehlerquellen geachtet. Auffälligkeiten werden auf dem Begehungsprotokoll vermerkt und an den Teamleiter IT gemeldet. Die Begehungen werden monatlich im Nachhinein nach dem 4-Augen-Prinzip kontrolliert.
Kontrolltrigger	Wann? Wie oft?	Zeitgesteuert, monatlich
Input		Begehungspläne
Output		Kontrollierte Begehungspläne
Nachweis		Kontrollierte Begehungspläne

Abbildung 15: Beispiel einer Kontrollbeschreibung

Die Prüfung und die darauf aufbauende Berichterstattung können in zwei unterschiedlichen Ausprägungen bzw Detailierungsgraden erfolgen:

1. ISAE 3000 Typ 1: Dieser Teil der Überprüfung beurteilt die Angemessenheit der Kontrollen, um die gesetzten Ziele erreichen zu können (Test of Design – Angemessenheit des Prüfungsgegenstands und der Eignung der Kriterien). In der Berichterstattung werden jene Kontrollen erfasst, die zu einem bestimmten Zeitpunkt vorhanden waren. Der Prüfer beurteilt im Rahmen einer ISAE 3000 Typ I Prüfung, ob diese Maßnahmen für den beabsichtigten Zweck ausreichend sind.
2. ISAE 3000 Typ 2: Zusätzlich zur Überprüfung des Konzeptes (Typ 1) wird auch die Effektivität der einzelnen Kontrollen anhand von Stichproben verifiziert. Das bedeutet, dass nicht nur geprüft wird, ob Maßnahmen vorhanden waren, sondern auch, ob die Maßnahmen die Ziele während des definierten Zeitraums erreichen.

Die durchgeführten Prüfungen und die damit verbundene Berichterstellung sind allerdings nur für einen definierten vergangenen Zeitraum anzuwenden. Somit sind diese Überprüfungen regelmäßig (in der Regel jährlich) durchzuführen.

Eine ISAE 3000 Überprüfung und die damit verbundene Berichterstellung kann ua dazu verwendet werden, um die Einhaltung von Datenschutzanforderungen (zB Bundesdatenschutzgesetz [BDSG] Anlage zu § 9 Satz 1) nachweisen zu können. Zu diesem Zweck werden die durch das Unternehmen formulierten Kontrollen, die sich aus den gesetzlichen Anforderungen ergeben, durch einen unabhängigen Dritten verifiziert und anhand des standardisierten Berichtsformates auch für Dritte nachgewiesen. Diese Vorgangsweise kann mit einem ISAE 3402 Audit (vormals SAS 70[36]) verglichen werden, wobei dieses jedoch den Schwerpunkt auf finanzrelevante Kontrollen und das damit verbundene Kontrollsystem legt.

8.2 Das Europäische Datenschutz-Gütesiegel „EuroPriSe"

Dass Zertifizierungen im Rahmen der DSGVO noch wichtiger werden und eine bedeutende Rolle im Bereich der Selbstverantwortung darstellen („Accountability"), wurde bereits an mehreren Stellen dieses Buches angemerkt (vgl Kapitel 1.2 sowie einzelne Kontrollen).

Seit längerer Zeit ist es Ziel der Europäischen Kommission datenschutzspezifische Zertifizierungsverfahren sowie Datenschutzsiegel und -zeichen ausdrücklich zu fördern. Schon in ihrem Vorschlag für eine Verordnung zum Schutz natürlicher Personen bei der Verarbeitung personenbezogener Daten und zum freien Datenverkehr (Datenschutz-Grundverordnung; KOM [2012] 11 endgültig) wurde in einem eigenen Art 39 diese Absicht ausdrücklich bekundet. Zweck dieser Förderung auf europäischer Ebene soll(te) sein, dass betroffene Personen rasch das von für die Verarbeitung Verantwortlichen oder von Auftragsverarbeitern gewährleistete Datenschutzniveau in Erfahrung bringen können. Die datenschutzspezifischen Zertifizierungsverfahren sollten der ordnungsgemäßen Anwendung der Datenschutz-Grundverordnung dienen und den Besonderheiten der einzelnen Sektoren und Verarbeitungsprozessen Rechnung tragen. Mittlerweile liegt die DSGVO in Endfassung vor und wurden Zertifizierungen in einigen Bestimmungen dezidiert angesprochen (siehe insb Kapitel 1.2 sowie einzelne Kontrollen).

Das Europäische Datenschutz-Gütesiegel EuroPriSe zeichnet besonders datenschutzfreundliche Produkte und Dienstleistungen aus und dient so als Orientierungshilfe. Ziel ist, unter der Vielzahl der am Markt angebotenen IT-Produkte und IT-Dienstleistungen, hervorzuheben, dass ein bestimmtes IT-Produkt oder ein konkretes webbasiertes Service den Bestimmungen der Europäischen Union (EU) zum Schutz der Privatsphäre und der Datensicherheit, somit dem EU-Datenschutzrecht, entspricht.[37]

Sowohl IT-Produkte, wie beispielsweise Hard- und Software oder Betriebssysteme, Firewalls etc, als auch IT-basierte Dienstleistungen, wie zB Webportale, Suchmaschinen, Kundenportale, Webshops, etc, oder auch Mischformen sind für eine derartige Zertifi-

36 Statement on Auditing Standards No 70.

37 Zur folgenden kurzen Darstellung vgl *Pachinger*, Rechtsberatung Internet, Handbuch Multimediarecht, Reg 10, Kap 5.

zierung geeignet. Die bis dato vergebenen Datenschutz-Gütesiegel sind abrufbar unter: https://www.european-privacy-seal.eu/EPS-en/Awarded-seals.

Wesentliches Asset des Zertifizierungsverfahrens zur Erlangung des Datenschutz-Gütesiegels EuroPriSe ist ein zweistufiger Prozess, der entsprechende Qualität garantiert. In einem ersten Schritt wird der Zertifizierungsgegenstand, das ist das entsprechende IT-Produkt oder die webbasierte Dienstleistung, jeweils von einem unabhängigen technischen und rechtlichen Gutachter geprüft. Im Rahmen dieser Evaluierung wird festgestellt, ob das Produkt oder die Dienstleistung den Vorgaben des Europäischen Datenschutzrechts sowie den Erfordernissen der Datensicherheit entspricht. Maßstab für diese Prüfung ist der EuroPriSe-Kriterien-Katalog, der ua auch Kriterien wie zB Datensparsamkeit, Datensicherheit oder die Rechte der Betroffenen berücksichtigt bzw besonders betont. Als Gutachter werden technische und rechtliche Datenschutzexperten herangezogen, die ihre Fachkunde im Rahmen eines Akkreditierungsprozesses entsprechend nachgewiesen haben. Die zugelassenen Experten sind auf der EuroPriSe-Website abrufbar.

In einem zweiten Schritt prüft dann eine unabhängige Zertifizierungsstelle die Gutachten auf Vollständigkeit, Schlüssigkeit und Nachvollziehbarkeit. Dadurch wird auch eine einheitliche Anwendung der Zertifizierungskriterien sichergestellt. Wenn die Zertifizierung positiv verläuft, wird das EuroPriSe-Siegel ausgestellt, welches zwei Jahre gültig ist, wobei danach eine vereinfachte Re-Zertifizierung erfolgen kann. Die wesentlichen Schlussfolgerungen der Gutachter werden in Form eines Kurzgutachtens zusammen mit dem Siegel veröffentlicht.

Für die Evaluierung von Produkten und Dienstleistungen im Rahmen eines Zertifizierungsverfahrens stehen technische und rechtliche Experten zur Verfügung, die den Akkreditierungsprozess zur Qualifizierung als EuroPriSe Legal oder Technical Experts erfolgreich absolviert haben und in einer Expertenliste aufscheinen, die auf der offiziellen Website von EuroPriSe (https://www.european-privacy-seal.eu/EPS-en/Register-of-experts) abrufbar ist.

Abschließend sei auf den Artikel EuroPriSe 2.0: Neues vom europäischen Datenschutzgütesiegel hingewiesen.[38]

8.3 ISO 27001 mit Schwerpunkt Datenschutz

ISO 27001 gibt Kriterien für den Aufbau und den Betrieb eines *„Informationssicherheitsmanagementsystems"* – ISMS vor, welches zertifiziert werden kann. Dieses Zertifikat ist international anerkannt, und weist die Qualität der Informationssicherheit des zertifizierten Unternehmens nach.

Der Standard beschreibt einen Managementprozess und verweist auf 114 praktische Kontrollen der Informationssicherheit. Eine vollständige Umsetzung dieser Kontrollen deckt auch einen wichtigen Teil von Datenschutzanforderungen ab. Fehlende datenschutzspezifische Kontrollen können durch einen zusätzlichen Kontrollkatalog, wie in diesem Werk beschrieben, abgedeckt werden.

---

[38] *Meissner*, DuD – Datenschutz und Datensicherheit 3/2014.

Eine erfolgreiche Zertifizierung nach ISO 27001 bedingt, dass ein Informationssicherheitsmanagement etabliert ist und risikobasierend die notwendigen praktischen Kontrollen ausgewählt und wirksam eingeführt wurden.

Die in diesem Werk beschriebenen Kontrollen stellen einen Datenschutz-Kontrollkatalog da. Die Wirksamkeit kann im Zuge eines Zertifizierungsaudits bewertet werden. Seitens der akkreditierten Zertifizierungsstelle ist neben der Informationssicherheitsexpertise der Auditoren auch entsprechendes Datenschutzwissen erforderlich, daher sollte das Auditteam durch einen Datenschutz-Juristen (Fachexperte) ergänzt werden.

Abbildungsverzeichnis

Abbildung 1: Tangierte Unternehmensbereiche 1
Abbildung 2: Aufgaben und Verantwortung im Auditteam 8
Abbildung 3: Checkliste zur Auditplanung 12
Abbildung 4: Ziele von Auditprogrammen und Audits 13
Abbildung 5: Beispiel eines Auditprogramms 14
Abbildung 6: Sägezahneffekt 15
Abbildung 7: Beispiel – Auszug aus einem Auditplan 16
Abbildung 8: Beispielhafte Inhalte für ein Eröffnungsgespräch 18
Abbildung 9: Mögliche objektive Nachweise 19
Abbildung 10: Beispielhafte Gliederung eines Interviews 20
Abbildung 11: Beispiel Checkliste für eine Kontrolle 21
Abbildung 12: Beispielhaftes NCR-Dokument (Non-Conformity-Report) 22
Abbildung 13: Inhalte eines Abschlussgespräches 23
Abbildung 14: Beispielhafte Inhalte eines Auditberichtes 25
Abbildung 15: Beispiel einer Kontrollbeschreibung 191

Stichwortverzeichnis

A

Abweichungsbericht 21
Accountability V
angemessener Schutz 48
Angemessenheitsbeschluss 48
Anonymisierung 184, 185
Anwendung der DSGVO 28
Archivierungsverfahren 94
Auditfeststellung 10, 21
Auditkriterien 9
Auditnachweise 10, 18, 49
Auditplan 20
Auditprozess 158
Auditschlussfolgerungen 10
Aufbewahrungszeit 156
Aufbewahrung von Daten 29
Aufsichtsbehörde 41
Auftragsverarbeiter 30
ausdrückliche Einwilligung 53
Auskunftsrecht 82, 188
Authentifizierungsverfahren 59, 164

B

Benutzerkonto 168
Berichtigung 76
Berichtspflicht 125
Beschwerderecht 80
Betreuer 9
Betroffenenrechte 75
Business Continuity Managements 178
Business Impact Analyse 177

C

Checklisten 20
Cobit 190
Code of practice VI
Compliance V

D

Data Breach 99
Data Breach Notification Duty 31
Dateneigentümer 120, 169, 175
Datenklassifikation 151, 163, 164
Datenlöschung 150, 153
Datenminimierung 31
Datenschutz-Audit V, XIII
Datenschutzbeauftragter 33, 125, 169
Datenschutz-Folgenabschätzung 30
Datenschutzhandbuch 44, 131
Datenschutzkonzept 94
Datenschutzmanagementsystem V, 30, 41, 94
Datensicherheit V, 30
Datensperrungen 150
Datenübermittlungen 44, 98
Datenverarbeitung 62
Datenvorfall 99
Datenwiederherstellung 176
Dienste der Informationsgesellschaft 65
Dokumentation 43
Dokumentationspflicht 95
Drittparteien 142
DSMS 94

E

Einschränkung 77, 80
Einwilligung 32, 118

F

Folgenabschätzung 125
Freigabeverfahren 173

G

GAPP 190
Garantien 50
Geheimhaltungserklärungen 140
Genehmigung der DSB 46
Genehmigungspflicht 47

H

hohes Risiko 41

I

Informationspflicht 31, 52, 76
Informationssicherheits-Managementsystem 123

Integrität 58, 178
internationale Organisation 48
ISAE 159, 191
ISO/IEC 27001 190
IT-Grundschutzhandbuch 73

K

Klassifikation 181
Kontrollbereich IT 27
Kontrollbereich Organisation 27
Kontrollbereich Prozess 27
Kontrollbereich Recht 27
KVP 124

L

Leitlinie 131
Löschkonzept 152, 154
Löschung 77, 78

M

Minderung des Risikos 41

N

Nachweise 32
Nachweispflicht 43
NCR-Dokument 21
Nicht-Identifizierbarkeit 60
Notfallorganisation 101

P

Passwort 166
Privacy by Default 32
Privacy Policies 32
Profiling 82
Protokoll 154, 155, 156, 174, 181, 182, 188
Protokoll- und Dokumentationsdaten 149, 151
Prozess 73
Prüfsumme 178, 186
Pseudonymisierung 184, 185

R

Rechenschaftspflicht 43
Rechte der betroffenen Personen V
Rechtmäßigkeit 118
Recht, Organisation, Prozess und IT V
Rechtsgrundlage 53
Richtigstellung 78
Risikoanalyse 161, 162, 172, 174
Risikobehandlung 138
Risikobewertung 125
Risiko der Verarbeitungsvorgänge 39
Risiko für persönliche Rechte und Freiheiten 30
Risikomanagement 138
Rollenkonzept 170
Rollen und Verantwortlichkeiten 90

S

Service Level Agreements 179
Sicherungsleitlinie 176
Speicherbegrenzung 29, 58
Sperrkonzept 152

T

Transparenz 52

U

Übermittlungen personenbezogener Daten 31

V

Verantwortliche 30
Verarbeitung besonderer Kategorien personenbezogener Daten 66
Verarbeitungstätigkeiten 95
Verarbeitungsvorgänge 65
Verarbeitungszwecke 65
Verbesserungsregister 21
Verfügbarkeit 175
Verhaltensregeln 39
Verschlüsselung 180
Vertraulichkeit 58
Vervollständigung 77, 91
Verwendung neuer Technologien 38
Verwendungszweck 87
Verzeichnispflicht 32

W

Widerrufsrecht 64
Widerspruch 78
Widerspruchsrecht 78

Z

Zertifizierung 145
Zugriffsrechte 167, 168
Zulässigkeit einer Übermittlung von Daten 46
Zutrittsberechtigungen 173
Zweckbindung 58
Zweckverwendung 116